Rechtsextremismus in Deutschland und Europa

Holger Spöhr/Sarah Kolls (Hrsg.)

Rechtsextremismus in Deutschland und Europa

Aktuelle Entwicklungstendenzen im Vergleich

PETER LANG
Frankfurt am Main · Berlin · Bern · Bruxelles · New York · Oxford · Wien

Bibliografische Information der Deutschen Nationalbibliothek
Die Deutsche Nationalbibliothek verzeichnet diese Publikation in der Deutschen Nationalbibliografie; detaillierte bibliografische Daten sind im Internet über http://dnb.d-nb.de abrufbar.

Wir danken:
Der Schwarzkopf-Stiftung *Junges Europa* als Veranstalterin der Konferenz „Rechtsextremismus in Deutschland und Europa".

Schwarzkopf Stiftung
JUNGES EUROPA

Der Bundeszentrale für politische Bildung
für die finanzielle Unterstützung der Konferenz
„Rechtsextremismus in Deutschland und Europa".

bpb: Bundeszentrale für politische Bildung

Der Amadeu Antonio Stiftung für die finanzielle Zuwendung,
welche die Übersetzung der internationalen Beiträge
dieser Publikation ermöglicht hat.

AMADEU ANTONIO STIFTUNG
INITIATIVEN FÜR ZIVILGESELLSCHAFT UND DEMOKRATISCHE KULTUR

Konzeption und Redaktion: Holger Spöhr
Satz: Sarah Kolls
Lektorat: Henrike Ortmann
Übersetzung: Katrin Hennicke, Vincent Lechat

Gedruckt auf alterungsbeständigem,
säurefreiem Papier.

ISBN 978-3-631-59265-6

Gewidmet den Opfern rechter Gewalt in Europa

Inhaltsverzeichnis

Vorwort des Herausgebers

Rechtsextremismus in Deutschland und Europa

> „Gefährlicher noch als einzelne Gewaltakte ist ein gesellschaftliches Klima, das Ausländerfeindlichkeit mit klammheimlicher oder sogar mit offener Sympathie begleitet. Es gibt eine aggressive Intoleranz gegenüber Ausländern. Sie wird gefördert, wenn eine Mehrheit schweigt. Wer schweigt, macht sich mitschuldig."
>
> Johannes Rau, Berliner Rede 2000

Der vorliegende Sammelband möchte einen Beitrag zur kritischen Auseinandersetzung mit dem Thema Rechtsextremismus in Europa leisten. Er bietet unterschiedliche Perspektiven auf die aktuelle Situation in Deutschland und Europa und soll zu einem weiterführenden europäischen Austausch und Umgang mit dem Phänomen beitragen. Denn wie die Verbreitung von rechtsextremem Gedankengut und rechtsextremer Gewalt in Europa zeigt, sind Demokratie und Menschenrechte keine Selbstverständlichkeit. Sie müssen fortwährend neu erlernt, erarbeitet und erstritten werden.

Rechtsextremismus ist eine Sammelbezeichnung für Ideologien und Aktivitäten, die den demokratischen Verfassungsstaat und das an den universalen Menschenrechten orientierte Gleichheitsprinzip ablehnen. Damit gehen eine Überbewertung der ethnischen Zugehörigkeit sowie ein antipluralistisches und autoritär geprägtes Gesellschaftsverständnis einher. Rechtsextremismus ist keine gesellschaftliche Randerscheinung. Rechtsextreme konnten Strukturen und Netzwerke aufbauen, über die sie Demokratie und Menschenrechte systematisch bekämpfen. Rechtsintellektuelle Kreise bemühen sich um eine Intellektualisierung des rechten Lagers. Einzelne Initiativen und verschiedene Gruppierungen richten Lesekreise ein, gründen Zeitungen, Zeitschriften und neue Verlage. Verstärkt werden Kongresse, Tagungen und so genannte „Akademien" veranstaltet. In rechten Think Tanks wie dem „Deutschen Kolleg", der „Deutschen Studiengemeinschaft", der „Deutschen Akademie", dem „Thule-Seminar" oder dem erst kürzlich verbotenen „Collegium Humanum", welches jahrzehntelang als „gemeinnützig" anerkannt war, vernetzen sich ehemalige NSDAP-Mitglieder, rechtsextremistische Intellektuelle, Mitglieder von „Freien Kameradschaften" sowie AnhängerInnen der rechten Öko- und Esoterik-Szene. Rechtsextreme bauen Schulungszentren auf, verschaffen sich einen bürgerlichen Anstrich und versuchen, ihre Ansichten propagandistisch in die Mitte der Gesellschaft hineinzutragen. Dabei umwerben sie gezielt auch akademisch gebildetes Publikum und drängen vermehrt in öffentliche Ämter und Parlamente. Mehr als 200 Abgeordnete rechtsextremistischer Parteien sitzen in deutschen Kreistagen, drei Viertel davon in Westdeutschland. In vier Bundesländern (Brandenburg, Bremen,

Mecklenburg-Vorpommern und Sachsen) konnten rechtsextremistische Parteien Mandate auf Landesebene gewinnen.

Mit ihrem so genannten „Kampf um die Köpfe“, zu dem auch die Strategie der „Wortergreifung“ gehört, versucht die NPD, vorhandene gesellschaftliche Tendenzen für sich zu nutzen und nach Möglichkeit zu verstärken. Tatsächlich findet sich rechtsextremistisches Gedankengut häufig in der Mehrheitsgesellschaft wieder und durchdringt zunehmend die Alltagskultur. Nach der bundesweiten Studie „Vom Rand zur Mitte“ der Universität Leipzig im Auftrag der Friedrich-Ebert-Stiftung glauben fast 40 Prozent der Deutschen, dass die Bundesrepublik „durch die vielen Ausländer in einem gefährlichen Maß überfremdet“ sei, weitere 28,5 Prozent stimmen dieser Aussage in Teilen zu.[1] Eine deutschlandweite Studie des Kriminologischen Forschungsinstituts Niedersachsen in Zusammenarbeit mit dem Bundesministerium des Innern bestätigt derartige Ergebnisse auch unter Jugendlichen.[2]

Die größte rechtsextreme Partei in Deutschland, die NPD, propagiert weiterhin den „Kampf ums Reich“. Sie richtet sich gegen demokratische Grundprinzipien und lehnt die Vorstellung der unbedingten Gleichwertigkeit aller Menschen ab. Rassistisch motivierte Fremdenfeindlichkeit, Antisemitismus und Leugnung der NS-Verbrechen sind laut Verfassungsschutz Teil ihrer Ideologie. Mit ihrem Strategiekonzept der „Drei-Säulen“ („Kampf um die Straße, Kampf um die Köpfe, Kampf um die Parlamente“) versucht die Partei, diese Ideologie durchzusetzen. Ein Kernstück ihrer Strategie besteht dabei in der engen Zusammenarbeit mit subkulturellen rechten Milieus und „Freien Kameradschaften“. Durch ihre Öffnung zur militanten rechtsextremen Szene verzeichnet die NPD seit Mitte der neunziger Jahre einen deutlichen Mitgliederzuwachs. Nach den Verboten zahlreicher kleiner Parteien und Organisationen sowie später den – als Reaktion auf vorangegangene Verbote gebildeten – „Freien Kameradschaften“ hat man versucht, deren Mitglieder gezielt in die NPD einzubinden. Einige bekleiden dort zum Teil hohe Parteiämter, andere werden regelmäßig als OrdnerInnen und Wachpersonal bei Veranstaltungen der NPD eingesetzt. Personell blieben die Kameradschaften damit weitgehend erhalten. Ihre Mitglieder sind auch nach den Verboten weiterhin politisch aktiv, organisiert und gewalttätig.

Gleichzeitig nimmt die Anzahl der rechtsextrem motivierten Straf- und Gewalttaten in Deutschland beständig zu. Im Jahr 2007 wurden 17 607 Straftaten mit rechtsextremem Hintergrund registriert, 2008 waren es bereits 20 422 Fälle (+ 16%). Auch die Zahl von Gewaltdelikten aus dem rechtsextremen Spektrum erreicht immer weitere Höchststände. Im Jahr 2008 stieg die Zahl der offiziell

1 „Vom Rand zur Mitte“. Brähler/ Decker, Berlin 2006

2 „Jugendliche in Deutschland als Opfer und Täter von Gewalt“. Baier/ Pfeiffer et al., Hannover 2009

registrierten rechtsextrem motivierten Gewaltdelikte um 5,6 Prozent auf ein nie zuvor erreichtes Niveau von 1 113 (2007: 1 054) Fällen an. Im Jahr 2008 waren damit sowohl bei den rechtsextremen Straf- als auch bei den rechtsextremen Gewalttaten die höchsten Fallzahlen seit Einführung der neuen Zählweise im Jahr 2001 festzustellen. Medien und Opferberatungsstellen rufen regelmäßig ein neues „Rekordjahr" der rechtsextremen Straf- und Gewalttaten aus – an der ständigen Verschlimmerung der Situation ändert sich indes nichts. Nach der offiziellen Statistik wird in Deutschland häufiger als jede halbe Stunde eine rechtextreme Straftat verübt; täglich werden im Schnitt mehr als drei rechtsextreme Gewalttaten vom Bundesinnenministerium offiziell registriert. Die Opferberatungsstellen erfassen hier noch deutlich mehr: Viele rechtsextreme Gewalttaten werden nicht zur Anzeige gebracht, weil sich Opfer oder Zeugen aus Angst nicht an die Polizei wenden. Seit 1990 wurden nach Angaben der Opferverbände in Deutschland circa 140 Todesopfer rechter Gewalt dokumentiert. Nach den bisherigen Angaben des Bundesinnenministeriums kamen 2008 zwei weitere Todesopfer hinzu; die Opferberatungsstellen erfassten für 2008 fünf Todesopfer.

Wie sich unter anderem in der Zusammenarbeit bei Demonstrationen und „Gedenkveranstaltungen" zeigt, agieren rechtsextreme Gruppierungen international. Vor allem das Internet bietet viele Möglichkeiten, sich zu vernetzen, Aufmärsche und Konzerte zu organisieren sowie verfassungsfeindliches und rechtsextremes Material zugänglich zu machen. Dabei machen sie sich unterschiedliche Gesetzeslagen zunutze: Was in Deutschland verboten ist, wird von anderen Ländern aus über das Internet vertrieben, Propagandamaterial und rechte Schriften werden über ausländische Server publiziert.

Die Situation in Europa

Doch wie sieht die Situation in anderen Ländern Europas aus? Welche internationalen Netzwerke und Organisationen bestehen, welche rechtsextremen und rechtspopulistischen Parteien gibt es in anderen Staaten? Erst allmählich vernetzen sich die Initiativen gegen Rechtsextremismus über die nationalen Grenzen hinweg, werden Strategien im Umgang damit europaweit ausgetauscht.
Dabei ist die europaweite und weltweite Zusammenarbeit von Rechtsextremen mittlerweile Realität – trotz eines bestehenden inhärenten Widerspruches zu ihrer Ideologie. Längst bestehen transnationale Netzwerke und Infrastrukturen der extremistischen Rechten. Diese neuen, globalisierten Rechtsextremen definieren sich nicht mehr nur über die Nation, sondern über ihre Zugehörigkeit zur „weißen Rasse". Dadurch ist es möglich, dass beispielsweise polnische, deutsche, schwedische und US-amerikanische Rechtsextreme zusammenarbeiten. Feindbild ist nicht mehr der „Ausländer" per se, sondern alles und jeder, der die absolute Dominanz und den Überlegenheitsanspruch der „weißen Rasse" in

Frage stellt oder diese gar „verunreinigt“. Dazu gehören als Sündenböcke weiterhin „die Juden“, in jüngerer Zeit zunehmend auch „die Moslems“ – beide jeweils als monolithischer Block mit festgeschriebenem „zersetzendem“ (Juden) oder „aggressivem“ (Muslime) Wesen wahrgenommen –, aber auch alle anderen Menschen, die in Länder oder Gegenden kommen, in denen die Mehrzahl der Menschen eine andere Hautfarbe als sie selbst haben. Die zunächst harmlos klingende neurechte Doktrin des „Ethnopluralismus“ ist nichts anderes als ein wohlklingender Euphemismus für „Ausländer raus“ („Die Türkei den Türken, Deutschland den Deutschen“).

Diese umfassende, teilweise von Nationalismus und Slawophobie abgelöste, „pan-arische“ Strömung rechtsextremer Ideologie macht es der internationalen Rechtsextremen möglich, die Phänomene der Globalisierung in doppelter Weise für sich zu nutzen: zum einen in der weltweiten Vernetzung und Zusammenarbeit, zum anderen im Aufgreifen von Kritik an den Folgen der Globalisierung, und der Verknüpfung dieser Kritik mit der Angst, die, wie auch immer geartete, eigene, „weiße“ kulturelle Autonomie sei in Gefahr. Die Entwicklungen der Globalisierung werden hierbei als ein von „Kapitalisten“ (meist sind damit zugleich auch „die Juden“ gemeint) gezielt gesteuerter Prozess zur Vernichtung gewachsener Kulturen, Sprachen und „Rassen“ betrachtet. Hinter der in Zeiten der „Finanzkrise“ zur rechten Agitation wieder vermehrt bemühten Chiffre der amerikanischen „Ostküste“ verbirgt sich die alte nationalsozialistische Fiktion eines die Welt lenkenden „internationalen Finanzjudentums“.

Rechtspopulisten versuchen, mit der Angst vor „den Muslimen“, „der Überfremdung“ oder den Folgen der Globalisierung an den gesellschaftlichen Mainstream anzudocken. Kritik an der Art und Weise, wie die globalisierte Welt funktioniert, wird dabei mit mehr oder weniger kaschierter menschenverachtender, rassistischer Ideologie verbunden. Die Spielart Rechtspopulismus oder Rechtsextremismus ist hierbei lediglich eine Frage des Geschmacks, der Klasse, des Temperaments und des Habitus. Gemeinsam ist beiden – und das wird in der Betrachtung des Rechts*populismus* oft beschönigt – die Auffassung, dass es Menschen unterschiedlichen Wertes und unterschiedlichen Anspruches auf Würde, Wohlstand und Glück gebe. Das ist der chauvinistische Kern, der den Populismus aufgrund seiner Massentauglichkeit bis weit hinein in die so genannte „Mitte der Gesellschaft“ so gefährlich macht. Daher bezieht der vorliegende Sammelband den Rechtspopulismus genau wie den Rechtsintellektualismus aufgrund ihrer gemeinsamen inhaltlichen und ideologischen Basis in die Betrachtung des Rechtsextremismus mit ein.

Zu den Beiträgen

Dieser Sammelband ist Ergebnis und inhaltliche Fortsetzung der internationalen Konferenz „Rechtsextremismus in Deutschland und Europa – aktuelle Entwicklungstendenzen im Vergleich" der *Schwarzkopf-Stiftung Junges Europa*, die vom 8.-11. Oktober 2008 im Roten Rathaus und im Abgeordnetenhaus von Berlin stattfand. Die Konferenz wurde mit einer öffentlichen Auftaktveranstaltung durch Ehrhart Körting, Senator für Inneres und Sport, Berlin, Thomas Krüger, Präsident der Bundeszentrale für politische Bildung sowie André Schmitz-Schwarzkopf, Vorstandsvorsitzender der Schwarzkopf-Stiftung, eröffnet. Den Auftaktvortrag hielt *Heribert Prantl*, Leiter des Ressorts Innenpolitik bei der Süddeutschen Zeitung. Sein Beitrag bildet auch den Auftakt des ersten Teils des Sammelbandes, welcher der Situation in Deutschland mit Ausblicken auf Europa gewidmet ist. Er geht auf die Bedeutung der Zivilgesellschaft und die Notwendigkeit von Zivilcourage im öffentlichen Raum im Kampf gegen Rechtsextremismus ein – und zeigt Parallelen zum italienischen Kampf gegen die Mafia auf. Zur theoretischen Betrachtung des Themas beschreibt *Wolfgang Gessenharter* zentrale Aspekte des Phänomens Rechtsextremismus. Er definiert zunächst die Begrifflichkeit aus bewegungstheoretischer Sichtweise, um dann die zentralen Strukturen sowie den ideologischen Rahmen dieser Bewegung darzustellen. In einer historischen Vertiefung zeichnet *Armin Pfahl-Traughber* die Entwicklung des intellektuellen Rechtsextremismus von der „Konservativen Revolution" bis zur „Neuen Rechten" nach. Er zeigt, dass das rechte Lager durchaus auch Intellektuelle einschließt. Diese lehnen Menschenrechte, Rechtsstaatlichkeit, Pluralismus und Volkssouveränität aus einer Tradition des antidemokratischen Konservativismus heraus ab. *Hajo Funke* beleuchtet den gegenwärtigen Stand des Rechtsextremismus in Deutschland im Jahre 2009. Dabei analysiert er die Entwicklung eines neuen Typs von Rechtsextremismus seit 1989 und dessen Etablierungsprozess bis in die Gegenwart.

Die europäische Perspektive und damit den zweiten Teil des Sammelbandes eröffnet *Britta Schellenberg*. Sie vollzieht gegenwärtige Entwicklungen unter Einbezug der Situation in elf europäischen Ländern nach, fasst aktuelle Themen der Rechtsextremen zusammen und stellt Kernpunkte europäischer Strategien gegen Rechtsextremismus vor. *Angelika Beer* erweitert die Betrachtung durch die Sicht einer Abgeordneten des Europäischen Parlamentes. Sie berichtet über die (aufgrund von internen Streitigkeiten mittlerweile wieder aufgelöste) rechtsextreme Fraktion „Identität, Tradition, Souveränität" (ITS) im Europäischen Parlament und wendet sich den demokratischen Handlungsmöglichkeiten im Umgang mit den europäischen Rechtsextremen zu. Darauf folgend analysiert *Roger Eatwell* die historische Entwicklung des Rechtsextremismus in Großbritannien und geht dabei auf die derzeit erfolgreichste Partei der britischen extremen Rechten, die British National Party (BNP), ein. Der Beitrag von *Julia Verse* untersucht die Situation im benachbarten Irland. Ihre empirischen Forschungen zeigen, dass in Irland nationalistische und rechtsextreme Diskurse vermehrt in die öffentliche Diskussion vordringen und teilweise auch von demokratischen PolitikerInnen übernommen werden. *Rafał Pankowski* stellt am Beispiel der „Liga Polnischer Familien" eine Fallstudie zum Rechtsextremismus in Polen vor und untersucht den Einfluss des Radiosenders „Radio Maryja" auf die öffentliche Meinungsbildung. Der katholische Sender ist für antisemitische, nationalistische und fremdenfeindliche Äußerungen bekannt und erreicht mehrere Millionen ZuhörerInnen. *Jean-Yves Camus* wendet sich der Zukunft der extremen Rechten in Frankreich zu. Er analysiert den politischen Kontext der größten rechtsextremen Partei in Frankreich, den weit über die Landesgrenzen hinaus bekannten Front National von Jean-Marie Le Pen. *Frauke Büttner* beschreibt die Situation in Spanien anhand des Engagements des „Movimiento contra la Intolerancia" (MCI). Diese „Bewegung gegen die Intoleranz" ist in Spanien die einzige Organisation, die sich professionell und überregional mit dem Thema Rechtsextremismus auseinandersetzt. Büttner beleuchtet weiterhin den gesellschaftlichen Umgang mit der Franco-Diktatur sowie die derzeit existierenden Strukturen der extremen Rechten in Spanien. Zum Abschluss des Bandes wird die Situation in Mittel- und Osteuropa von *Michael Minkenberg* vorgestellt. Er veranschaulicht rechtsextreme Profile im Regimewandel Mittel- und Osteuropas, präsentiert vergleichbare Wahlergebnisse rechtsextremer Parteien in den verschiedenen Ländern und identifiziert dominante Akteure der Rechtsextremen in Osteuropa.

Ich danke allen ReferentInnen der Konferenz und allen AutorInnen des Sammelbandes für die ausgezeichnete Zusammenarbeit und ihr großes ehrenamtliches Engagement. Weiterhin gilt mein Dank allen, die mich im Vorfeld der Konferenz beraten und während der Leitung der Konferenz organisatorisch unterstützt haben. Henrike Ortmann danke ich vielmals für das Lektorat sämtlicher Texte.

Die Durchführung der Konferenz wurde erst durch die finanzielle Unterstützung der *Bundeszentrale für politische Bildung* möglich. Ohne die finanzielle Zuwendung der *Amadeu Antonio Stiftung* wäre die Übersetzung der internationalen Beiträge dieser Publikation nicht realisierbar gewesen. Hierfür sei den Verantwortlichen herzlich gedankt.

Holger Spöhr Berlin im April 2009

Heribert Prantl

Rechtsextremismus in Deutschland und Europa ... und der Widerstand der Bürgergesellschaft

Schwarzkopf-Stiftung – Vortrag am 8. Oktober 2008
im Roten Rathaus, Berlin

Wie viele Nazis gibt es hier? Sie halten das für eine unpassende Frage? Es gibt Örtlichkeiten in Deutschland, wo diese Frage sehr gut passt, Örtlichkeiten, an denen diese Frage betreten-verlegene Heiterkeit auslöst. „Wie viele Nazis gibt es hier?" Wenn man diese Frage irgendwo in der ostdeutschen Provinz in einer Plattenbauschule in einer Plattenbausiedlung stellt, dann erntet man Gelächter. „Wie viele Nazis gibt es hier?" Die Klasse grinst, ein Junge sagt leicht spöttisch: „Die kann man hier gar nicht zählen, die stehen doch hier überall herum!" Und daher geht man in etlichen Gegenden zumal in Ostdeutschland eben nicht auf Stadtfeste oder in bestimmte Stadtteile, die den Nazis „gehören". Der Soulsänger Xavier Kurt Naidoo aus Mannheim hat vor einiger Zeit, als er zu Besuch in einer Schule in Anklam war, mit seiner Frage nach den Nazis beklommene Heiterkeit ausgelöst. „Und wie ist es im Jugendclub", hat er die Klasse weiter gefragt. „Da sind überwiegend Nazis", erklärt ihm eines der Mädchen, „aber wir gehen trotzdem da hin. Wenn man die nicht blöd anmacht, sind die doch ganz normal". „Und wenn ich da hinkommen würde?", hakt der Soulsänger nach. Ungläubiges Hüsteln in der Klasse: „Na, dann gäbe es sicher Stress!" Der Sänger bohrt weiter: „Und wenn ihr Zeugen eines Überfalls werdet, holt ihr da wenigstens die Polizei?" „Die Polizei?", fragt eine Dunkelhaarige zurück, „die haben doch selbst Angst vor denen und machen nichts".

Die Nazi-Jugendkultur ist in Ostdeutschland und zunehmend in Westdeutschland allgegenwärtig. Die Szene ist längst keine Randgruppe mehr, sondern eine Massenbewegung – in Deutschland, in ganz Europa. Es gibt Nazi-Konzerte mit bis zu 2 000 Besuchern. Es gibt 200 Abgeordnete rechtsextremistischer Parteien in deutschen Landtagen. Es gibt vier Landtage, in denen Rechtsextremisten sitzen. Es gibt eine ansteigende braune Gewalt. Es gibt jedes Jahr ein neues „Rekordjahr" (wie es dann in den Zeitungen heißt) der rechtsradikalen Übergriffe. Im Jahr 2007 wurden 600 Menschen durch Neonazi-Attacken verletzt. Seit 1989 wurden 130 Asylbewerber, Migranten und Obdachlose totgeschlagen, totgetrampelt, angezündet. Ja, es gibt auch Programme gegen rechtsextreme Gewalt. Sie leiden unter Geldmangel und unter einer staatlichen Bürokratie, die ihnen immer weniger Zeit und Kraft zum engagierten Arbeiten lässt. „Exit", eine Organisation, die den Ausstieg von Nazis aus ihrer Szene unterstützt, steht deshalb – zur Häme der Neonazis – immer wieder kurz vor dem Aus. Es gibt

Leute, die beschwichtigen, abwinken, wenn es um die Rechtsextremen in Deutschland geht. Schaut doch nach Österreich, heißt es dann – dort haben die Rechtspopulisten von Haider & Co bekanntlich mit ihren beiden Parteien insgesamt 30 Prozent der Stimmen erzielt. Aber das ist etwas anderes: Die Parteien in Österreich sind rechtspopulistisch, nicht gewaltgeladen rechtsextrem. Österreich hat ein Rechtsaußen-Problem, aber kein Neonazi-Problem. In Deutschland findet etwas noch sehr viel Gefährlicheres statt: Deutschland ist ein Versuchsfeld für ganz Europa, auf dem eine explosive Symbiose zu beobachten ist. Hier findet in der NPD eine atemberaubend gefährliche Vereinigung statt: Die NPD in Deutschland hat die Vernetzung, die Verbindung, die Symbiose geschafft – sie deckt das gesamte Rechtsaußen-Spektrum ab, das bürgerlich-rechtspopulistische und das antibürgerlich-rechtsrevolutionäre – dort sammeln sich Rechtspopulisten und nationale Sozialisten.

Es gibt politische Wetterbeobachter, die das Problem so sehen: Rechtsaußen-Parteien kommen von Zeit zu Zeit über die Staaten Europas wie das dreckige Wetter. Dunkle Wolken ziehen auf, das Licht wird fahl, die Welt sieht bedrohlich aus; es donnert und blitzt, es schüttet wie aus Kübeln. Aber das dauert dann nicht lange, dann klart es wieder auf, und alles ist wieder friedlich und schön. Das wäre ein beruhigendes Modell. Es hat aber den Nachteil, dass es nicht stimmt. Es trifft schon deswegen nicht zu, weil sich in der NPD, wie geschildert, ein dauerhaftes Bedrohungspotential auflädt. Trotzdem wird für die Gewitter-Theorie gern die Bundesrepublik als Exempel angeführt.
Dies wird folgendermaßen begründet: Ende der 60er, Anfang der 70er Jahre war die rechtsradikale NPD mit 61 Abgeordneten in sieben Landtagen vertreten, bei der Wahl in Baden-Württemberg im Jahr 1968 erhielt sie 9,8 Prozent der Stimmen. „Neonazis rüsten fleißig für ein neues 33“ – Aufkleber mit dieser Parole klebten damals warnend an den Türen von Schulen und Hochschulen.

Mit dem „neuen 33“, mit der zweiten Machtergreifung, kamen die NPD-Leute allerdings nicht weit. Bei der Bundestagswahl von 1969 erzielte die NPD zwar mit eineinhalb Millionen Stimmen (4,3 Prozent) das beste Wahlergebnis einer antidemokratischen Partei nach 1945 in der Bundesrepublik. Das war jedoch damals schon der Anfang vom schnellen Ende, das von innerparteilichen Kämpfen beschleunigt wurde. Bald darauf spielte die NPD für viele Jahre keine Rolle mehr. Ähnlich erging es anderen rechtsradikalen Parteien, den Republikanern und der DVU, später auch wieder der NPD. Sie kamen und gingen und tauchten wieder auf. Wenn in den Landtagen Rechtsextreme sitzen, war das nach der Theorie erneut ein vorübergehender Durchgang von dreckigem Wetter. Das ist erstens grob verharmlosend, weil in ganz Ostdeutschland zu beobachten ist, wie die Parlamentarisierung der NPD zu einer institutionellen Gewöhnung führt. Und es ist zum anderen falsch, von einer jeweils nur temporären demokratischen Störung durch Rechtsaußen-Parteien zu reden. Warum?

Seit Mitte der 80er Jahre, seit der französische Front National unter seinem Führer Jean-Marie Le Pen erste größere Erfolge erzielte, sind rechtspopulistische und rechtsradikale Parteien zu festen politischen Größen in Europa geworden. Die Grenzen zwischen rechtspopulistischem und rechtsradikalem Gedankengut verschwimmen. In vielen Ländern erzielen Rechtsrechts-Parteien auf nationaler Ebene regelmäßig Wahlergebnisse zwischen 10 und 20 Prozent, oft noch mehr. Sie sind nicht mehr vorwiegend anachronistisch, sondern liegen immer öfter im Trend, der, je nach Land, ein jeweils ganz unterschiedlicher sein kann. Es gibt Rechtsaußen-Parteien mit antimodernen und solche mit libertären Zügen.

Was verbindet die Rechts- und Rechtsrechtsparteien in Europa? Was verband Jörg Haider in Österreich, der vor 20 Jahren mit seiner damaligen FPÖ zunächst einen radikalliberalen wirtschaftspolitischen Kurs für Freiberufler und Selbständige führte, sich dann aber mit seiner Partei den Arbeitern zuwandte und protektionistische Maßnahmen forderte, was verband diesen alten und neuen Haider mit sich selbst und einem Le Pen und seinem Front National? Was verbindet Le Pen mit Vlaams Belang in Belgien? Was verbindet Vlaams Belang mit der norwegischen wohlstands-chauvinistischen und antieuropäischen Fortschrittspartei des Carl I. Hagen? Was verbindet Hagen mit dem Schweizer Christoph Blocher, der keine neue Partei gegründet, sondern die alte, seit Jahrzehnten etablierte Schweizer Volkspartei rechtsgewendet hat? Was verbindet Blocher mit Umberto Bossi und seiner lombardischen Lega Nord, die als Partei der Handwerker und Kleinunternehmer die Abspaltung von Italien und ein ultraliberales Wirtschaftskonzept verficht? Was verbindet Bossi mit der dänischen Volkspartei DF, die bei Wahlen 2005 erneut zur drittstärksten Partei wurde (13,2 Prozent)? Und was verbindet diese wiederum mit dem Ungarn Viktor Orban und seiner Fidesz-Partei?
Ihr gemeinsamer Nenner ist die aggressive Agitation gegen Einwanderer und gegen Flüchtlinge. Gemeinsam ist allen die Islamphobie, die den Islam mit islamistischem Fundamentalismus gleichsetzt. Gemeinsam ist eine Sündenbock-Polemik gegen Ausländer als Basso continuo ihrer Politik. Alle rechtspopulistischen Parteien in Europa schüren Überfremdungsängste – sie reden aber nicht, wie das die klassisch rechtsextremen Parteien tun, vom Schutz der Rasse, sondern vom „Schutz der kulturellen und nationalen Identität". Ihre Chefs agieren als angebliche Saubermänner mit dem eisernen Besen. Sie stellen üblicherweise auch nicht die Demokratie als solche in Frage, sie agieren aber gegen ihre Werte: Sie richten sich gegen den Gleichheitsgrundsatz, sie propagieren die Ausgrenzung der „Anderen", der Ausländer, der Einwanderer, der Muslime, sie propagieren das Recht auf den Unterschied, auf das Anders- und Besser-Sein. Die meisten der genannten Rechtsaußen-Parteien (zu den Ausnahmen gehört der Front National unter Le Pen) schrecken davor zurück, sich exzessiv rechtsextrem zu gebärden; sie nehmen zwar kräftige Anleihen im argumentativen Fun-

dus, sind aber nicht militant. Es geht ihnen um „nationale und kulturelle Identität“. Die deutsche NPD ist, wie gesagt, etwas Anderes, noch viel Gefährlicheres: Dort finden sich Elemente des beschriebenen rechtskonservativ-populistischen Gedankenguts und des gewaltbereiten nationalsozialistischen Milieus mit seinen geheimbündlerischen Kameradschaften.

Seit dem 11. September 2001, seit den Attentaten islamistischer Fundamentalisten in New York und Washington, hat sich das Klima für Rechtsrechts-Parteien noch einmal erwärmt – und die Debatte über die Aufnahme von EU-Beitrittsverhandlungen trägt zusätzlich ihren Teil bei. Klima kommt vom griechischen „klimatos“, „Neigung“, und meint den Einstrahlwinkel der Sonne. Seitdem die Angst der Menschen wächst, nimmt auch die Neigung zu, den autoritären Rechtsaußen-Parteien und ihrer binären Politik zu vertrauen. Der politische Ton hat sich verschärft, die Fremdenangst hat zugenommen, das innerpolitische Klima in vielen europäischen Ländern ist giftiger geworden. Auffallend ist, dass es Rechtspopulismus auch ohne Einwanderung gibt, so wie es seit jeher Antisemitismus ohne Juden gab. In Deutschland erzielen die fremdenfeindlichen Parteien DVU und NPD ihre größten Erfolge dort, wo es am wenigsten Ausländer gibt: im Osten, in Brandenburg, in Sachsen und Mecklenburg-Vorpommern.

Wie bekämpft man Rechtsextremismus? Wie bekämpft man Rassismus und Fremdenfeindlichkeit? Es gibt auch unter aufrechten Demokraten einen merkwürdigen Glauben daran, dass es, wenn es um die Auseinandersetzung mit dem Rechtsextremismus geht, genügt, die richtige Gesinnung zu haben. Aber: Moral allein genügt noch nicht. Es genügt auch nicht ein neuer Verbotsantrag gegen die NPD beim Bundesverfassungsgericht. Manche glauben, so ein Verbotsantrag funktioniert wie die Fernbedienung beim Fernsehen: Man drückt drauf – und schon hat man ein neues Bild und ein neues, besseres Programm. So einfach ist es nicht.
Was braucht man wirklich, um Rechtsextremismus zu bekämpfen? Was braucht man wirklich, um Visionen zu entwickeln für eine gute Zukunft der demokratischen Gesellschaft? Man braucht Menschen, die sich trauen, und die in mühseliger Alltagsarbeit in die Schulen gehen, in die Jugendzentren, in die Behörden und zur Polizei – Menschen, die es nicht akzeptieren, wenn abgewiegelt und abgewimmelt wird. Man braucht Projekte, die „Wehret den Anfängen“ heißen oder „Buntes Leben“, man braucht die Menschen, die Workshops, Demonstrationen, Konzerte, Aufklärungskampagnen machen, man braucht Menschen, die einer braunen Alltagskultur offensiv entgegentreten. Man braucht eine diskursive Gesellschaft, man braucht staatliche und staatlich geförderte Gegenstrategien, man braucht, vor allem, mutige Bürgerinnen und Bürger, denen nicht gleichgültig ist, wenn sich die Gesellschaft braun verfärbt, wenn Neonazis den öffentlichen Raum zu dominieren versuchen. Dabei dürfte es denjenigen, die dagegen aufstehen, die sich also etwas trauen, manchmal so ergehen, wie es in einem

berühmten Buchtitel zu einem Film steht: „Allein gegen die Mafia". In dieser Situation zu bestehen ist ein Akt hoher Zivilcourage. Wo die Mitte der Gesellschaft braun schillert, gilt oft als Nestbeschmutzer nicht der, der das Nest beschmutzt, sondern der, der es säubert.

Die Mafia. Lassen Sie mich einen kleinen gedanklichen Ausflug machen. Im September 2008 durfte ich in Köln eine Laudatio auf Leoluca Orlando halten, den früheren Bürgermeister von Palermo, den berühmten Kämpfer gegen die Mafia. Er bekam den Konrad-Adenauer-Preis der Stadt Köln. Vor gut zehn Jahren bin ich mit jenem Leoluca Orlando, dem damaligen Bürgermeister von Palermo und Gründer der Anti-Mafia-Partei La Rete, durch Sizilien gefahren. Er zeigte mir nicht nur sein Land und sein Palermo: Er hat mir auch gezeigt, was Bürgersinn ist – und was Beharrlichkeit, Unbeirrbarkeit und Mut vermag. Ich möchte an dieser Stelle davon erzählen, weil es auch für unser Thema lehrreich ist.

Leoluca Orlando zeigte mir Kirchen, die auch nachts geöffnet sind, er zeigte mir die Oper, die er wiedereröffnen wollte – was mittlerweile auch geschehen ist. Er führte mich mit stillem, unbändigem Stolz durch die nächtlichen Gassen, hin zur Santa Maria dello Spasimo, jener gotischen Kirchenruine, in der Unerhörtes geschehen ist: Palermo hat sich dort selbst ausgegraben. Mehr als 1 500 Lastwagenladungen waren es, mit denen Freiwillige den Schutt aus der Ruine abtransportiert haben. Aus einem Trümmerhaufen, einem Rattenloch, ist ein Zentrum der Kultur, eine Heimstatt der schönen Künste geworden.

Und dort, zwischen Baum und einem der Strebebögen erzählte er mir, es war schon Mitternacht, von der „Wiedergeburt Palermos". Und als ich fragte, was ich mir darunter vorstellen sollte, zeigte er um sich und erzählte: „Als ich mit meiner politischen Tätigkeit begann, war Palermo nur physisch eine Stadt; niemand fühlte sich für sie verantwortlich. Niemand fühlte sich für die Straßen und Plätze, für den Markt, für die öffentlichen Anlagen oder das Theater verantwortlich. Die Geschichte einer Stadt, ob Freiburg oder Köln oder Florenz, ist immer die Geschichte ihrer gemeinsamen Werte und Sachen – eine solche Geschichte gab es in Palermo nicht. Die Verantwortung des Einzelnen endete an der Grenze des eigenen Besitzes, es gab keinen Gemeinsinn. Als aber die Mafia anfing, exzessiv zu morden, als sie beliebte Richter und Polizisten tötete, da bekamen die Menschen Angst – sie gingen auf die Straßen und Plätze und entdeckten, dass es eine Stadt gab, die außerhalb ihrer eigenen Häuser existierte." Ich verstand. Er meinte die Wiederentdeckung der Zivilcourage, des Gemeinsinns und der Zivilgesellschaft. Seitdem haben diese Wörter für mich einen sizilianischen Klang.

Bei der Stadtführung zeigte mir Leoluca Orlando eine Kirche, die er soeben wieder eingeweiht hatte; sie war fünfhundert Jahre alt. Den Hafen hatte er auch wieder eingeweiht, er ist tausend Jahre alt – und den zweihundertjährigen Park ebenfalls. In Deutschland, so sagte er, würde man einen solche Renovierung und die Restaurierungen als Arbeitsbeschaffungsmaßnahme für den Bürgermeister und ein paar Baufirmen bezeichnen – aber „in Wahrheit handelt es sich um eine Revolution".

Revolution – das bedeutet den Umsturz der alten Verhältnisse. Und die alten Verhältnisse – das waren Korruption, mafiöse Bürgermeister, katzbuckelnde Stadträte, unterwürfige Architekten und käufliche Stadträte, welche die gesamte Bauwirtschaft der Stadt kontrollierten. Die alten Verhältnisse: Da war der Verfall der Altstadt, der der mafiösen Sippschaft gar nicht schnell genug gehen konnte, weil sie am liebsten alles niedergewalzt hätte, um auch dort noch Wohntürme hochzuziehen. Die alten Verhältnisse: Das waren die Jahre, in denen selbst die Straßenlaternen nur leuchteten, wenn die Mafia es wollte. In diesen alten Verhältnissen gab es in Palermo etwa 250 Morde im Jahr, die auf das Konto der Mafia gingen. Am Ende seiner Amtszeit als Bürgermeister gab es in Palermo noch 8 Mordfälle im Jahr – und diese ohne Beteiligung der Mafia. Palermo wurde in seiner Ägide zur sichersten Stadt Italiens. Es war eine internationale Anerkennung dieser Leistung, dass in dieser Stadt im Dezember 2000 die UN-Konferenz zur Unterzeichnung der Konvention gegen das länderübergreifende organisierte Verbrechen stattfand.

Die alten Verhältnisse: Das Ende dieser alten Verhältnisse begann auch damit, dass Letizia Battaglia, die weltberühmte Fotografin, die Leoluca, zur „Stadträtin für Lebensqualität" ernannt hatten, auf Plätzen und an Uferstreifen Palmen pflanzte und Marmorbänke aufstellte. Das war der erste zaghafte Frühling von Palermo – der dann in dem baugrubengroßen Krater verschwand, den das Mafia-Kommando 1992 beim Anschlag auf den Richter Giovanni Falcone in die Autobahn zum Flughafen sprengte. Die Mafia-Morde an den Richtern Giovanni Falcone und Paolo Borsellino waren anders als hunderte stille Morde früher: Sie waren laut und sichtbar. Leoluca Orlando stand als nächster auf der Todesliste. Als dies in einem Zeitungsinterview angedeutet wurde, boten sich Tausende von Frauen aus Palermo in einer Unterschriftenliste an, Orlando künftig mit ihren Kindern in dessen Dienstwagen zu begleiten. Denn die Mafia, die, so Orlando, „unsere Werte, unsere Kultur benutzt und pervertiert, um zu töten", habe größere Angst und größeren Respekt vor den Frauen und Kindern gehabt als vor den Waffen der Polizei.

Die alten Verhältnisse endeten mit dem Wiedererwachen von Zivilcourage und Gemeinsinn in Palermo. Gemeinsinn: In Deutschland fragt man neuerdings immer öfter – etwa dann, wenn es um die Wirtschaft und ihr Management geht – was dieses Wort bedeutet und wozu es verpflichtet. Im Palermo des Leoluca Orlando bedeutete es Folgendes: Schulklassen übernahmen die Patenschaft für Kulturdenkmäler, Betriebe adoptierten einen bestimmten Platz. Sie kümmerten sich darum, entrissen Denkmäler und Plätze dem Niemandsland und der Ver-

wahrlosung. In diesen beginnenden neuen Verhältnissen war jede Kunstausstellung, jede restaurierte Säule, jedes neue Straßencafe ein Sieg. Hunderte Cafes und Restaurants stellten ihre Tische auf die Straße, fünf Jahre zuvor hatte das kaum ein Wirt gewagt. Die Stadtverwaltung schickte mehr Polizisten auf die Straße, der Müll wurde getrennt und regelmäßig abtransportiert, die neuen Busse fuhren pünktlich. Auch so sehen neue Zeiten aus.
Noch eine letzte Erzählung von diesem Mann: Er lief mit mir, es war im Herbst 1996, durch das berühmte Mafia-Nest Corleone, sein Geburts- und Heimatort. Soeben hatte in Florenz der Prozess gegen die Corleonesi begonnen. Nach dem Essen lief er mit mir hinauf zum Franziskanerkloster, das wie eine Bastion auf dem höchsten Felsvorsprung von Corleone sitzt, zu Fra Paolo und den Patres. Die Leibwächter, so schien es mir, waren sehr nervös. Er hatte den gepanzerten Wagen stehen gelassen, lief den Berg hoch durch die steilen Gassen, als wollte er mit mir ein Fitnessprogramm absolvieren. Er schaute auf dem Weg hier in eine Kneipe, dort in einen Friseursalon, er suchte, so dachte ich mir, gerade zu manisch den Kontakt zu den Menschen. Man müsse, sagte er, zeigen, dass man sich nicht fürchtet, dass man keine Angst hat, dass man den öffentlichen Raum nicht „denen" überlässt. Nicht „denen" – das waren die, die ein paar Jahre zuvor seine Freunde Borsellino und Falcone ermordet hatten.

Man darf nicht zeigen, dass man Angst hat. Man darf den öffentlichen Raum „nicht denen" überlassen. Diese Sätze Leoluca Orlandos fallen mir ein, wenn ich über die Neonazis in Deutschland nachdenke. In Ostdeutschland sind es rechte Kameradschaften, die den öffentlichen Raum besetzen. In ganzen Kleinstädten ist der Rechtsextremismus zur dominanten Jugendkultur geworden. Die NPD und die DVU sitzen in den Stadträten und die rechten Cliquen sitzen in den Kneipen und an den Tankstellen, bei Sportveranstaltungen und Stadtfesten. Wenn Neonazis „ausländerfreie" oder „national befreite" Zonen proklamieren, dann sagt das sehr deutlich, worum es gehen muss: Um die Rückeroberung des öffentlichen Raums für die Werte der Demokratie und der Toleranz.
In Sizilien heißt das, was das Gemeinwesen zerstört, Mafia. In Deutschland heißt es Neonazismus. Es heißt Antisemitismus. Es heißt Ausgrenzung. Es heißt Desintegration. Es heißt auch Jugendarbeitslosigkeit. Es heißt Zerfall des sozialen Zusammenhalts. Mafia in Deutschland hat also andere Namen, eine andere Geschichte, sie funktioniert anders – aber sie richtet vergleichbares Unheil an: Hier wie dort macht sie Gesellschaft und Kultur kaputt. Und hier wie dort wird oder wurde geleugnet, dass es Mafia gibt: „Mir ist nicht bekannt, das es bei uns Rechtsradikale gibt", sagen Bürgermeister in Deutschland nicht selten. Leoluca Orlando kennt diesen Satz, man sagte ihn über die Mafia auch. Gern heißt es auch: „Das war doch keine Hetzjagd, das war doch nur eine Wirtshausschlägerei!" Es ist dies, wie Juristen sagen würden, eine Protestatio facto contraria – eine Leugnung von Fakten also, die offenkundig sind.

Rückeroberung des öffentlichen Raums für die Werte der Demokratie und der Toleranz: Das gilt nicht nur im Osten, sondern auch im Westen. Die besonderen Probleme in Ostdeutschland verleiten im Westen bisweilen dazu, sich sehr pharisäerhaft zu gerieren – als ob Zivilcourage und Verantwortungsgefühl nicht auch hier Mangelware wären. Der Westen unseres Landes braucht den Sauerteig Zivilcourage so sehr wie der Osten: „Viele sahen zu. Niemand half". Es gibt viele solcher Situationen. Man sitzt dann nicht mit Bier und Erdnüssen vor dem Fernsehen, wo Gewalt und Gemeinheit anmoderiert und von Werbeblöcken unterbrochen werden. Live ist es anders: Man müsste oft schreien, einschreiten, oder wenigstens die Notbremse ziehen, sich mit anderen, die auch herumstehen, verständigen.

Rückeroberung des öffentlichen Raums für die Werte der Demokratie und der Toleranz: Da helfen die klassischen Methoden der Mafia-Bekämpfung und die klassischen Methoden der Bekämpfung von organisierter Kriminalität nicht sehr viel weiter. Mit Kronzeugenregelungen, mit Opferhilfsprogrammen, mit den Mitteln und Methoden des starken Staates ist es da nicht getan – da braucht man kompetente und engagierte Menschen und Initiativen: Es geht um Demokratie-Coaching, es geht darum, notfalls den Behörden und der Öffentlichkeit die Augen immer wieder zu öffnen, ihnen zu zeigen, wer sich hinter vermeintlich harmlosen Vereinen verbirgt; es geht darum, das Vertrauen der Jugendlichen in den Rechtsstaat wieder zu gewinnen, wenn sie ungute, schockierende Erfahrungen mit Neonazis und fehlendem Polizeischutz gemacht haben. Es gibt die Fälle, bei denen Jugendliche von einer Horde Neonazis durch die Stadt gejagt werden, sich gerade noch in die Wohnung flüchten können, bei der Polizei anrufen – und dann zu hören bekommen, auch wenn die Nazis noch vor der Tür stehen: „Dann bist Du doch jetzt in Sicherheit, dann ist doch alles in Ordnung!" Nichts ist in Ordnung. In so einem Fall bricht die Geborgenheit im Rechtsstaat zusammen. Es ist dauerhaft viel Zivilcourage nötig, um für Geborgenheit im demokratischen Rechtsstaat zu sorgen.

Neonazismus, Rassismus, Ausländerfeindlichkeit, Antisemitismus: Das ist die Pest für eine freiheitliche Gesellschaft. Es ist, wenn man etwa gegen den Antisemitismus vorgeht, nicht damit getan, Auschwitzlüge und Volksverhetzung unter Strafe zu stellen, die Synagogen zu bewachen, ein paar als verrückt apostrophierte Neonazis aus dem Verkehr zu ziehen und den Zentralrat der Juden zu beruhigen. Der Antisemitismus ist nämlich nicht nur ein Angriff auf eine Minderheit in Deutschland, auf eine, der man aus historischen Gründen besonders verpflichtet ist. Er ist ein Angriff, der die Gesellschaft insgesamt bedroht. Der Antisemitismus ist kein Minderheitenthema, kein Thema, bei dem es nur um das Verhältnis zu den mittlerweile wieder hunderttausend Juden in Deutschland geht; er ist ein zentrales Thema der deutschen Gesellschaft.

Es ist sicher so, dass sich das offizielle Deutschland bemüht. Es gab Wiedergutmachung, schon unter Adenauer. Es gibt die Woche der Brüderlichkeit, Jahr für Jahr ist der Bundespräsident ihr Schirmherr. Christlich-jüdische Gesellschaften sind entstanden, Synagogen restauriert, jüdische Gemeinden neu- und wiedergegründet worden. Gedenkstätten werden gepflegt, Denkmäler errichtet. Spitzenpolitiker schreiben Grußworte zu den jüdischen Feiertagen, und bei den Gedenkfeiern der Republik sitzen die Vorsitzenden der jüdischen Gemeinde in der ersten Reihe. Das offizielle Deutschland fühlt sich in der Rolle des ehemaligen Alkoholikers, der weiß, was passiert, wenn er wieder zur Flasche greift.
Abseits der offiziösen Anlässe dagegen, und zwar nicht nur an den Stammtischen, greift man immer wieder zum alten Fusel. Man hat sich hierzulande daran gewöhnt, dass jüdische Einrichtungen aussehen müssen wie Festungen, und dass fast täglich jüdische Gräber geschändet werden. Soll man sich jetzt auch noch daran gewöhnen müssen, dass Kindern in der S-Bahn der Davidstern vom Halskettchen gerissen wird – und die Politik Israels als Entschuldigungsgrund herhalten muss?
"Vor dem Antisemitismus ist man nur noch auf dem Monde sicher", hat Hannah Arendt voll ironischen Pessimismus' gesagt. Das gilt für Rassismus und Ausländerfeindlichkeit genauso. Vor Rassismus und Ausländerfeindlichkeit ist man nur noch auf dem Monde sicher. Umso wichtiger sind die Versuche, den Mond auf die Erde zu holen. Mit diesen Versuchen sind wir bei der Arbeit der Netzwerke für Demokratie, bei den Aktionen für Zivilcourage, bei der Arbeit der Bürgergesellschaft – zu der auch diese Tagung der Schwarzkopf-Stiftung gehört. Verfassungsschutz ist nämlich nicht – jedenfalls nicht nur und nicht in erster Linie – das, was sich in einer Bundesbehörde oder einer Landesbehörde dieses Namens etabliert hat. Der vitale Verfassungsschutz lebt in den Initiativen gegen Rechtsextremismus und gegen rechtsradikale Gewalt. Zivilgesellschaft ist gebündelte Zivilcourage. Zivilcourage heißt, den Opfern rechtsextremer Gewalt zu helfen, sie zur Polizei zu begleiten. Zivilcourage heißt, das Feld nicht denen zu überlassen, die sich „Sturmfront“ oder „White Power“ ans Autofenster kleben, nicht denen, die sich „Sturm 34“ nennen. Zivilcourage heißt zu versuchen, den Mond auf die Erde zu holen, immer und immer wieder. Demokratie muss die Auseinandersetzung mit braunem Gedankengut nicht scheuen.

In was für einer Gesellschaft wollen wir leben? Wie wäre es mit einer Gesellschaft, die Heimat sein kann für alle Menschen, die in ihr leben? Wie wäre es mit einer Gesellschaft, die sich darauf besinnt, was Demokratie eigentlich ist – nämlich, und das ist die schönste Definition, die ich kenne: eine Gemeinschaft, die ihre Zukunft miteinander gestaltet. Miteinander gestaltet! Miteinander! Das verträgt sich nicht mit der Ausgrenzung von immer mehr Menschen: Arbeitslosen, sozial Schwachen, Ausländern, Flüchtlingen, Einwanderern. Die Bürgerinnen und Bürger einer Demokratie brauchen, um Bürgerin und Bürger sein zu können, Ausbildung und Auskommen, sie brauchen eine leidlich gesicherte

Existenz, sie müssen frei sein können von Angst. Das gilt für die Alt- und für die Neubürger, das gilt für Deutsche und Zuwanderer. Ein Patriot ist der, der dafür sorgt, dass Deutschland Heimat bleibt für alle Altbürger und Heimat wird für alle Neubürger. Das nennt man Integration, und das ist das Gegenteil von Ausgrenzung.

Multikultur schmeckt hierzulande allen – solange man sie essen kann. Wäre der Umsatz der ausländischen Gaststätten in Deutschland ein Gradmesser für die Integration der Ausländer in dieser Gesellschaft – es könnte keine besseren Werte geben. Indes: Integration ist nicht die Addition aller Dönerbuden in den deutschen Fußgängerzonen, Integration ist mehr als das In-Sich-Hineinstopfen von Dingen, die einem schmecken und die Annahme von Leistungen, die man gerade braucht. Als ich Jura studiert habe, und wir im strafrechtlichen Seminar die Probleme diskutiert haben, die sich aus den Diebstahlsparagrafen im Strafgesetzbuch ergeben, sagte mein Professor über einen Dieb, der Nahrungsmittel stiehlt und sie sofort verputzt, den schönen Satz: „Die Insichnahme ist die intensivste Form der Ansichnahme." Würde dieser Satz auch für die Einwanderungsgesellschaft gelten, dann wären wir schon erheblich weiter. Einwanderung darf nicht nur in Gaststätten und Einwohnermeldeämtern stattfinden. Aneignung von Einwanderung sieht anders aus: Sie findet statt an den Schulen, sie zeigt sich in den Lehrplänen aller Schularten, sie zeigt sich auf den Spielplänen der Theater – und sie zeigt sich, am allermeisten, in einem selbstverständlichen alltäglichen Miteinander.

Als ich die Arbeit der Initiativen und Projekte gegen Rechtsextremismus studiert habe, ist mir das Wort „Widerstand" eingefallen. Diese leisten Widerstand gegen die Verbräunung und Verrohung unserer Gesellschaft. Im allgemeinen Sprachgebrauch wird das Wort Widerstand anders benutzt. Widerstand hierzulande wird meist reduziert auf die letzte Chance, auf die letzte Notwehrmaßnahme gegen eine verbrecherische Obrigkeit. Ich glaube, das ist nicht ganz richtig. Die Worte aus den Flugblättern der Weißen Rose haben ihre eigene Bedeutung in jeder Zeit, also auch in der gegenwärtigen: „Zerreißt den Mantel der Gleichgültigkeit, den ihr um euer Herz gelegt habt." Und: „Wenn jeder wartet, bis der andere anfängt, wird keiner anfangen!" Jeder und jede muss für sich nachdenken, was ihm und ihr das heute sagt, und wozu es ihn und sie verpflichtet – und das Ergebnis dieser Pflicht kann man Widerstand nennen. Ein Ergebnis dieses Nachdenkens sind Initiativen wie „Bunt statt Braun" oder „Exit". Es gibt sie zahlreich, aber sie werden finanziell ausgetrocknet. Wir müssen sie stattdessen stärken, fordern und ermutigen.

Widerstand – das war 1944 der Widerstand gegen das verbrecherische Naziregime. Widerstand, das waren auch die Montagsdemonstrationen in der DDR. Staatsrechtler und Rechtsphilosophen mögen diesen Widerstand gegen ein illegitimes Regime als den einzig legitimen, als den großen Widerstand bezeichnen. Das mag in der juristischen Wissenschaft so richtig sein. In der Wirklichkeit ist es anders. Widerstand ist auch in der Demokratie, auch im Rechtsstaat notwendig. Dieser Widerstand heißt nur anders: Er heißt Widerspruch, Zivilcourage, aufrechter Gang, er heißt zum Beispiel „Netzwerk für demokratische Kultur" oder „Arche Nova". Es ist Widerstand, wenn Selbstverteidigungskurse für Jugendliche organisiert werden, die sich von rechten Schlägern nicht mehr einschüchtern lassen wollen. Man mag das den „kleinen" Widerstand nennen. Für diejenigen, die ihn leisten, ist es (subjektiv) ein ganz großer. Er erfasst die ganze physische und psychische Existenz.

Das alles ist Widerstand – aber nicht als Ultima Ratio, sondern als Prima Ratio: Solcher Widerstand ist Ratio der Demokratie, ihr Lebensnerv. Widerstand bedeutet heute: Nicht wegsehen, wenn Unrecht geschieht, wachsam bleiben, wachsam handeln, den Rechtsextremisten nicht das Feld zu überlassen. Der Rechtsphilosoph Arthur Kaufmann, mein Lehrer, hat einmal davon gesprochen, dass dieser „kleine" Widerstand beständig geleistet werden muss, „damit der große Widerstand entbehrlich bleibt". So ist es. Widerstand mag in vielen Fällen auch und vor allem der Widerstand gegen die eigene Angst sein, gegen die eigene Bequemlichkeit, gegen das Angepasstsein. „Alleine kann man ohnehin nichts bewirken" – „So schlimm ist es ja nun auch wieder nicht" – „Nach mir die Sintflut". In uns allen stecken manchmal solche Sätze. Da beobachtet eine Deutsche, wie im Bus ein älterer ausländischer Mann von einigen Jugendlichen angepöbelt wird. Lohnt es sich denn, aufzustehen? Der so genannte „kleine" Widerstand lebt oft von kleinen Schritten, oft von der Selbstüberwindung. Der kleine Widerstand ist nicht nur wichtig für andere, nicht nur für die Opfer, nicht nur für unser Land, nicht nur für die Demokratie. Im Kern ist er wichtig für jeden Einzelnen – für die eigene Selbstachtung nämlich. Die Arbeit gegen Rechtsextremismus und Intoleranz beginnt mit der Überwindung der eigenen Bequemlichkeit und Angst.

Ich habe Ihnen viel von Leoluca Orlando erzählt, von seinen Kämpfen gegen die Mafia. Leoluca Orlando hat ein Credo, es ist ein Credo der Aufklärung. Und dieses Credo ist sehr anschaulich niedergelegt in seinem Nachwort zum Buch „Ich sollte der Nächste sein": „Den islamischen Terrorismus bekämpft man, indem man die islamische Kultur erneuert; den Nationalsozialismus bekämpft man, indem man die deutsche Kultur erneuert; und das beste Mittel gegen die Gewalttaten der Katholiken in Nordirland ist es, die Kultur der nordirischen Katholiken zu erneuern. Diesen Zusammenhang habe ich begriffen aufgrund der Erfahrungen, die wir in Sizilien gemacht haben. Was ich auch begriffen habe: Veränderungen sind möglich. In Sizilien ebenso wie in Afghanistan – oder in Deutschland." Diese Sätze lehren, was Aufklärung heute bedeutet. Aufklärung ist nicht eine historische Epoche, sie ist nicht einfach da und bleibt dann. Aufklärung ist eine Aufgabe für jede Generation, für jede und jeden, immer wieder.

In was für einer Gesellschaft wollen wir leben? Nicht in einer braunen, sondern in einer bunten, einer freien, einer aufgeklärten und demokratischen Gesellschaft. Also brauchen wir neue, phantasievolle Formen der demokratischen Solidarität, phantasievolle Projekte des Widerstands gegen den Rechtsextremismus, wir brauchen eine Gegenbewegung von unten, eine Gegenbewegung gegen die gefährlichen Extremismen, mitten in den Kommunen, an der Basis.
Wie also geht diese Arbeit der Eroberung des öffentlichen Raums für die Demokratie weiter? Märchen beflügeln die Phantasie. Deshalb soll dieser kleine Festvortrag, diese Laudatio auf die Zivilgesellschaft, soll die Anstiftung zum Widerstand mit einem Märchen enden. Es ist, wie Märchen es oft sind, sehr drastisch. Es handelt davon, wie sich vermeintlich Schwache gegen eine Gefahr verteidigen, und wie man das miteinander schafft. Es ist ein Märchen für alle, die unter oft schwierigsten Umständen soziale Arbeit leisten müssen. Es ist ein ziemlich unbekanntes Märchen der Brüder Grimm. Die Gefahr, gegen die sie sich verteidigen, wird verkörpert durch einen Herrn Korbes.

> „Da taten sich also Hähnchen und Hühnchen, der Mühlstein, ein Ei, eine Ente, eine Stecknadel und eine Nähnadel zusammen: Als sie zum Haus des Herrn Korbes kamen, war der Herr Korbes nicht da. Die Mäuschen fuhren den Wagen in die Remise, das Hähnchen flog mit dem Hühnchen auf eine Stange, die Katze setzte sich in den Kamin, die Ente in die Bornstande, die Stecknadel setzte sich auf ein Stuhlkissen, die Nähnadel ins Kopfkissen im Bett, der Mühlstein legte sich über die Türe und das Ei wickelte sich in ein Handtuch. Als der Herr Korbes nach Hause kam, ging er an den Kamin und wollte Feuer anmachen. Da warf ihm die Katze Asche ins Gesicht. Er ging geschwind in die Küche und wollte sich abwaschen. Wie er an die Bornstande kam, spritzte ihm die Ente Wasser ins Gesicht. Als er sich abtrocknen wollte, rollte ihm das Ei aus dem Handtuch entgegen, ging entzwei und klebte ihm die Augen zu. Er wollte sich ruhen und setzte sich auf den Stuhl, da stach ihn die Stecknadel. Darüber wurde er ganz verdrießlich und ging ins Bett. Und wie er den Kopf aufs Kissen legte, da stach ihn die Nähnadel. Da war es so bös und toll, dass er zum Haus hinauslaufen wollte. Wie er aber an die Tür kam, sprang der Mühlstein herunter und schlug ihn tot."

Das ist nun freilich ein etwas befremdliches Ende. Die Fabel soll auch nicht als Aufruf zur Gewalt für einen guten Zweck missverstanden werden. Es geht in diesem Märchen um den Wert der gemeinsamen Aktion. Der Herr Korbes, er ist die Verkörperung der Gefahren, die einer demokratischen Gesellschaft drohen. Und die Geschichte zeigt, wie man sich gemeinsam dagegen wehrt, was solidarische Aktion zu bewirken vermag. Schreiben wir das Ende des Grimmschen Märchens um: Der Herr Korbes soll bitte nicht erschlagen, er soll nur vertrieben werden aus dem Haus der Demokratie – vertreiben wir die Entsolidarisierung, vertreiben wir die Rücksichtslosigkeit, den Rassismus, den Ausländerhass, die Intoleranz, vertreiben wir den Neonazismus.

Aber wer ist mit seinen Möglichkeiten eher die Stecknadel, eher das Ei oder die Ente? Die eigene Rolle und die eigene Aufgabe zu finden, damit fangen der Widerstand und die gemeinsame Aktion an.

Wolfgang Gessenharter

Was ist Rechtsextremismus? Zentrale Aspekte eines vielschichtigen Problems

Einleitung und Überblick

Der Begriff „Rechtsextremismus“ löst in Deutschland weitgehend negative Assoziationen aus. Jemanden als rechtsextrem zu bezeichnen, bedeutet dessen Stigmatisierung. Man findet wohl auch niemanden, der sich selbst als rechtsextrem bezeichnen würde. Gleichwohl ist der Begriff in aller Munde und hat immer dann mediale Hochkonjunktur, wenn etwa in der Öffentlichkeit Gewalttaten bekannt werden, die dem rechten Spektrum zugeordnet werden. In diese öffentliche Diskussion mischen sich üblicherweise sogleich auch zwei Begleitmelodien dazu, deren eine beinhaltet, dass Rechtsextremismus nur etwas für Dumme sei. Die zweite besteht in der Forderung, es sei nun endgültig an der Zeit, Verbote auszusprechen, z. B. gegen die NPD.

Im Folgenden will ich versuchen, dieser öffentlichen Diskussion über Rechtsextremismus, die übrigens regelmäßig im Zyklus großer öffentlicher Aufregung einerseits und großen Schweigens andererseits stattfindet, ein Bild von Rechtsextremismus gegenüber zu stellen, wie es sich aus heutiger Forschungssicht ergibt. Dabei muss ich mich im Rahmen dieser Veröffentlichung auf einen groben Überblick beschränken. Ich will jedoch einige Akzente setzen, die mir gerade im Zusammenhang mit der gegenwärtigen öffentlichen Diskussion wichtig sind.

So werde ich also im 1. Kapitel etwas zur Begrifflichkeit sagen und damit auch die Sichtweisen auf das Phänomen Rechtsextremismus thematisieren. Denn mit unseren Begriffen versuchen wir die Wirklichkeit zu „begreifen“. Dabei plädiere ich für eine sog. bewegungstheoretische Sichtweise. Im 2. Kapitel gehe ich auf die zentralen Strukturen dieser Bewegung ein, das 3. Kapitel widmet sich deren ideologischem Rahmen. Im 4. Kapitel geht es um zentrale Kontextstrukturen der rechten Bewegung. Im 5. Kapitel werde ich nach einer Zusammenfassung einige praktische Folgerungen ziehen.

Zur Terminologie und zur bewegungstheoretischen Sichtweise

In der Öffentlichkeit hat sich in den letzten Jahren eine Vielfalt von Begriffen In der Öffentlichkeit hat sich in den letzten Jahren eine Vielfalt von Begriffen etabliert, wenn es um den politisch rechten Rand geht: etwa „Rechtsextremismus“, „rechtsextrem“, „rechtsextremistisch“, „rechtsradikal“, „Neonazis“, „rechtsaußen", oder einfach auch nur „rechts". Diese begriffliche Vielfalt ist nicht zufällig von einer Vielfalt von Anschauungsobjekten begleitet: Mal sind es Parteien, dann Personen, dann Handlungen, mal Ideologien, dann Gruppierungen oder Szenen. Diese Vielfalt der Objekte und der auf sie angewandten Begriffe ist einer Alltagskommunikation nicht unbedingt hinderlich, sie ist sogar förderlich für Polemik – eine überprüfbare Erkenntnisgewinnung und auf diese sich stützende politisch gezielte Einflussnahme verhindert sie jedoch. Um für unsere folgenden Diskussionen Klarheit in unseren Begriffen und in der Auswahl unserer Realitätsaspekte zu fördern, schlage ich vor[1], die Begriffe „Rechtsextremismus" und „rechtsextrem" nur noch ganz im Sinne der Verwendung durch die staatlichen Behörden, also insbesondere die Verfassungsschutzbehörden, zu verwenden: Wenn rechte politische Gesinnungen und Bestrebungen, Personen, Parteien oder Ideologien erkennbar den demokratischen Verfassungsstaat sowie seine grundlegenden Werte bekämpfen, soll von „rechtsextremen" Gesinnungen und Bestrebungen gesprochen werden. Nach Gesetzeslage sind dann auch nur diese für den Verfassungsschutz als Beobachtungsobjekt erlaubt. Als „rechtsradikal" kann hingegen ein Denken genannt werden, das „rechtes" Gedankengut von der Wurzel her, also radikal, in Anspruch nimmt, ohne eine unmittelbare Bekämpfungsabsicht gegenüber Grundgesetz und demokratischem Verfassungsstaat auszudrücken. „Rechtsextremismus" und „Rechtsradikalismus" bilden in meiner Terminologie zusammen ein „rechtes Lager" oder – doch dazu später – die „rechte Bewegung". Dieses rechte Lager umfasst selbstverständlich auch Neonazismus, von dem wir dann sprechen, wenn nachweislich positiv auf den Nationalsozialismus Bezug genommen wird. Während Neonazis meist kein Hehl aus ihren Gedanken und Absichten machen, ist die Abgrenzung zum Rechtsextremismus oft sehr schwierig, weil ein Akteur seine Bekämpfungsabsichten aus Furcht vor staatlichen Sanktionsmaßnahmen häufig nicht offen zeigt. Gleichzeitig gilt es zu berücksichtigen, was das Bundesverfassungsgericht zur Meinungs- und Pressefreiheit 2005 entschieden hat.[2] In seiner Presseerklärung führt es aus: „Um den Verdacht einer verfassungsfeindlichen Bestrebung zu bejahen oder die negative Sanktion einer Veröffentlichung im Verfassungsschutzbericht zu ergreifen, müssen hinreichend gewichtige tatsächliche Anhaltspunkte vorliegen. Die bloße Kritik an Verfassungswerten reicht nicht aus. Denn die Meinungs- und Pressefreiheit lässt auch eine kritische Auseinandersetzung mit Verfassungsgrundsätzen zu. Lassen sich aber aus den Meinungsäußerungen Bestrebungen zur Beseitigung der freiheitlichen demokratischen Grundordnung ableiten, dürfen Maßnahmen zur Verteidigung dieser Grundord-

1 Wie schon früher, z. B. in: Gessenharter, Wolfgang: Neue radikale Rechte, intellektuelle Neue Rechte und Rechtsextremismus: Zur theoretischen und empirischen Neuvermessung eines politisch-ideologischen Raumes, in: Gessenharter, Wolfgang/Fröchling, Helmut (Hrsg.): Rechtsextremismus und Neue Rechte in Deutschland. Neuvermessung eines politisch-ideologischen Raumes? Opladen: Leske+Budrich 1998, S. 25-66

2 Vgl. Presseerklärung des BVerfG Nr.57/2005 v. 28.6.2005 zu seinem Urteil 1BvR1072/01 vom 24.5.2005

nung ergriffen werden." Parteien, Ideologien, Menschen nach meinem Vorschlag mit dem Begriff „rechtsextrem" zu belegen, setzt also voraus, bei ihnen „Bestrebungen zur Beseitigung der freiheitlich-demokratischen Grundordnung" nachgewiesen zu haben. Wenn dieser Nachweis nicht möglich ist, soll von „Rechtsradikalismus" gesprochen werden. In diesem Fall verwende ich auch den Terminus „neurechts" bzw. „Neue Rechte". Inhaltlich setzt die Verwendung dieses Begriffs voraus, dass der so Gekennzeichnete (mehr oder weniger massive) Fundamentalkritik an den zentralen Verfassungsnormen übt.[3]

Nach dieser kurzen Abklärung der Begrifflichkeiten nun wieder zurück zum Gegenstandsbereich. Noch bis ins Ende der 60er Jahre hinein war der äußerste rechte Rand des politischen Spektrums durch unverbesserliche, bornierte Altnazis charakterisiert, die sich in verschiedenen Kleinstparteien und –organisationen trafen, deren wichtigste, die Sozialistische Reichspartei (SRP), allerdings schon 1952 verboten wurde, und bei denen später die 1964 gegründete NPD bis zu ihrem knappen Scheitern bei der Bundestagswahl 1969 dominierte. In der Folgezeit zeigte sich immer deutlicher, dass vor allem nachwachsende junge Rechte sich von diesen Vorgängern distanzierten und neue Organisationsformen wählten. Bis zum Antritt der „Republikaner" (Rep) in den 80er Jahren waren infolgedessen Parteien in der rechten Szene eher unbedeutend. Dudek/Jaschke haben in ihrer damals bahnbrechenden Studie[4] bereits darauf hingewiesen, dass das „rechtsextreme Lager" nach dem Zweiten Weltkrieg aus einer Vielfalt politischer Kleingruppen bestand und dass es sich nicht nur durch lagerinterne Prozesse, sondern in ständiger Auseinandersetzung mit der Mehrheitskultur entwickelte. Dabei stärkte es die antidemokratischen Elemente in dieser Mehrheitskultur, auch wenn sich dieser Einfluss nicht an Wahlergebnissen abmessen ließ.

Die Veränderungen nach 1970 ff. wirken im Grunde bis heute. Denn vor allem die jungen Teile des rechten Lagers orientierten sich in der Folgezeit in abgrenzender Weise ideologisch an den linken 68ern, waren jedoch nicht abgeneigt, sich deren Strategien zur öffentlichen Durchsetzung ihrer eigenen Botschaften und Ziele zu bedienen.[5] Aus all diesen Gründen hat es noch nie genügt – und in

3 Zu dem Unterschied zwischen meiner Verwendungsweise und der des Verfassungsschutzes s. Pfeiffer, Thomas: Avantgarde und Brücke. Die Neue Rechte aus Sicht des Verfassungsschutzes NRW, in: Gessenharter, Wolfgang/Pfeiffer, Thomas (Hrsg.): Die Neue Rechte – eine Gefahr für die Demokratie? Wiesbaden: Verlag für Sozialwissenschaften 2004, S. 51-70, S. 53; ich ziehe seit 1998 den sozialwissenschaftlichen Begriff „Bewegungselite" dem Alltagsbegriff „Scharnier" für die Neue Intellektuelle Rechte vor.

4 Dudek, Peter/Jaschke, Hans-Gerd: Entstehung und Entwicklung des Rechtsextremismus in der Bundesrepublik, 2 Bde., Opladen: Westdeutscher Verlag 1984

5 Vgl. neuestens Benthin, Rainer: Angriffe aus der Nische: Die Bedeutung von ‚1968' für den Kulturkampf der Neuen Rechten in Deutschland, in: Skenderovic, Damir/Späti, Chris-

den letzten Jahren noch umso weniger – das rechte Lager nur parteien- oder wahlsoziologisch zu analysieren. Ich habe schon vor mehr als zehn Jahren im Anschluss an die bewegungstheoretischen Studien von Dieter Rucht vorgeschlagen, eine „Neuvermessung" dessen vorzunehmen, was herkömmlich, vor allem in Anlehnung an die damaligen Verfassungsschutzberichte, als „Rechtsextremismus" galt.[6] Mittlerweile scheint es, dass sich ein solcher bewegungstheoretischer Ansatz insbesondere bei denjenigen durchzusetzen begonnen hat, die an einer – auch international vergleichenden – empirischen Forschung über dieses Lager interessiert sind. Dabei kann uns die Analyse anderer sozialer Bewegungen (z. B. Friedensbewegung oder Anti-Atomkraft-Bewegung) Fragestellungen und Analyseinstrumente bereitstellen, die uns davor bewahren könnten, mit zu eingeschränkter und enger Perspektive an „Rechtsextremismus" heran zu gehen.[7]

Thomas Grumke und Thomas Pfeiffer haben jüngst noch einmal das große Analysepotential des Bewegungsansatzes für die Erforschung des rechten Lagers herausgestellt.[8] Dabei übernehmen auch sie die Vorstellung konzentrischer Kreise für die Struktur von Bewegungen, wie sie Dieter Rucht schon Mitte der 90er Jahre vorgeschlagen und ich sie bald darauf für das rechte Lager adaptiert hatte.[9] Demnach kann man von innen nach außen gehend Bewegungseliten (als innersten Kreis), Basisaktivisten (z. B. in Parteien und Organisationen), Unterstützer (z. B. in lockeren Gruppen und Szenen) und zuletzt als äußersten Kreis Sympathisanten (z. B. Wählerpotential) als verschiedene Ebenen voneinander unterscheiden. Um die im rechten Lager innerhalb und zwischen diesen Ebenen ablaufenden Interaktionen und Prozesse herauszufinden und zu analysieren, drängen sich bewegungstheoretisch gesehen mindestens folgende wichtige Fragen auf: Welche Vernetzungen liegen innerhalb und zwischen diesen Kreisen vor? Welche Aktionsrepertoires, Strategien und Taktiken gibt es auf den verschiedenen Ebenen und in Bezug auf die gesamte Bewegung? Welche Ressourcen (finanzieller, personeller, zeitlicher Art) können mobilisiert werden? Gibt es

---

tina (Hrsg.): 1968 – Revolution und Gegenrevolution. Neue Linke und Neue Rechte in Frankreich, der BRD und der Schweiz, Basel 2008, S. 81-92

6 S. Gessenharter, Wolfgang: Neue radikale Rechte, intellektuelle Neue Rechte und Rechtsextremismus, a.a.O.; Rucht, Dieter: Modernisierung und neue soziale Bewegungen, Frankfurt/New York: Campus 1994

7 Vgl. z. B. Hellmann, Kai-Uwe/Koopmans, Ruud (Hrsg.): Paradigmen der Bewegungsforschung. Entstehung und Entwicklung von Neuen Sozialen Bewegungen und Rechtsextremismus, Opladen: Westdeutscher Verlag 1998

8 Grumke, Thomas: „Und sie bewegt sich doch": Rechtsextremismus als soziale Bewegung. Das Analysepotential der Bewegungsforschung zur Interpretation neuerer Entwicklung im Rechtsextremismus, in: Pfahl-Traughber, Armin (Hrsg.): Jahrbuch für Extremismus- und Terrorismusforschung 2008, Brühl 2008, S. 95-121

9 S. Gessenharter, Wolfgang: Neue radikale Rechte, intellektuelle Neue Rechte und Rechtsextremismus, a.a.O.; Rucht, Dieter: Modernisierung und neue soziale Bewegungen, a.a.O., S. 76 ff.

einen gemeinsamen ideologischen Rahmen (frame) in der Bewegung? Wie einheitlich ist er? Wie entwickelt er sich? Welche Personen(gruppen) sind für die Formulierung und Weiterentwicklung des frame wichtig? Und schließlich: In welchen Kontextstrukturen agiert das rechte Lager in Deutschland; sind diese eher hinderlich oder förderlich für die Bewegung?

Die Grundstrukturen des rechten Lagers

Jede Bewegung benötigt für ihre Aktionen jemanden, der ihr Ziele, Ideen, Strategien und Taktiken vorgibt. Ohne solche *Bewegungseliten*, oft auch Bewegungsunternehmer genannt, entwickeln Bewegungen keine öffentliche Durchschlagskraft. Diese Bewegungseliten stehen deshalb auch im innersten Kern der konzentrischen Kreise. Wer in diesem Kern der rechten Bewegung das letztgültige Sagen hat, ist dort immer machtpolitisch umstritten gewesen. Dies gilt vor allem auch für die Zeit nach 1970, als sich junge Rechte von den alten, ehemaligen Nazigrößen zu emanzipieren versuchten. Einen einheitlichen Namen hat es für diese Bewegungseliten bis heute nicht gegeben; mal nannten sie sich selbst „junge Konservative", mal „Neue Rechte" o.ä. In der Forschung über das rechte Lager hat sich sehr bald die letztere Selbstbezeichnung durchgesetzt, auch wenn immer wieder darauf verwiesen wurde, dass diesen Kreis der Bewegungseliten nicht nur Kooperation, sondern Konkurrenz bis hin zu harten gegenseitigen Anfeindungen charakterisierten.[10] Gleichwohl hat Dietzsch schon 1988 darauf verwiesen, dass „erklärtes Ziel" dieses Kreises sei, „den Boden für eine übergreifende nationale Sammlungsbewegung zu schaffen"[11]. Seit dieser Zeit konnte man immer wieder Anläufe für eine derartige Sammlungsbewegung beobachten, oft geschart um Publikationsnetzwerke und Verlage, wie etwa das Verlagsimperium des Dr. Herbert Fleissner.

Seit den 90er Jahren zählen Personen und Kreise zu einer in der Wissenschaft oft so genannten „Neuen Intellektuellen Rechten", die sich vor allem um die seit 1986 bestehende und mittlerweile als Wochenblatt erscheinende „Junge Freiheit" (JF) scharen. Mitte 2000 wird aus diesem Umfeld heraus das „Institut für Staatspolitik" u. a. zur Abhaltung von Akademien gegründet, das einen eigenen Verlag, Edition Antaios, und die Zeitschrift „Sezession" auf den Markt bringt. Mittels dieser publizistischen Offensive sowie durchaus öffentlichkeitswirksamen Interviews in der JF mit mehr oder minder prominenten Vertretern aus der Union, der SPD, der FDP, aus Verbänden, der Wissenschaft und Kultur, aber

10 So z. B. Feit, Margret: Die „Neue Rechte" in der Bundesrepublik, Frankfurt/New York: Campus 1987; Dietzsch, Martin: Zwischen Konkurrenz und Kooperation. Organisationen und Presse der Rechten in der Bundesrepublik, in: Jäger, Siegfried: Rechtsdruck. Die Presse der Neuen Rechten, Berlin/Bonn: Dietz 1988, S. 31-80

11 Dietzsch, Martin: a.a.O., S. 34

auch aus dem rechtsextremen Umfeld, versucht diese rechte Bewegungselite umzusetzen, was einer ihrer Wortführer 2001 im Interview in der JF so formulierte:

> „Uns geht es um geistigen Einfluss, nicht die intellektuelle Lufthoheit über Stammtischen, sondern über Hörsäle und Seminarräume interessiert uns, es geht um Einfluss auf die Köpfe, und wenn die Köpfe auf den Schultern von Macht- und Mandatsträgern sitzen, um so besser.“[12]

Seit einigen Jahren und jüngst wieder verstärkt wendet sich allerdings der Herausgeber der JF, Dieter Stein, gegen den Begriff „Neue Rechte“ und spricht sogar von einem „Phantom ‚Neue Rechte'“.[13] Er begründet dies mit dem Argument, der Verfassungsschutz und „linke“ Wissenschaftler gebrauchten diesen Begriff, um den Konservativismus insgesamt in die rechtsextremistische Ecke abzudrängen. Wer aus dem konservativen Bereich glaube, den Begriff „Neue Rechte“ „positiv besetzen“ und für sich reklamieren zu können, verkenne, dass es sich hier um ein trojanisches Pferd handle. Stein findet für diese Sicht selbst aus seinem eigenen Umfeld massiven Widerstand.[14] Dahinter steckt indes wohl eher ein taktischer Disput: Während Stein den Kampf um die Meinungsführerschaft im konservativen Lager verstärken möchte, will der Publizist Karlheinz Weißmann mit dem Begriff „rechts“ eine „trennscharfe“ Selbstbezeichnung vorbehalten gegenüber all den üblichen „Gelegenheits-Konservativen“, wie etwa Jörg Schönbohm, um aus dieser Position her anzugreifen.[15] Aber auch im Kreis um die NPD, die noch vor wenigen Jahren mit großen Worten ihre „Dresdner Schule“ aus der Taufe hob, tobt seit einiger Zeit ein Machtkampf, in dem der Vorsitzende Voigt von verschiedenen Seiten angegriffen wird. Es scheint, dass bei den rechten Bewegungseliten die Wahlen 2009 bereits ihre Schatten voraus werfen.

Jede Bewegung benötigt für erfolgreiche Aktionen einen Kreis fest zugehöriger Aktivisten. Solche *Basisaktivisten* findet man im rechten Lager üblicherweise bei den einschlägigen Parteien und Organisationen. Ein Blick in die Verfassungsschutzberichte von Bund und Ländern zeigt, dass es sich hierbei um ein

---

12 Karlheinz Weißmann, in: JF Nr. 36/01 v. 31.8.2001, S. 6

13 Stein, Dieter: Phantom „Neue Rechte“. Die Geschichte eines politischen Begriffs und sein Missbrauch durch den Verfassungsschutz, Berlin: Edition JF 2005; Stein, Dieter: Troja lässt grüßen, in: JF 3/09 v. 9.1.2009, S. 11

14 Kubitschek, Götz: Wie wichtig ist ein Begriff? Teil 1 und 2 eines Gesprächs mit Dieter Stein und Karlheinz Weißmann. Veröffentlicht am 9. und 10. Februar 2009 auf der Netz-Seite der Zeitschrift Sezession: www.sezession.de

15 A.a.O.; Stein im Interview: „Für mich wird der politisch-publizistische Standort ‚konservativ' in Deutschland durch keine etablierte Partei oder ein Medium vertreten. Weder FAZ, Springer-Presse, Rheinischer Merkur noch CDU oder CSU besetzen diesen Begriff offensiv oder wollen ihn prägen.“ Und so möchte er demnächst den Rheinischen Merkur überflügeln, s. seine Äußerung in JF 5/09 v. 23.1.2009, S. 21

Personenpotential handelt, das derzeit bei geschätzten 31.000 Personen liegt – mit insgesamt abnehmender Tendenz in den letzten zehn Jahren. Nach der Herausnahme der Partei „Die Republikaner" aus den Verfassungsschutzberichten gelten noch die DVU und die NPD als rechtsextreme Parteien. Sie sind bei Wahlen auf Bundesebene und in den meisten Bundesländern zahlenmäßig bedeutungslos. In einigen ostdeutschen Bundesländern hat die NPD jedoch Einzug in die Parlamente gehalten und Entwicklungen vor Ort einleiten können, die treffend als „Faschisierung der Provinz" bezeichnet worden sind.[16] Auch auf dieser Strukturebene des rechten Lagers gilt im Übrigen, dass Konkurrenzbeziehungen untereinander mindestens ebenso häufig sind wie Kooperationen, auch wenn immer wieder die Einheit der rechten Bewegung beschworen wird. Besonders umstritten ist, wie weit die organisierten Gruppen sich mit jener Ebene einlassen sollen, die bewegungstheoretisch als „Unterstützer" firmiert: Kameradschaften, mehr oder weniger lockere Szenen.

Diese eher volatile *Unterstützer*-Ebene ist im rechten Lager schwer überschaubar. Oft handelt es sich um kleine Zusammenschlüsse von Personen, die zwar eine bestimmte Gesinnung eint, die sich aber sonst nur locker organisieren und nicht in größere Zusammenhänge eingebunden sein wollen. Wichtig für ihre Identitätsgewinnung sind heute Internetauftritte und Musikszenen. Bedeutsam ist, dass es sich bei diesen neuen Szenen um Gruppen mit einem sehr jungen Durchschnittsalter handelt. Diesen jungen Leuten wird hier offenbar eine „Erlebniswelt Rechtsextremismus" bzw. „Menschenverachtung mit Unterhaltungswert" geboten.[17] Seit einigen Monaten wird zunehmend beobachtet, dass bei rechtsextremen Demonstrationen auch sog. „schwarze Blöcke" mitmischen, die stark gewaltbereit sind und in Aussehen und Auftreten kaum von Linksautonomen zu unterscheiden sind. Die Frage nach dem Umgang mit solchen „freien" bzw. „autonomen Nationalisten", die derzeit bundesweit auf 400-500 Personen geschätzt werden, hat bei der NPD zu einigen Verwerfungen geführt.[18]

Die Stärke und Durchsetzungskraft einer Bewegung hängt nicht bloß vom Zusammenspiel und den Aktionen der bisher genannten drei Ebenen ab, sondern verdankt sich auch massiv der Anzahl und den Handlungen von sog. *Sympathisanten*, also von Menschen, die bereit sind, einschlägige Parteien zu wählen, deren Slogans in die Öffentlichkeit zu bringen oder bei Demonstrationen und

16 Staud, Toralf: Moderne Nazis. Die neuen Rechten und der Aufstieg der NPD, Köln: Kiepenheuer & Witsch 2. Aufl. 2006

17 Vgl. dazu die Überblicksaufsätze in Glaser, Stefan/Pfeiffer, Thomas (Hrsg.): Erlebniswelt Rechtsextremismus. Menschenverachtung mit Unterhaltungswert, Schwalbach: Wochenschau-Verlag 2007

18 Vgl. hierzu Menhorn, Christian: Die Bedeutung subkultureller Bewegungen für den deutschen Rechtsextremismus. Die Strategie und Taktik von Neonationalsozialisten und NPD gegenüber subkulturell geprägten Rechtsextremisten, in: Pfahl-Traughber, Armin (Hrsg.): Jahrbuch für Extremismus- und Terrorismusforschung 2008, Brühl 2008, S. 247-263

anderen öffentlichen Aktionen Beifall zu klatschen, Flagge zu zeigen. Wir wissen, dass wir es bei dem Großteil der Wähler rechtsextremer Parteien mit Personen zu tun haben, die über ein einigermaßen gefestigtes rechtsextremes Weltbild verfügen. Wie weit dies etwa bei jenen Rostocker Bürgerinnen und Bürgern der Fall war, die bei den ausländerfeindlichen Brandanschlägen in Rostock-Lichtenhagen offen Beifall klatschten, kann nicht schlüssig beantwortet werden. In einer Mediendemokratie ist jedoch die Gewinnung möglichst vieler und einflussreicher Sympathisanten von herausragender Bedeutung. Einen ungefähren Eindruck vom Sympathisantenpotential des rechten Lagers kann man sich machen, wenn man die Ergebnisse empirischer Studien zur Kenntnis nimmt, dass nämlich rund 15 Prozent der deutschen Bevölkerung rechtsextremistische Einstellungen aufweisen.[19] An diesen Zahlen sieht man deutlich, dass die Wahlergebnisse für rechtsextreme Parteien nur ein sehr lückenhaftes Bild des rechten Lagers zulassen.

Ganz besonders bedeutsam für den Zusammenhalt der verschiedenen Gruppen im Innern als auch untereinander wird zunehmend das Internet. Es steigert auch massiv die internationale Vernetzung. Wie groß die Mobilisierungsfähigkeit des rechten Lagers durch das Internet ist, kann gegenwärtig zwar nur abgeschätzt, aber sicherlich gar nicht überschätzt werden.[20] Wie groß für spezifische rechte Probleme und Aktionen die Mobilisierungsfähigkeit insgesamt ausfällt, hängt allerdings nicht nur von den hier erwähnten Potentialen, sondern auch von der Brisanz, der Problemhaltigkeit und der Aktualisierungsfähigkeit eines Mobilisierungsinhalts ab: Was sind also die Anliegen und Ziele der rechten Bewegung, des rechten Lagers?

Zum ideologischen Rahmen des rechten Lagers

Es ist immer wieder zu Recht darauf verwiesen worden, dass es in der Ideologiediskussion des rechten Lagers Vielfalt, Spannungen, Streit, Konkurrenz gibt. Nichtsdestoweniger lassen sich einige Grundmuster herausarbeiten, die sich jedoch zumeist in unterschiedlicher Art und Verpackung finden: Schärfer oder weicher formuliert, in eher generalisierter oder eher differenzierter Ausarbeitung, auf einige Punkte konzentriert oder eher eine breitere Palette anbietend, in (mehr oder weniger) klaren inhaltliche Aussagen oder in Hinweisen bzw. in Anspielung auf Autoren, geistige Strömungen oder bekannte Texte. Weitere Unterschiede können sich durch die Verpackung der Aussagen ergeben: Pro-

19 Vgl. zusammenfassend Stöss, Richard: Rechtsextremismus im Wandel, Berlin: Friedrich-Ebert-Stiftung 2007, Kap. 4

20 Vgl. dazu u. a. Glaser, Stefan/Pfeiffer, Thomas (Hrsg.): Erlebniswelt Rechtsextremismus. Menschenverachtung mit Unterhaltungswert. Schwalbach: Wochenschau Verlag 2007, Kap. 3

grammatische Äußerungen, etwa in Form von Parteiprogrammen, Buchpublikationen, Zeitschriften, Zeitungen, Reden.

Diese Vielfalt gab es seit Beginn der Bundesrepublik. Dies verwundert nicht, weil spätestens seit dem Verbot der SRP durch das Bundesverfassungsgericht 1952 Grenzen gesetzt waren, die man tunlichst nicht überschreiten durfte, wenn man nicht von einem Verbot bedroht werden wollte. Wie stark man sich aber diesen Grenzen näherte, welche verbalen Kunststücke man formulierte, um nicht anzuecken, war durchaus umstritten. Mit dem allmählichen Abgang ehemaliger NS-Aktiven, mit dem Scheitern der NPD 1969 bei der Bundestagswahl und mit dem Auftreten junger rechter Akademiker, die sich sowohl als Reaktion auf die Emanzipationsbewegungen der 68er verstanden als auch sich von den nach ihrer Meinung gescheiterten ehemaligen NS-Aktiven distanzieren wollten, entstand eine neue Situation bei den rechten Bewegungseliten: In der Ablehnung der Ideen von 1968, die ihren Kern in der Erweiterung und Vertiefung der Ideen der französischen Revolution hatten, war man sich einig. Wo man positiv andocken sollte, blieb jedoch umstritten. Den größten Widerhall haben ab den 70er Jahren – bis heute – jene Deutungseliten erfahren, die sich auf die (durchaus vielfältigen) Traditionsbestände der Konservativen Revolution bezogen. Deren Vertreter wetterten in der Weimarer Republik gegen die Demokratie und lieferten für die NS-Ideologie wichtige Grundlagen.[21]

Die folgenden Merkmale fassen die ideologischen Inhalte zusammen, wie sie sich aus vielen Publikationen und sonstigen Verlautbarungen aus dem Kreis der rechten Bewegungseliten herausarbeiten lassen. Insbesondere in den ersten vier Punkten spiegeln sich dabei die Anleihen an die Konservative Revolution.[22]

---

21 Vgl. hierzu z. B. die kurzen, aber eindrücklichen Zitate von Edgar Julius Jung, Moeller van den Bruck und Othmar Spann bei Pfeiffer/Puttkamer, S. 60 ff. Auf diese Zusammenhänge ist schon seit vielen Jahren hingewiesen worden, z. B. Feit, Margret: Die „Neue Rechte" in der Bundesrepublik, Frankfurt/New York: Campus 1987; Greß, Franz/Jaschke, Hans-Gerd/Schönekäs, Klaus: Neue Rechte und Rechtsextremismus in Europa, Opladen: Westdeutscher Verlag 1990; Gessenharter, Wolfgang: Kippt die Republik? Die Neue Rechte und ihre Unterstützung durch Politik und Medien, München: Knaur 1994. Vor diesem Hintergrund ist die Polemik gegen die einschlägige Fachliteratur völlig abwegig, die Mathias Brodkorb: Der metaphysische Nazi, in: Süddeutsche Zeitung v. 29.11.2008, S. 16, glaubt vorbringen zu sollen, nämlich dass es „ein typisch deutsches Vorurteil" sei, „jede rechte politische Erscheinung müsse Scheitel und Oberlippenbärtchen tragen".

22 Eine detailliertere Erläuterung dieser Merkmale findet sich in: Gessenharter, Wolfgang: Intellektuelle Strömungen und Vordenker in der deutschen Neuen Radikalen Rechten, in: Grumke, Thomas/Wagner, Bernd (Hrsg.): Handbuch Rechtsradikalismus. Personen – Organisationen – Netzwerke vom Neonazismus bis in die Mitte der Gesellschaft, Opladen: Leske+Budrich 2002, S. 189-201; Gessenharter, Wolfgang: Im Spannungsfeld. Intellektuelle Neue Rechte und demokratische Verfassung, in: Gessenharter, Wolfgang/Pfeiffer, Thomas (Hrsg.): Die Neue Rechte – eine Gefahr für die Demokratie? Wiesbaden: VS Verlag für Sozialwissenschaften 2004, S. 31-49

1. Kollektivismus und Leugnung universaler Menschenrechte: Das jeweilige Kollektiv, vor allem der Staat bzw. die Nation, ist gegenüber dem Individuum vorrangig; mit dieser Rangfolge steht man allerdings im Gegensatz zu Art. 1 GG, der ja genau die umgekehrte Wertung beinhaltet. Damit hält man auch die Vorstellung von allgemeinen Menschenrechten für eine gefährliche Ideologie.

2. Antipluralismus: Staat und Gesellschaft müssen „homogen“ sein; Minderheiten sind daher immer eine Gefahr für diese Kollektive. Also ist es auch gefährlich, diesen Minoritäten die Gleichheitsrechte nach Art. 3 GG einzuräumen.

3. Antiparlamentarismus: Politik ist nicht das gemeinsame, wenngleich konfliktreiche Ringen um gemeinsame Ziele, sondern die Unterscheidung von Freund und Feind; Kompromisse sind gefährlich und schlecht; der Parlamentarismus fördert die Bonzenherrschaft unfähiger Politiker.

4. Autoritarismus: Eine lebensfähige, d. h. homogene Gesellschaft kann letztlich nur durch einen autoritären Staat hergestellt und erhalten werden. Der liberale Staat, der das Individuum im Vordergrund sieht, geht an seiner eigenen Machtlosigkeit zugrunde.

5. Ethnopluralismus: Gegen Integration von Ausländern, weil diese die Homogenität vereiteln. Aber kein chauvinistischer Nationalismus, sondern eher: „Deutschland den Deutschen – Die Türkei den Türken!“[23]

6. Revisionismus und Antisemitismus: Erhaltung und Verteidigung der Würde des Kollektivs, z. B. des deutschen Volkes; daher der ständige Versuch der Relativierung der NS-Verbrechen durch Aufrechnen der Schuld anderer Staaten. Dazu gehört auch der Vorwurf an die Juden, die Deutschen wegen des Holocaust ständig unter Druck zu setzen.

7. Zunehmend (teilweise) Absage an NS-Ideologie: Orientierung an den Ideen der Weimarer Konservativen Revolution. Die Bandbreite der Haltung zum Nationalsozialismus und Hitler ist dabei groß und reicht von bedingter Verehrung („wenn Hitler den Krieg gewonnen hätte...“) bis zu eindeutiger Ablehnung (Hitler hat durch seine Radikalisierung die Ideen der Konservativen Revolution verraten).

8. Dogmatismus (Verismus): Gegen Relativismus gerichtet, weil man selbst genau weiß, was wahr ist (z. B. NPD: „lebensrichtiges Menschenbild“); Into-

23 So die ständig von Franz Schönhuber als damaligem Vorsitzenden der „Republikaner“ Anfang der 90er Jahre gebrauchte Formel

leranz gegenüber anderen Meinungen; gleichzeitig Vorwurf an diese, einen „linken Meinungsterror“ bzw. „PC-Terror“[24] zu etablieren.

Insgesamt ist die rechtsradikale Ideologie also gegen Art. 1 und 20 GG gerichtet, aber verbal nicht (oder selten) direkt, sondern verbrämt („politische Mimikry“[25]): Art. 1 GG sei zu idealistisch, halte nicht stand im harten politischen Alltag o. ä. Damit werden alle anderen Grundrechte und die Staatsziele nach Art. 20 GG ebenfalls infrage gestellt. Art. 1 und 20 GG sind aber bekanntlich nach Art. 79 (3) GG jeglicher Änderung entzogen.

Wenn der Chefredakteur der JF, Dieter Stein, schreibt, bei den von mir vorgestellten Merkmalen der Ideologie des rechten Lagers handele es sich um „willkürlich“ aufgezählte Diskussionsfelder[26], dann vergisst er oder will seine Leser vergessen lassen, dass es sich bei diesen Merkmalen schlicht um die Quintessenz einer an der Konservativen Revolution und insbesondere an deren wichtigstem Vordenker Carl Schmitt orientierten politischen Weltsicht handelt. Es ist hier nicht der Platz, um diese Zusammenhänge detailliert aufzuzeigen; zudem ist dies an anderer Stelle längst und ausführlich geschehen.[27] Im Übrigen zeigt auch ein kurzer Vergleich mit den für die „rechtsextremistische Weltsicht“ von Richard Stöss angeführten Merkmalen – Nationalismus, Rassismus, autoritäres Staatsverständnis, Ideologie der Volksgemeinschaft –, dass es sich um im ganzen rechten Lager zentrale Ideologiemerkmale handelt. Aber auch Stöss weist darauf hin, dass es in dieser rechtsextremistischen Weltsicht, die etwa Gewalthandeln zumindest nicht ausschließt[28], um ein „heterogenes Gemisch unterschiedlichster Begründungszusammenhänge und Sichtweisen“ handelt, was „Ausdruck der Vielfalt miteinander konkurrierender Konzeptionen und Ziele“ sei.[29]

24 PC: “political correctness“

25 So Weißmann, Karlheinz: Neo-Konservatismus in der Bundesrepublik, in: Criticón Nr. 96 (1986), S. 61 ff. „Politische Mimikry“ bedeutet so viel wie politische Verstellungskunst, politisches Anpassungsverhalten. Für den neuen Konservativen sei es – so Weißmann – wichtig, bei der Beurteilung einer Situation zu lernen, „ob hier der offene Angriff oder die politische Mimikry gefordert ist“.

26 Stein, Dieter: Phantom „Neue Rechte“, a.a.O., S. 64

27 Z. B. Gessenharter, Wolfgang: Kippt die Republik? Die Neue Rechte und ihre Unterstützung durch Politik und Medien, München: Knaur 1994, Kap. 3; Gessenharter, Wolfgang: Der Schmittismus der „Jungen Freiheit“ und seine Unvereinbarkeit mit dem Grundgesetz, in: Braun, Stephan/Vogt, Ute (Hrsg.): Die Wochenzeitung „Junge Freiheit“. Kritische Analysen zu Programmatik, Inhalten, Autoren und Kunden, Wiesbaden: VS Verlag für Sozialwissenschaften 2007, S. 77-94; Pfahl-Traughber, Armin: „Konservative Revolution“ und „Neue Rechte“, Opladen: Leske+Budrich 1998; Lenk, Kurt/Meuter, Günter/Otten, Henrique Ricardo: Vordenker der Neuen Rechten, Frankfurt/New York: Campus 1997

28 Stöss, Richard: Rechtsextremismus im Wandel, a.a.O., S. 27

29 A.a.O., S. 26

Eine ganz andere Frage ist natürlich, ob man diese Merkmale überhaupt bei bestimmten Akteuren vorfindet und nachweisen kann. In diesem Zusammenhang vergisst Stein aber ein Weiteres oder will es vergessen machen, nämlich dass seine Zeitung, die JF, und ihr Umfeld seit Beginn ihrer publizistischen Tätigkeit zu eben dieser gegen das Grundgesetz gerichteten politischen Ideologie dauernd und expressis verbis tiefe Verbundenheit gezeigt haben – etwa nach dem Motto „Jedes Abo eine konservative Revolution", mit dem die JF im Juni 1993 für sich warb.[30] Und noch vor wenigen Jahren attestierte man sich im Umkreis der JF einen „verbreiteten ‚Schmittismus'".[31] Dabei wusste man sehr genau, auf welches dem Grundgesetz und seiner pluralistischen Demokratie genau entgegen gesetzte Denken man sich damit eingelassen hatte. Wie hieß es doch so überdeutlich in der JF:

> „Wer mit dem Grundgesetz unter dem Kopfkissen schläft, braucht Carl Schmitt nicht. Wer jedoch erkannt hat, dass die Verfassung das Gefängnis ist, in dem die res publica der Deutschen – gerade auch nach der kleinen Wiedervereinigung – gefangen gehalten wird, greift gerade jetzt zu seinen Werken"[32]

Weitere vielfältige und für jedermann nachprüfbare Beispiele finden sich in der kritischen Literatur zur Neuen Rechten sowie zur JF zuhauf gesammelt.[33] Ob Stein mit seiner jüngsten Volte, vom Begriff „Neue Rechte" abrücken zu wollen, auch Abschied nehmen möchte von den vielen unsäglichen Artikeln, die unter seiner Herausgeberschaft veröffentlicht wurden, muss man abwarten. Glaubwürdiger wäre dieser Schwenk, wenn er den Mut fände, seine bisherige Richtung öffentlich als „Irrweg in die rechte Ecke" zu bedauern, wie es 1992 der Herausgeber der vormals rechtsextremen Zeitschrift „MUT" tat.[34]

Zu den Kontextstrukturen des rechten Lagers in Deutschland

Es besteht kein Zweifel, dass der in der Nachkriegszeit langsam gewachsene bundesrepublikanische Grundkonsens gegen NS-Diktatur und Hitlerismus im

---

30 Vgl. Puttkamer, Michael: „Jedes Abo eine konservative Revolution". Strategie und Leitlinien der ‚Jungen Freiheit', in: Gessenharter, Wolfgang/Pfeiffer, Thomas (Hrsg.): Die Neue Rechte – eine Gefahr für die Demokratie?, a.a.O., S. 211-220

31 Institut für Staatspolitik: Die „Neue Rechte". Sinn und Grenze eines Begriffs, Albersroda 2003, S. 17

32 JF v. Okt. 1992, S. 17

33 So z. B. Gessenharter, Wolfgang/Pfeiffer, Thomas (Hrsg.): Die Neue Rechte – eine Gefahr für die Demokratie? Wiesbaden: VS Verlag für Sozialwissenschaften 2004, Braun, Stephan/Vogt, Ute (Hrsg.): Die Wochenzeitung „Junge Freiheit". Kritische Analysen zu Programmatik, Inhalten, Autoren und Kunden, Wiesbaden: VS Verlag für Sozialwissenschaften 2007; vgl. auch weiter unten Fußn. 42

34 In der April-Nummer von 1992; s. dazu Gessenharter, Kippt die Republik?, a.a.O., S. 126 f.

Großen Ganzen bis heute anhält. Die Zustimmungsraten der deutschen Bevölkerung zur Demokratie als Staatsform sind – von Schwankungen abgesehen – im internationalen Vergleich nach wie vor hoch. Das Konzept der „streitbaren Demokratie" ist weitgehend unbestritten. Die in diesem Kontext zu verstehende Fünf-Prozent-Hürde für Parteien bei Bundestags- und Landtagswahlen wird, natürlich abgesehen von den durch sie betroffenen Parteien, weithin als legitim betrachtet. Was in der Öffentlichkeit über das rechte Lager bekannt ist, wird gemeinhin als „normale Pathologie von Industriegesellschaften" (Scheuch/Klingemann) bewertet. Bei genauerem Hinsehen jedoch zeigt sich, dass die Befunde im deutschen politischen Mentalitätshaushalt nicht ganz so unproblematisch waren und sind. So finden wir mit den Worten Hajo Funkes:

> „historisch gewachsene und gesellschaftlich verankerte Mentalitätsbestände eines fremdenfeindlichen Ethno-Nationalismus in breiten Teilen der deutschen Gesellschaft und der deutschen (Bildungs-) Eliten, deren Wurzeln weit in das 20. Jahrhundert und darüber hinaus in das 19. Jahrhundert zurückreichen und sich auch nach dem Scheitern der extremsten Form des deutschen Nationalismus, des deutschen Nationalsozialismus, in den Nachkriegsgesellschaften in Ost und West zeigten: als fremdenfeindliche, rassistische und antisemitische Mentalitätsbestände, Einstellungen und Formen des Rechtsextremismus sowie als Ethnonationalismus in den demokratischen Parteien selbst."[35]

Wilhelm Heitmeyer und sein Team warnen in diesem Zusammenhang, dass Fremdenfeindlichkeit in Deutschland „nicht länger auf den rechten Rand des politischen Spektrums beschränkt"[36] sei. Zentral in diesem Zusammenhang ist, dass die in Art. 3 GG verbürgte Gleichwertigkeit aller Menschen Ungleichwertigkeitsvorstellungen weicht, die sich auf alle jene Gruppen konzentriert, die von den „Alteingesessenen" als „Neue", „Zugezogene" oder als solche gesehen werden, „die sich noch nicht angepasst haben".[37] Die Vorstellung einer „'ethnischen Homogenität der deutschen Nation'..., die es gegenüber den Einwandernden zu mobilisieren gelte", war bereits zu Beginn der 80er Jahre dem damaligen CSU-Bundesinnenminister Friedrich Zimmermann eigen; die „Republikaner" Franz Schönhubers konnten diese Idee einige Jahre später problemlos übernehmen und in der Asyldebatte zu Beginn der 90er Jahre die etablierten Parteien damit vor sich hertreiben.[38]

---

35 Funke, Hajo: Paranoia und Politik. Rechtsextremismus in der Berliner Republik, Berlin: Schiler 2002, S. 130

36 Heitmeyer, Wilhelm (Hrsg.): Deutsche Zustände, Folge 5, Frankfurt/M.: Suhrkamp 2007, S. 29; vgl. auch Decker, Oliver, u. a. Vom Rand zur Mitte. Rechtsextreme Einstellungen und ihre Einflussfaktoren in Deutschland, Berlin: Friedrich-Ebert-Stiftung 2006; Decker, Oliver u. a.: Ein Blick in die Mitte. Zur Entstehung rechtsextremer und demokratischer Einstellungen in Deutschland, Berlin: Friedrich-Ebert-Stiftung 2008

37 Heitmeyer, Wilhelm (Hrsg.): Deutsche Zustände, Folge 1, Frankfurt/M.: Suhrkamp 2002, S. 20

38 Vgl. hierzu Gessenharter, Wolfgang: Kippt die Republik? Die Neue Rechte und ihre Unterstützung durch Politik und Medien, München: Knaur 1994; ähnlich der damalige

Wie sehr solche Ungleichheitsvorstellungen heute offenbar schon wieder – oder immer noch? – in der veröffentlichten Meinung und in der Bevölkerung verankert sind, zeigt die öffentliche Reaktion auf jene Skandalrede, die der damalige CDU-Bundestagsabgeordnete Martin Hohmann am 3.10.2003 hielt. Seine verquere Argumentation zur Frage, ob Juden wie Deutsche jeweils als „Tätervolk“ gebrandmarkt werden könnten, wurde wegen eines darin vermuteten Antisemitismus sofort heftig kritisiert. Er wurde deshalb aus der CDU-Bundestagsfraktion und später auch aus der Partei ausgeschlossen; gleichzeitig konnte er aber auf viel Beifall aus konservativen Kreisen verweisen.[39] Keinerlei öffentliche Aufmerksamkeit erregte es jedoch, dass Hohmann in seiner Rede einen völlig ungeschminkten Angriff auf den Gleichheitsgrundsatz des Art. 3 GG gefahren hatte. So sagte er – sich in Übereinstimmung mit der ‚schweigenden Mehrheit' der Deutschen fühlend –, dass er „leider... den Verdacht, dass man als Deutscher in Deutschland keine Vorzugsbehandlung genießt, nicht entkräften“ könne, und fährt fort: „Der eigene Staat muss in erster Linie für die eigenen Staatsbürger da sein. Wenn schon eine Bevorzugung der Deutschen als nicht möglich oder nicht opportun erscheint, dann erbitte ich wenigstens Gleichbehandlung von Ausländern und Deutschen.“ Wie hieß doch der Art. 3 (3) GG? „Niemand darf wegen seines Geschlechtes, seiner Abstammung, seiner Rasse, seiner Sprache, seiner Heimat und Herkunft, seines Glaubens, seiner religiösen oder politischen Anschauungen benachteiligt oder bevorzugt werden.“ Bei Hohmann ist die „Würde des Menschen“ (Art. 1 GG) auf die „Würde des Deutschen“ reduziert – und kaum jemanden erregt dies!

So verwundert es auch nicht, dass erst das Bundesverfassungsgericht eine Verwaltungspraxis stoppte, die unter Hinweis auf das Asylbewerberleistungsgesetz und abgesegnet von allen unteren Gerichten, eindeutig gegen den Gleichheitsgrundsatz nach Art. 3 GG verstieß: Eine Asylbewerberin hatte Schmerzensgeld für ihren Lebensunterhalt einsetzen müssen, bevor sie staatliche Leistungen erhielt; dagegen hatte sie geklagt.[40] Einen ähnlich schludrigen Umgang mit dem Herzstück unserer Verfassung, nämlich dem Art. 1 GG, findet man immer wieder im Sicherheitsdiskurs, und zwar nicht erst seit dem 11. September 2001, wo nicht mehr diejenigen die Argumentationslast zu tragen gewillt sind, die dem Staat immer mehr Rechte zur Einschränkung der individuellen Freiheit einräumen wollen, sondern den Verteidigern dieser Freiheiten diese Last aufbürden.[41] Vergessen werden darf in diesem Zusammenhang auch nicht, dass das Bundes-

CDU-MdB Pflüger, Friedbert: Deutschland driftet. Die Konservative Revolution entdeckt ihre Kinder, Düsseldorf u. a.: ECON 1994

39 Vgl. die Dokumentation aus neurechter Sicht: Schenk, Fritz (Hrsg.): Der Fall Hohmann: die Dokumentation, München: Universitas 2004

40 S. Beschluss des BVerfG v. 11.07.2006 – 1 BvR 293/05; vgl. auch die Pressemitteilung des BVerfG Nr. 104/2006 v. 02.11.2006

41 Vgl. zur Argumentationslastregel des Art. 1 GG Gessenharter, Wolfgang: Kippt die Republik? a.a.O., S. 71 ff.

verfassungsgericht 2004 große Teile des im Frühjahr 1998 verabschiedeten Gesetzes zur Bekämpfung der organisierten Kriminalität als verfassungswidrig verurteilt hat, weil sie gegen die Menschenwürde verstoßen.

Zusammenfassung und einige Schlussfolgerungen

Die hier nur kurz erwähnten Beispiele zeigen, dass in Deutschland durchaus einflussreiche Denkströme vorhanden sind, die immer noch oder schon wieder Probleme mit Verfassungsvorgaben sehen, die in Art. 1 GG eindeutig niedergelegt sind:

> „Die Würde des Menschen ist unantastbar. Sie zu achten und zu schützen ist Verpflichtung aller staatlichen Gewalt. Das Deutsche Volk bekennt sich darum zu unverletzlichen und unveräußerlichen Menschenrechten als Grundlage jeder menschlichen Gemeinschaft, des Friedens und der Gerechtigkeit in der Welt."

Dabei ist zu konstatieren, dass dieser Artikel nur von ganz extremen Gruppierungen direkt angegriffen wird. Hier hat der Verfassungsschutz sein zentrales Betätigungsfeld. Dagegen hat er sich dort zurückzuhalten, wo nur verbale Kritik an diesen Werten geübt wird. Dabei handelt es sich oft um Formen der Distanzierung, die von der Relativierung bis zum Lächerlichmachen dieser Werte reichen. Oft aber geht es dabei im Kern darum, dem (deutschen) Kollektiv, dem Staat, der Nation, den faktischen Vorrang gegenüber den Individuen in diesem Kollektiv zu geben. Gruppen, Programme, Publikationen usw., bei denen diese Intention nachweisbar ist, zähle ich zum „rechten Lager", zur „rechten Bewegung". Dieser ideologische Rahmen wurde im 3. Kapitel näher erläutert. Dabei wurde insbesondere auf jenen ideologischen Rahmen (frame) eingegangen, der im Kern die Gedanken der Konservativen Revolution der Weimarer Republik aufnimmt. Dass dieser Rahmen inzwischen auch von rechtsextremen Gruppierungen aufgenommen wird, ist ebenso nachweisbar wie eine Entwicklung, die offenbar versucht, diese Grundgedanken bis zu einem für konservative Kreise durchaus bekömmlichen Weltbild zu verdünnen. In Kapitel 4 ging es darum, dass alle sozialen Bewegungen, wenn sie überleben wollen, in vielfältigen, sie fördernden oder sie behindernden, Beziehungen zu ihren Umgebungen stehen. Diese Kontextstrukturen können historischer, sozialer und ökonomischer, kultureller oder auch institutioneller Provenienz sein. Die extremen Teile des rechten Lagers finden derzeit in Deutschland fast durchweg für sie negative Kontextstrukturen vor. Anders sieht dies für die neurechten, um den konservativen Beritt sich bemühenden Teile der rechten Bewegungselite aus. Hier ist die ‚Erosion der Abgrenzung' nach wie vor in vollem Gang. Das Bundesverfassungsgericht hat in den letzten Jahren wiederholt Korrekturen an politischen Entscheidungen vornehmen müssen, die auch Folgen solcher Erosion waren. Auf Dauer wird aber eine Gesellschaft nur dann in einer sozialen, demokratischen und pluralistischen Verfasstheit bestehen können, wenn sie die Verteidigung ihrer Werte auch selbst in die Hand nimmt – wozu in erster Linie die schonungslose öffentliche Kritik solcher Verzerrungen ihrer Wertebasis gehört.[42]

Eine weitere Möglichkeit dieser Verteidigung will ich zum Schluss nur noch in einer These vorstellen. Die These lautet: Eine wirksame Bekämpfung rechtsradikaler Entwicklungen kann durch eine effektive und effiziente Beteiligung von Menschen an für sie wichtigen Dingen bewirkt werden. Schlagwortartig ausgedrückt: Wer eine gute Partizipationserfahrung gemacht hat, ist für den Rechtsradikalismus/ Rechtsextremismus gleichsam rettungslos verloren. Er weiß nämlich jetzt aus eigener Anschauung, wie schwierig das politische Geschäft sein kann und dass ideologische Worthuberei nur stört, dass aber Kompromisse meist unumgänglich und oft auch gar nicht so schlecht sind. Darüber hinaus wird sein

42 Besonders ärgerlich oder eher kurios ist in diesem Zusammenhang, wenn in Medien, auch in solchen, die als Qualitätsmedien gehandelt werden, solche Kritik abgewimmelt wird mit dem Argument, es würden von den Kritikern, z. B. von mir, keine „bündigen Belege“ für neurechte Tendenzen geliefert werden, so etwa Heribert Seifert: Ein seltsames Freiheitsverständnis. Überrissene Aufregungen um die „Junge Freiheit“, in: Neue Züricher Zeitung v. 20.6.2008. Hier ein bescheidener Hinweis für Recherche-Faule oder -Unkundige auf meine einschlägigen Buch- oder Aufsatzpublikationen der letzten etwa 15 Jahre, wo ich anhand genauer Textanalysen zumeist aus der JF solche neurechten Passagen identifiziert habe: a) Kippt die Republik? Die Neue Rechte und ihre Unterstützung durch Politik und Medien, München: Knaur 1994; b) Utopien der "Neuen Rechten". Thesen zum aktuellen Diskussionsstand, in: Tribüne. Zeitschrift zum Verständnis des Judentums, 34. Jg., Heft 135, 3. Quartal 1995, S. 40-48; c) Herausforderungen zur Jahrtausendwende: Kann „Nation“ die Antwort sein?, in: Butterwegge, Christoph (Hrsg.): NS-Vergangenheit, Antisemitismus und Nationalismus in Deutschland. Beiträge zur politischen Kultur der Bundesrepublik und zur politischen Bildung, Baden-Baden 1997, S. 141-171; d) Rückruf zur ‚selbstbewussten Nation‘. Analyse eines neurechten Frames aus bewegungs-theoretischer Sicht, in: Hellmann, Kai-Uwe/Koopmans, Ruud (Hrsg.): Paradigmen der Bewegungsforschung. Entstehung und Entwicklung von Neuen sozialen Bewegungen und Rechtsextremismus, Opladen/Wiesbaden: Westdeutscher Verlag 1998, S. 166-180; e) Zur Funktion neurechter Freund-Feindbilder in Geschichte und Gegenwart der Bundesrepublik, in: Greven, Michael Th./von Wrochem, Oliver (Hrsg.): Der Krieg in der Nachkriegszeit, Opladen: Leske+Budrich 2000, S. 197-211; f) Intellektuelle Strömungen und Vordenker in der deutschen Neuen Radikalen Rechten, in: Grumke, Thomas/Wagner, Bernd (Hrsg.): Handbuch Rechtsradikalismus. Personen – Organisationen – Netzwerke vom Neonazismus bis in die Mitte der Gesellschaft, Opladen: Leske+Budrich 2002, S. 189-201; g) Die Neue intellektuelle Rechte und ihre Unterstützung durch Politik und Medien, in: Braun, Stephan/Hörsch, Daniel (Hrsg.): Rechte Netzwerke – eine Gefahr, Wiesbaden: VS Verlag für Sozialwissenschaften 2004, S. 17-25; h) Im Spannungsfeld: Intellektuelle Neue Rechte und demokratische Verfassung, in: Gessenharter, Wolfgang/Pfeiffer, Thomas (Hrsg.): Die Neue Rechte – eine Gefahr für die Demokratie?, Wiesbaden: VS Verlag für Sozialwissenschaften 2004, S. 31-49; i) Der Schmittismus der „Jungen Freiheit“ und seine Unvereinbarkeit mit dem Grundgesetz, in: Braun, Stephan/Vogt, Ute (Hrsg.): Die Wochenzeitung „Junge Freiheit“. Kritische Analysen zu Programmatik, Inhalten, Autoren und Kunden, Wiesbaden: VS Verlag für Sozialwissenschaften 2007, S. 77-94

Selbstbewusstsein wachsen, das ihn davon abhält, defätistisch die Dinge dem „starken Mann" anzuvertrauen, Sündenböcke zu suchen und „den schnellen Prozess" zu machen. Vielmehr wird er versuchen, die fälligen Konflikte im Austausch mit anderen, insbesondere mit den Konfliktgegnern, einer soweit wie möglich gemeinsam erarbeiteten Regelung zuzuführen. Zielbild müssen immer Win-Win-Lösungen sein, weil nur durch sie nachhaltige Konfliktregelungen möglich sind. Freund-Feind-Vorstellungen sind in diesem Konfliktregelungsmuster nicht Ausgangs- und Endpunkt von Politik, wie im Denken Carl Schmitts und seiner neurechten Adepten, sondern mögliche Stationen in einem Konfliktablauf, die es zu überwinden gilt. Das mögliche Scheitern einer Suche nach Win-Win-Lösungen gilt dabei nicht als Beweis der Unmöglichkeit solcher Suchprozesse, sondern als Aufforderung, es erneut zu versuchen. Wer „Politik" vom klassisch-griechischen *polemos*, d. h. Krieg, her definiert, hat schon verloren – oder vielleicht auch einmal gewonnen, aber für wie lange? Wer dagegen „Politik" vom altgriechischen *polis* ableitet, setzt darauf, dass nur gemeinsame, dialogische Arbeit daran, gegenseitiges Vertrauen zu schaffen, den sonst letztlich drohenden gemeinsamen Untergang verhindern kann.

Armin Pfahl-Traughber

„Kulturrevolution von rechts" – Der intellektuelle Rechtsextremismus von der „Konservativen Revolution" zur „Neuen Rechten"

Einleitung und Fragestellung

Definiert man Politik allgemein als Sammelbezeichnung für alle Aktivitäten, welche auf die verbindliche Gestaltung des gesellschaftlichen Miteinanders Einfluss ausüben wollen, so zählen hierzu auch Bemühungen, welche Meinungen und Normen in diesem Sinne im gesellschaftlichen Diskurs verankern wollen. Dabei können auch Intellektuelle eine bedeutende Rolle spielen, kommt ihnen doch aus Sicht einer politischen Bestrebung mit allgemeinem Geltungsanspruch die Aufgabe zu, die kulturelle Vorherrschaft im Sinne eines dominierenden Konsenses für bestimmte politische Einstellungen zu erlangen. Ein damit verbundener „Kampf um die Köpfe" soll die geistige Voraussetzung für eine solche Entwicklung schaffen. Er kann hierbei auf eine Legitimation, aber auch auf eine Veränderung gesellschaftlicher und politischer Gegebenheiten abzielen. Ebenso kann ein solcher „Kampf um die Köpfe" für inhaltlich „individualistische" wie „kollektivistische", „linke" wie „rechte", „religiöse" wie „säkulare" Positionen eintreten.

Hier soll einer besonderen Form dieses strategischen Vorgehens Aufmerksamkeit geschenkt werden: der beabsichtigten „Kulturrevolution von rechts" von rechtsextremistischen Intellektuellen, welche sich in Form der „Konservativen Revolution" bereits in der Weimarer Republik ausmachen ließ, aber auch in Gestalt der „Neuen Rechten" gegenwärtig in der Bundesrepublik Deutschland beobachtet werden kann. Mit dieser Erkenntnis verbinden sich zwei wichtige Feststellungen zum Verständnis des Rechtsextremismus: Es gibt in diesem politischen Lager nicht nur den dumpfen Schlägertyp oder populistischen Hetzer, sondern auch einige Intellektuelle mit ideologischen und strategischen Auffassungen. Und nicht jeder Rechtsextremist muss ein Neonazi sein. Die Grundlagen des demokratischen Verfassungsstaates – von den Menschenrechten über die Rechtsstaatlichkeit und den Pluralismus bis zur Volkssouveränität – werden auch von einer nicht-neonazistischen Position in der Tradition des antidemokratischen Konservativismus abgelehnt.

Um das Wirken des damit angesprochenen intellektuellen Rechtsextremismus einschätzen zu können, soll wie folgt vorgegangen werden: Zunächst bedarf es einer Darstellung des Konzepts der „Kulturrevolution von rechts" und der damit verbundenen politischen Zielsetzungen. Danach wird es um das ideengeschichtliche Vorbild der „Konservativen Revolution" der Weimarer Republik und das strategische Vorbild der „Neuen Rechten" in Frankreich gehen. Anschließend steht die „Neue Rechte" in Deutschland hinsichtlich ihres politischen Selbstverständnisses und ihrer Erscheinungsformen in Gestalt der „Fundamentalismus“- und „Mimikry-Variante“ im Zentrum. Dem folgt eine Begründung für die demokratietheoretische Einschätzung der letztgenannten Form. Schließlich wird das intellektuelle Niveau sowie die politische Wirkung der „Neuen Rechten“ erörtert werden. Dabei orientieren sich Darstellung und Erörterung an den Vorgaben der politikwissenschaftlichen Extremismusforschung.[1]

Das Konzept der „Kulturrevolution von rechts“

Der Begriff „Kulturrevolution von rechts“ wurde in die strategische Diskussion des gegenwärtigen Rechtsextremismus von Alain de Benoist, dem wichtigsten Kopf der französischen „Neuen Rechten“, eingebracht. Er bezog sich dabei formal und strategisch auf die Ansichten des Marxisten Antonio Gramsci, der Anfang der 1920er Jahre zu den Mitbegründern der Kommunistischen Partei Italiens gehörte.[2] Seinerzeit hatte er sich gefragt, warum es in Russland zu einer sozialistischen Revolution gekommen war und warum dies in Westeuropa eben nicht gelang. Als eine bedeutende Ursache dafür benannte Gramsci den Tatbestand, dass es im Revolutionsjahr 1917 im Zarenreich keinen gesellschaftlichen Konsens für das politische System mehr gegeben habe. Demgegenüber verfügten die bürgerlich geprägten westeuropäischen Länder über eine entwickelte zivile Gesellschaft in Form von Bibliotheken, Clubs, Kirchen, Gewerkschaften, Presseorganen und Schulen, welche alle die bestehenden Gegebenheiten akzeptierten und legitimierten.

Um unter solchen Bedingungen eine erfolgreiche sozialistische Revolution durchführen zu können, so die Erkenntnis Gramscis, müsse man zunächst zur Auflösung eben dieser politischen Zustimmung beitragen. Eine Voraussetzung zur Eroberung der politischen Macht bestehe somit darin, dass bereits zuvor eine gesellschaftliche Gruppe kulturell führend sei. Diese Aufgabe wies der italienische Marxist den Intellektuellen zu. Dazu zählte er nicht nur Publizisten und Schriftsteller, sondern auch den Organisator einer neuen Kultur oder eines neuen Rechts, den Techniker in der Industrie oder den Wissenschaftler in der politischen Ökonomie. Diese Intellektuellen der nicht-herrschenden Klasse hatten im Sinne Gramscis die Aufgabe, den Kampf um die kulturelle Hegemonie zu organisieren. Dessen Ausgangspunkt sollte die Vermittlung zwischen alltäglichem und kritischem Bewusstsein sein, um so die Politisierung der Massen in Richtung der Revolution voranzutreiben. In diesem Sinne kam auch der Gesellschaftskritik von Intellektuellen besondere Bedeutung zu.

Benoist wollte nun dieses strategische Konzept für die extremistische Rechte nutzbar machen. Er setzte nicht auf gewalttätige Aktivitäten oder parteipoliti-

1 Vgl. Armin Pfahl-Traughber, Extremismus und Terrorismus. Definition aus politikwissenschaftlicher Sicht, in: Armin Pfahl-Traughber (Hrsg.), Jahrbuch für Extremismus- und Terrorismusforschung, Brühl 2008.

2 Vgl. Giuseppe Fiori, Das Leben des Antonio Gramsci, Berlin 1979.

sches Engagement, sondern auf intellektuelle Theoriearbeit zur Erlangung der kulturellen und damit der politischen Meinungsführerschaft. In seinem Band mit dem bezeichnenden Titel „Kulturrevolution von rechts. Gramsci und die Nouvelle Droite" von 1985 nahm er direkt Bezug auf die Auffassungen des italienischen Marxisten. Nach einer heftigen Kritik an der „Alten Rechten" betonte er die Notwendigkeit der Theoriearbeit, könne es doch ohne präzise Theorie kein wirksames Handeln geben. Alle großen Revolutionen hätten lediglich eine Entwicklung in die Tat umgesetzt, die sich zuvor schon unterschwellig im Geiste vollzogen habe.[3] Übrigens verdient bereits hier Beachtung, dass Benoist später Stammautor der Wochenzeitung „Junge Freiheit" wurde und seine deutschsprachigen Bücher, wie „Kritik der Menschenrechte" von 2004[4], in dem Verlag eben jenes Publikationsorgans erschienen.

Die Delegitimierung demokratischer Werte als Zielsetzung

Bevor aber auf diese Akteure einer beabsichtigten „Kulturrevolution von rechts" näher eingegangen werden kann, bedarf es zunächst noch einiger Ausführungen zu der damit verbundenen politischen Absicht. Sie besteht bei den rechtsextremistischen Intellektuellen in der Überwindung der Normen und Regeln des demokratischen Verfassungsstaates, was vor dem Hintergrund taktischer Rücksichtnahmen allerdings nicht immer deutlich gesagt wird. Eine dahingehende Ausnahme bildet der programmatische Beitrag „Wege aus der Systemkrise", der von dem seinerzeitigen Stammautor der „Jungen Freiheit" Klaus Kunze bereits 1995 veröffentlicht wurde. Darin stilisierte er zunächst einzelne durchaus bedenkliche und kritikwürdige Erscheinungsformen in der parlamentarischen Demokratie – gemeint war damit insbesondere der zu hohe Einfluss der Parteien auf Gesellschaft und Staat – zu angeblichen Anzeichen eines undemokratischen Systems, um auf der Grundlage dieser Argumentation eine Strategie der Systemüberwindung einzufordern.

Sie solle auf Basis der dargestellten Machtverhältnisse und Spielregeln entworfen werden, und begebe sich mangels fehlender Möglichkeiten, in den Besitz der Medien zu kommen, auf die Suche nach einem archimedischen Punkt, von dem aus das System aus den Angeln gehoben werden könne. Es müsse ein geistiges Samenkorn gelegt werden, das keimt und „den Deckel des selbstreferentiellen Systems sprengt. Wir müssen uns eines integralen Wertes des parlamentarischen Systems bemächtigen und zum Angriffsinstrument umfunktionieren. ... Ein solches Korn gibt es. Die ganze Eigenlegitimation des Bonner Staates beruht auf dem Demokratieprinzip." Kunze warb damit für eine Aneignung und Umdeu-

3 Vgl. Alain de Benoist, Kulturrevolution von rechts. Gramsci und die Nouvelle Droite, Krefeld 1985, S. 39-51.

4 Vgl. Alain de Benoist, Kritik der Menschenrechte. Warum Universalismus und Globalisierung die Freiheit bedrohen, Berlin 2004.

tung des Demokratiebegriffes: In Anlehnung an die Argumentation des Staatsrechtlers Carl Schmitt, der zur „Konservativen Revolution" der Weimarer Republik gehörte, plädierte er für ein homogenes und gegen ein pluralistisches Verständnis. Damit sprach er dem bestehenden politischen System den demokratischen Charakter ab.
Weiter heißt es bei Kunze: „Jede Strategie der Überwindung eines Herrschaftssystems muss mit seiner Delegitimierung beginnen. Hauptwaffe ist der Tabubruch. Er ist der erste Schritt zur nötigen Umwertung der Werte. Diese beginnt mit dem gezielten Lächerlichmachen der gegnerischen Ideologeme, soweit diese nicht angeeignet und umgepolt werden können, zum Beispiel das Demokratieprinzip. Ideen, Gedankengebäude, Ideologien und Weltanschauungen sind Waffen im zwischenmenschlichen Machtkampf."[5] Demnach zielt der „Kulturkampf von rechts" zunächst darauf ab, die Akzeptanz demokratischer und liberaler Normen in Frage zu stellen. Angesichts ihrer breiten gesellschaftlichen Akzeptanz forderte Kunze die Aneignung der Begriffe nach vorheriger Umdeutung im eigenen Sinne, wofür „Demokratie" exemplarisch stehe. Eine andere Variante zielt auf die Diffamierung ab, was später noch am Beispiel der „Menschenrechte" veranschaulicht werden soll. Beide Vorgehensweisen beabsichtigen die Überwindung des Systems eines demokratischen Verfassungsstaates.

Die „Konservative Revolution" der Weimarer Republik

Ganz in diesem Sinne agierte auch die „Konservative Revolution", eine geistige Strömung des „antidemokratischen Denkens in der Weimarer Republik" (Kurt Sontheimer)[6], welche für die heutige „Neue Rechte" ein ideologisches und strategisches Vorbild darstellt. Die Bezeichnung mutet zunächst etwas absonderlich an, gelten doch „konservativ" und „revolutionär" als gegensätzliche Begriffe. Die Formulierung „Konservative Revolution" macht aber durchaus Sinn, vergegenwärtigt man sich die politische Rahmensituation des deutschen Konservativismus nach dem Ersten Weltkrieg. Erstmals bestand für diesen nicht mehr ein gesellschaftliches und politisches System, das man gegen Änderungen und Reformen verteidigen wollte. Vielmehr lehnte der Großteil des seinerzeitigen Konservativismus die Normen und Regeln der Weimarer Republik ab. Er strebte die Überwindung des damaligen demokratischen Verfassungsstaates an, um erst danach eine aus Sicht der Akteure bewahrenswerte neue politische Ordnung im Sinne einer autoritären Diktatur aufzubauen.
Dazu wollten eine Reihe seinerzeit gesamtgesellschaftlich überaus bedeutsamer Intellektueller einen wichtigen Beitrag durch ihr publizistisches Wirken leisten.

5 Klaus Kunze, Wege aus der Systemkrise, in: Andreas Molau (Hrsg.), Opposition für Deutschland. Widerspruch und Erneuerung, Berg 1995, S. 215-220.

6 Kurt Sontheimer, Antidemokratisches Denken in der Weimarer Republik. Die politischen Ideen des deutschen Nationalismus zwischen 1918 und 1933, München 1983.

Zu ihnen gehörten der zeitweilige Redenschreiber von Reichskanzler Franz von Papen, Edgar Julius Jung, der 1927 ein Buch über die Weimarer Republik mit dem bezeichnenden Titel „Die Herrschaft der Minderwertigen. Ihr Zerfall und ihre Ablösung durch ein Neues Reich" veröffentlichte und der jungkonservative Theoretiker Arthur Moeller van den Bruck, der in seiner programmatischen Schrift „Das Dritte Reich" von 1923 gegen Aufklärung und Liberalismus und für Autoritarismus und den Führergedanken eintrat. Auch der bereits damals einflussreiche Staatsrechtler Carl Schmitt, der ganz offen den Parlamentarismus ablehnte und eine juristische Dekonstruktion der Weimarer Verfassung betrieb, sowie der angesehene Kulturphilosoph Oswald Spengler, der in der Parteiendemokratie das „innere England" sah und sie durch einen heraufkommenden Cäsarismus abgelöst sehen wollte, zählten dazu.
Auch wenn diese und andere Intellektuelle der „Konservativen Revolution" bei vielen politischen Fragen auch Differenzen aufwiesen, einte sie die Ablehnung von Aufklärung, Individualismus und Pluralismus sowie die Forderung nach einer autoritären Diktatur auf nationalistischer Grundlage. Über ihr Engagement in bedeutsamen politischen Clubs wie dem „Juni-Klub" oder dem „Politischen Kolleg" und Veröffentlichungen in einflussreichen Theorieorganen wie „Das Gewissen" oder „Die Tat" wirkten sie auf die meinungsbildenden Teile der Gesellschaft. Gegenüber dem aufkommenden Nationalsozialismus bestanden zahlreiche ideologische Gemeinsamkeiten und nur wenige Unterschiede. Differenzen ergaben sich mehr aus einer Ablehnung der Massenorientierung der NSDAP, gaben sich die Intellektuellen der „Konservativen Revolution" doch als gesellschaftliche Elite. Gleichwohl verstanden ihre Protagonisten, wie beispielsweise Jung, sich als geistige Wegbereiter des politischen Jahres 1933, wurden aber mitunter selbst Opfer der NS-Herrschaft.[7]

Die „Neue Rechte" in Frankreich

Gerade der geistige Beitrag zur Bekämpfung der Demokratie und zur Rechtfertigung der Diktatur diskreditierte diese geistige Strömung nach 1945. Erst über einen Umweg über Frankreich kam es zu einer Renaissance in Deutschland. Im Nachbarland hatte sich als politische Reaktion auf die dortige linke Protestbewegung Ende der 1960er Jahre eine rechtsextremistische Intellektuellengruppe um den bereits erwähnten Alain de Benoist herausgebildet. Als „Neue Rechte" kritisierte sie die Fixierung der „Alten Rechten" auf überkommene politische Auffassungen und Systeme, wobei der innovative Kern des eigenen Selbstverständnisses jedoch primär auf strategischer Ebene zu sehen war: Man setzte fortan im Sinne eines „Kulturkampfs von rechts" zunächst auf Theoriearbeit. Es

7 Vgl. als Belege zum Vorgenannten: Armin Pfahl-Traughber, Konservative Revolution und Neue Rechtsextremistische Intellektuelle gegen den demokratischen Verfassungsstaat, Opladen 1998, S. 48-104.

sollte eine anspruchsvolle und wissenschaftlich abgesicherte Ideologie entwickelt werden, welche wiederum attraktiv auf die intellektuelle Öffentlichkeit ausstrahlen sollte. Über diesen Weg wollten die Anhänger der „Neuen Rechten" letztendlich die „kulturelle Hegemonie" erlangen.
Inhaltlich knüpften sie zum einen an das Gedankengut der erwähnten „Konservativen Revolution" an, wobei allerdings die deutliche Forderung nach einer cäsaristischen Diktatur aus strategischen Gründen vermieden wurde. Eine weitere ideologische Bezugslinie fanden sie bei soziologischen Elite-Theoretikern, die wie Robert Michels oder Vilfredo Pareto zu den intellektuellen Sympathisanten des italienischen Faschismus gehört hatten. Und schließlich berief man sich auch auf die Ergebnisse von Intelligenz- und Verhaltensforschern wie Hans Jürgen Eysenck oder Konrad Lorenz, deren Erkenntnisse ideologisch verzerrt zur Legitimation der eigenen Auffassungen genutzt wurden. Aus einer Mischung dieser geistigen Einflüsse entstand nun eine – allerdings nicht in sich widerspruchsfreie – Ideologie. Damit wollten sich die Anhänger der „Neuen Rechten" als Protagonisten eines wissenschaftlich abgestützten Weltbildes gerieren.
In einer verbal an den öffentlichen Diskurs einer liberalen Gesellschaft mehr angepassten Form entfalteten sie zeitweilig durchaus Einfluss. Ende der 1970er und Anfang der 1980er Jahre fanden die Auffassungen der „Neuen Rechten" in Frankreich durchaus Verbreitung, was an der zeitweiligen Redaktionstätigkeit einiger ihrer Anhänger für eine einflussreiche Wochenzeitung wie das „Figaro Magazine" ablesbar war. Nachdem durch kritische Medienberichte aber deren politischer Hintergrund thematisiert wurde, ging die öffentliche Bedeutung der französischen „Neuen Rechten" immer mehr zurück.[8] Gleichwohl motivierte ihr zeitweiliger Aufstieg Intellektuelle in anderen Ländern, an die damit verbundenen ideologischen und strategischen Konzeptionen anzuknüpfen: Auch in Deutschland hat sich eine „Neue Rechte" herausgebildet, welche man sich aber nicht als feste Organisation vorstellen darf. Vielmehr handelt es sich um ein lockeres Netzwerk einzelner Personen und Publikationsorgane, die auch inhaltliche Differenzen aufweisen. So teilen etwa viele Anhänger der deutschen „Neuen Rechten" nicht die dezidiert anti-christliche und pro-heidnische Ausrichtung ihrer französischen Vorbilder.

Die „Neue Rechte" in der Bundesrepublik Deutschland

Ähnlich wie in Frankreich kann auch für die Ideologie der deutschen Protagonisten dieser geistigen Strömung nicht von einem originär „Neuen" der „Neuen Rechten" gesprochen werden. Mit der Berufung auf das Gedankengut der „Kon-

8 Vgl. Hans-Gerd Jaschke, Frankreich, in: Franz Greß/Hans-Gerd Jaschke/Klaus Schönekäs, Neue Rechte und Rechtsextremismus in Europa. Bundesrepublik, Frankreich, Großbritannien, Opladen 1990, S. 17-103.

servativen Revolution" der Weimarer Republik versucht man lediglich, deren Kritik und Positionen bei gleichzeitiger verbaler Anpassung an das politische Klima für die heutige Zeit wiederzubeleben. Selbst in Bezug auf die strategische Dimension kann nicht von einer Innovation gesprochen werden, kopiert man doch auch hier die Vorgehensweise der „Konservativen Revolution" zwischen 1918 und 1933. Lediglich die dabei zum Ausdruck kommende Berufung auf einen „Gramscismus von rechts" im Sinne des Modells einer „Kulturrevolution" kann als neu gelten. Dabei handelt es sich allerdings nur um einen marginalen Aspekt, welcher sich lediglich auf die Benennung von etwas bereits zuvor Bestehendem bezieht. Weder inhaltlich noch strategisch liefert demnach die „Neue Rechte" wirklich etwas qualitativ Neues.[9]
Sie bewegt sich indessen in einem anderen gesellschaftlichen Klima als die „Konservative Revolution" der Weimarer Republik: Seinerzeit bestand nur ein geringer gesellschaftlicher Konsens für die Normen und Regeln des demokratischen Verfassungsstaates. Das offene Bekenntnis zur Ablehnung des Systems wurde von vielen politischen Kräften von „links" und „rechts" klar und öffentlich formuliert. Demgegenüber lässt sich bei aller – angemessenen wie unangemessenen – Kritik an den politischen und sozialen Gegebenheiten der Bundesrepublik Deutschland eine breite Akzeptanz für die Normen und Regeln dieser staatlichen Ordnung ausmachen. In dieser Situation stellt sich für die gegenwärtigen Anhänger der unterschiedlichen Formen des politischen Extremismus die Frage, wie sie sich strategisch unter diesen politischen Rahmenbedingungen positionieren: Man kann die demokratischen Werte offen ablehnen, um so schärfer gegen das System agitieren zu können, oder diese verbal bejahen, um so breiter öffentlichen Einfluss erlangen zu können.
Dieses Problem stellte sich auch den Anhängern der „Neuen Rechten", worauf einer ihrer Protagonisten, der Lehrer und Publizist Karlheinz Weißmann, bereits 1986 in einem Artikel klar hinwies:

> „Die Fähigkeit, in die Offensive zu gehen, muss entwickelt werden und dazu die Fähigkeit, die Situation zu beurteilen: ob hier der offene Angriff oder die politische Mimikry gefordert ist."[10]

An dieser strategischen Frage lassen sich auch die heutigen Vertreter der „Neuen Rechten" idealtypisch unterscheiden: Die „Fundamentalismus-Variante" lehnt das politische System der Bundesrepublik Deutschland und die ihr als Minimalbedingungen eigenen Wertvorstellungen offen ab, wobei man sich als grundlegende Opposition gegen das Bestehende profiliert. Die „Mimikry-Variante" bekennt sich formal zu Normen und System, hofft man doch so über den demokratischen Konservatismus breiter in die Öffentlichkeit hinein zu wirken. Die beiden Begriffe stellen übrigens eigene Wortschöpfungen für die ge-

9 Vgl. als Belege zum Vorgenannten: Armin Pfahl-Traughber (Anm. 7), S. 153-222.
10 Karlheinz Weißmann, Neo-Konservatismus in der Bundesrepublik. Eine Bestandsaufnahme, in: Criticon, 16 (1986), Nr. 96, S. 176-178, hier S. 178.

nannten Phänomene dar, und werden in Ermanglung von Alternativen fortan so verwendet.

Die „Fundamentalismus-Variante“

Anhänger der „Neuen Rechten“ im Sinne der „Fundamentalismus-Variante“ findet man vor allem im Umfeld der Nationaldemokratischen Partei Deutschlands (NPD), die ebenfalls ganz offen ihre Ablehnung des politischen Systems der Bundesrepublik Deutschland zum Ausdruck bringt. Zu ihrem strategischen Selbstverständnis gehört auch der „Kampf um die Köpfe“. Bei diesem geht es zum einen um die Schulung von politischen Aktivisten und zum anderen um die Entwicklung von programmatischen Alternativen. Für letzteres Ziel spielen einige wenige Intellektuelle eine wichtige Rolle. Gegenwärtig zählen dazu der studierte Historiker Jürgen Gansel, der als Autor im Parteiorgan „Deutsche Stimme“ wichtige Beiträge zu Ideologie und Strategie der NPD veröffentlichte, sowie der frühere „Junge Freiheit“-Redakteur Karl Richter, der als Leiter des parlamentarischen Beratungsstabes der Landtagsfraktion in Sachsen von großer Bedeutung ist. Auf die Initiative der beiden geht ein 2005 vorgelegtes Grundsatzpapier einer „Dresdner Schule“ zurück.
Bei dieser „Schule“ sollte es sich um eine Art rechtsextremistische Denkfabrik handeln, welche der angeblich dominierenden Ausrichtung gesellschaftlicher Diskurse an den Auffassungen der „Frankfurter Schule“ eine Alternative entgegenstellen wollte. In dem Grundsatzpapier negierte man in seltener Deutlichkeit den zentralen Ausgangspunkt für die Legitimation moderner demokratischer Verfassungsstaaten:

> „Insbesondere wendet sich die ‚Dresdner Schule' [...] gegen die Menschenrechts-Lüge. Objektive ‚Menschenrechte' gibt es nicht; vielmehr sind die sogenannten ‚Menschenrechte' ein ideologisches Konstrukt, das im Gefolge der Französischen Revolution und verstärkt im Zuge der Weltanschauungskonflikte des 20. Jahrhunderts formuliert wurde und das am Beginn des 21. Jahrhunderts als universales Rechtfertigungs-Vehikel einer globalen Interventions- und Einmischungspolitik zur Aushebelung nationaler Souveränitätsrechte dient.“[11]

Abgelehnt wird hier wohlgemerkt nicht die Instrumentalisierung, sondern die Gültigkeit der Menschenrechte an sich.
Genau diese inhaltliche Stoßrichtung lässt den rechtsextremistischen Charakter des zitierten Positionspapiers erkennen: Es geht um die ideologische Delegitimation eines Grundprinzips moderner demokratischer Verfassungsstaaten, das in dem Bekenntnis zu einem individuellen, universellen und vorstaatlichen Verständnis der Menschenrechte besteht. Rechtsextremisten, die breiter in die

11 Ohne Autor, Rechte Denkfabrik formiert sich: Die Dresdner Schule, in: Nation & Europa, Nr. 6 vom Juni 2005, S. 31-33, hier S. 32.

Mehrheitsgesellschaft hineinwirken wollen, vermeiden in der Regel eine derart deutliche Positionsbestimmung. Häufig wird auf die – durchaus auszumachende – Doppelmoral und Instrumentalisierung der Menschenrechtspolitik der westlichen Staaten verwiesen, kann man so doch an gesellschaftlich und politisch weit verbreiteten Protest und Unmut anknüpfen. Das Zitat geht jedoch über diese politische Auffassung klar hinaus, und stellt die Gültigkeit der Menschenrechte an sich in Abrede, gelten sie doch lediglich als geistiges Konstrukt vergangener Zeiten. Dies geschieht auch in der Schreibweise: Die Menschenrechte stehen immer in Anführungszeichen.

Die „Mimikry-Variante"

Anhänger der „Neuen Rechten" im Sinne der „Mimikry-Variante" findet man gegenwärtig vor allem im Autorenkreis der Wochenzeitung „Junge Freiheit" und unter den Mitarbeitern des „Instituts für Staatspolitik". Das Publikationsorgan entstand bereits 1986 und warb früher ganz offen mit dem Slogan der „Konservativen Revolution". Das Institut wurde 2000 als private Einrichtung gegründet, und versteht sich als Denkfabrik eines neuen Nationalkonservativismus. Beide werben durch Veranstaltungen und Veröffentlichungen für ihre politischen Positionen, wobei meist offen erkennbare rechtsextremistische Aussagen vermieden und eine Distanz zur NPD formuliert wird. Beides erweckt bei oberflächlicher Betrachtung den Eindruck, es handele sich hier zwar um politisch weit rechts stehende Einrichtungen oder Publikationsorgane, welche aber nicht dem rechtsextremistischen Lager zugerechnet werden könnten. Mitunter findet man aber durchaus politische Aussagen, die sich in dieser Hinsicht klarer positionieren. Hierfür ein Beispiel aus der „Jungen Freiheit":

Anfang 2008 erschien von dem polnischen Historiker Bogdan Musial das Buch „Kampfplatz Deutschland", worin er eine Angriffsabsicht Stalins auf Hitler-Deutschland für das Jahr 1942 behauptete, aber gleichzeitig die These von einem „Präventivkrieg" der Wehrmacht für das Jahr 1941 verneinte.[12] Die Zeitung veröffentlichte daraufhin auf der ersten Seite einen Artikel ihres Stammautors Thorsten Hinz mit dem Titel „Rettet die Alleinschuld!", womit in ironischer Weise auf die Schuldfrage am Ausbruch des Zweiten Weltkriegs angespielt wurde. Dabei ignorierte der Autor zum einen, dass bei diesem Thema nicht von einer Allein-, sondern von der Hauptschuld die Rede ist, und zum anderen, dass der Zweite Weltkrieg nicht 1941, sondern 1939 begann. Gleichwohl hieß es: „Das Thema ist so brisant, weil das Bekenntnis zur deutschen Alleinschuld am Zweiten Weltkrieg – neben der permanenten Vergegenwärtigung des Holocaust

12 Vgl. Bogdan Musial, Kampfplatz Deutschland. Stalins Kriegspläne gegen den Westen, Berlin 2008.

– den einzigen Identitätsanker in diesem sonst identitätslosen Land darstellt. Es berührt den geschichts- und staatspolitischen Lebensnerv der Bundesrepublik.“[13] Gerade der letztgenannte Gesichtspunkt wurde im weiteren Text des Artikels noch einmal ausführlicher betont. Mit der selektiven Deutung eines Zitates von dem Politikwissenschaftler Theodor Eschenburg verwies Hinz darauf, dass die Auffassung von der Schuld Hitler-Deutschlands am Zweiten Weltkrieg angeblich die Grundlage der Politik der Bundesrepublik Deutschland bilde. Darüber hinaus sei die damit verbundene Deutung lediglich juristisch und politisch, nicht aber wissenschaftlich belegt. Die letztgenannte Auffassung ignoriert nahezu vollständig die internationale Forschung zum Thema. Darum soll es hier aber nicht gehen: Viel wichtiger ist die politische Deutung, die der Autor durch die selektive Interpretation der Musial-Veröffentlichung vornahm. Dessen angebliche Widerlegung der „Alleinschuld“-These, so Hinz, treffe – wie oben zitiert – den „staatspolitischen Lebensnerv“ der Bundesrepublik Deutschland. Und genau dies führt in der „Jungen Freiheit“[14] zu so großer Begeisterung, denn damit wäre aus deren Sicht der moralischen und politischen Grundlage des Systems der Boden entzogen.

Die demokratietheoretische Einschätzung der „Mimikry-Variante“

Oben wurde „Neue Rechte“ definiert als eine geistige Strömung des Rechtsextremismus, die sich nicht auf die Ideologie des historischen Nationalsozialismus, sondern der „Konservativen Revolution“ bezieht. Ähnlich wie diese Gruppe von Intellektuellen in der Weimarer Republik wendet man sich im Namen von Gemeinschaft und Nation gegen die Normen eines demokratischen Verfassungsstaates, wie insbesondere Individualismus und Pluralismus. Die „Mimikry-Variante“ vermeidet es dabei meist aus strategischen Gründen, unter den gegenwärtigen politischen Rahmenbedingungen ihre politische Stoßrichtung eindeutig zu formulieren. Sie will primär über den demokratischen Konservativismus in die breitere Öffentlichkeit hineinwirken. Aus diesen Gründen mäßigt man sich politisch in Publikationen und Veröffentlichungen, soll doch einer demokratietheoretischen Kritik möglichst keine diesbezügliche Angriffsfläche geboten werden. Doch könnte diese Zurückhaltung nicht auch Ausdruck eines politischen Lernprozesses sein?

---

13 Thorsten Hinz, Rettet die Alleinschuld. Geschichtsdebatte: Das deutsche Urheberrecht für die Eskalation des Zweiten Weltkriegs ist bedroht, in: Junge Freiheit, Nr. 17 vom 18. April 2008, S. 1.

14 Vgl. ausführlicher zu diesem Publikationsorgan: Stephan Braun/Ute Vogt (Hrsg.), Die Wochenzeitung „Junge Freiheit“. Kritische Analysen zu Programmatik, Inhalten, Autoren und Kunden, Wiesbaden 2007; Wolfgang Gessenharter/Thomas Pfeiffer (Hrsg.), Die Neue Rechte – eine Gefahr für die Demokratie?, Wiesbaden 2004; Matthias Weber, Zeitschriftenportrait: Junge Freiheit, in: Uwe Backes/Eckhard Jesse (Hrsg.), Jahrbuch für Extremismus & Demokratie Nr. 14, Baden-Baden 2002, S. 203-226.

Eine Antwort auf diese Frage ergibt sich aus dem Blick auf die ideologischen Bekenntnisse der Protagonisten dieser geistigen Strömung. Als ihr gegenwärtiger ideologischer Kopf gilt der bereits erwähnte Lehrer und Publizist Karlheinz Weißmann, von dem 2006 ein Interview-Band unter dem Titel „Unsere Zeit kommt“ erschien. Darin wird ihm folgende Frage gestellt: „Sind unter den Fraktionen der Konservativen Revolution die Jungkonservativen der konstruktive Teil? In deren Tradition sehen Sie sich doch, nicht wahr?“ Darauf antwortet Weißmann: „Ja, das stimmt.“ Und weiter: „Was den Jungkonservatismus für mich anziehend macht, ist der Versuch, die ältere konservative Tradition mit einem dynamischen Element zu koppeln, die ganze Neigung, bestehende Verhältnisse nur deshalb zu erhalten, weil sie bestehen, aufzugeben und doch jene skeptische Reserve gegenüber der Moderne zu wahren, die für die Rechte von Anfang an typisch war.“[15] Hier artikuliert sich ein offenes Bekenntnis zur antidemokratischen Weimarer „Konservativen Revolution“.

Auch die Abgrenzung gegenüber der NPD spricht nicht grundsätzlich für eine demokratische Ausrichtung der „Mimikry-Variante“ der „Neuen Rechten“, da der Rechtsextremismus keinen ideologisch und strategisch homogenen Block darstellt. Gemeinsamkeiten und Unterschiede veranschaulichte Götz Kubitschek, der langjährige Leiter des „Instituts für Staatspolitik“, 2007 in einem Interview mit dem NPD-Organ „Deutsche Stimme“. Darin formulierte er eine scharfe Systemkritik hinsichtlich der Folgen der Parteiendemokratie und des Massenzeitalters. Kubitschek wollte aber nicht – wie die NPD – für eine revolutionäre Überwindung plädieren, halte er doch zunächst an einer bestehenden Ordnung fest, um darin politischen Einfluss zu erlangen. Außerdem verfügten die ihm bekannten NPD-Mitglieder über schlechtes Benehmen und unzureichendes Wissen.[16] Demnach bestehen die Differenzen weniger in der Frontstellung gegenüber den Normen des demokratischen Verfassungsstaates, sondern mehr hinsichtlich des institutionellen Weges und der ansprechbaren Zielgruppe.

Der intellektuelle Anspruch der „Neuen Rechten“

Der politische Charakter der „Neuen Rechten“ dürfte nun aus demokratietheoretischer Sicht klar geworden sein. Doch wie steht es um den intellektuellen Anspruch und die politische Wirkung? Aussagen zum erstgenannten Gesichtspunkt lassen sich wohl am besten mit der Frage nach programmatischen Grundlagenwerken beantworten. Die Protagonisten der „Konservativen Revolution“ der Weimarer Republik legten immerhin einschlägige Publikationen vor, worin sich Erörterungen zu den unterschiedlichsten politischen Themen fanden. Exempla-

15 Karlheinz Weißmann, Unsere Zeit kommt (Gespräch mit Götz Kubitschek), Schnellroda 2006, S. 34.

16 Vgl. Götz Kubitschek, „Respektlosigkeit als politische Waffe verwenden“ (Interview), in: Deutsche Stimme, Nr. 1 vom Januar 2007, S. 3.

risch dafür stehen Edgar Julius Jungs Buch „Die Herrschaft der Minderwertigen“ und Arthur Moeller van den Brucks Werk „Das Dritte Reich“, beides Veröffentlichungen von mehreren hundert Seiten mit Kommentaren zum eigenen politischen Selbstverständnis. Will eine geistige Strömung im Sinne der erwähnten Strategie einer „Kulturrevolution von rechts“ wirken und einen beabsichtigten „Kampf um die Köpfe“ gewinnen, dann bedarf sie derartiger Grundlagenwerke eines eigenen Selbstverständnisses.
Wie steht es damit bei der „Fundamentalismus-Variante“ der „Neuen Rechten“? Das erwähnte Grundlagenpapier der „Dresdner Schule“ kann einen solchen Anspruch nicht erfüllen, besteht es doch nur aus wenigen Seiten mit plakativen Ausführungen ohne argumentative Unterfütterung. Allenfalls kommt ihm ein Buch von Jürgen Schwab nahe, einem zeitweilig einflussreichen Ideologen der NPD, der aber mittlerweile frustriert aus der Partei ausgetreten ist. In „Deutsche Bausteine“ von 1999 findet man zumindest formal eine systematisch entwickelte Grundlage für eine programmatische Schrift. Schwab nimmt darin eine „politische Lageanalyse“ vor, skizziert den „politischen Handlungsbedarf“ und plädiert für eine „politische Zielbestimmung“. Zwar sind die Ausführungen inhaltlich eher fragmentarisch und ideologietheoretisch nicht widerspruchsfrei, aber sie enthalten programmatische Ansätze.[17] Innerhalb des Rechtsextremismus fand das Buch zwar Beachtung, löste aber keine Anstrengungen zur Entwicklung einer eigenen politischen Theorie aus.
Auch die „Mimikry-Variante“ der „Neuen Rechten“ konnte bislang keine programmatische Schrift zur systematischen Darstellung des eigenen politischen Selbstverständnisses vorlegen. Dies verwundert umso mehr, da sich das „Institut für Staatspolitik“ gerade auch eine derartige Aufgabe gestellt hat und über die nötigen Publikationsmöglichkeiten verfügt. Zwar beansprucht dieses Ziel die von Karlheinz Weißmann 2007 veröffentlichte Schrift „Das konservative Minimum“, versteht sie sich doch laut Ausführung in der Einleitung als Inhalts- und Positionsbestimmung für das dort propagierte Verständnis von „konservativ“ als Kampfbegriff. Außer einem allgemeinen Wehklagen über die Bindungs-, Glaubens- und Heimatlosigkeit unserer Existenz, die mit den kulturellen Dekadenzerscheinungen in der Gesellschaft einher gingen, findet man darin aber keine klaren Positionierungen eines eigenen Profils. Auf der letzten Seite gesteht Weißmann sogar das diesbezügliche Scheitern offen ein: „Eine neue konservative Position ist gegenwärtig nicht genauer zu bestimmen [...].“[18]

Die politische Wirkung der „Neuen Rechten“

Wie steht es nun um die politische Wirkung der beiden Varianten der „Neuen Rechten“? Um auf diese Frage eine differenzierte Antwort zu geben, bedarf es

17 Vgl. Jürgen Schwab, Deutsche Bausteine. Grundlagen nationaler Politik, Stuttgart 1999.
18 Karlheinz Weißmann, Das konservative Minimum, Schnellroda 2007, S. 91.

eines Maßstabes zur Messung dieses Einflusses. Dazu bieten sich folgende Kriterien zur Untersuchung an: Erstens, der geistigen Strömung geht es darum, über eine „Kulturrevolution von rechts" eine „kulturelle Hegemonie" im öffentlichen Diskurs zu erlangen. Hier stellt sich die Frage, inwieweit ihr dies gelungen ist. Zweitens, die „Neue Rechte" strebt die Entwicklung einer politischen Theorie für das eigene Lager an, um eine damit verbundene Intellektualisierung voranzutreiben. Kann von einem erfolgreichen Prozess in diesem Sinne gesprochen werden? Und drittens, eine wichtige Voraussetzung für die Breitenwirkung bestünde in einer Erosion der Abgrenzung zum demokratischen Konservativismus, die im Sinne einer Zwischenetappe den Weg in die politische Öffentlichkeit der Mehrheitsgesellschaft ebnet. Hier wäre zu fragen, ob von einer solchen Entwicklung die Rede sein kann.

Hinsichtlich des erstgenannten Punktes lässt sich klar sagen, dass die „Neue Rechte" noch nicht einmal ansatzweise die „kulturelle Hegemonie" erlangt hat. Ihre Auffassungen, Forderungen und Grundprinzipien dominieren nicht nur nicht den gesellschaftlichen Diskurs, sie sind dort als ernsthafte Beiträge zur politischen Debatte noch nicht einmal präsent. Darin besteht ein grundlegender Unterschied zur Situation in der Weimarer Republik, konnte doch seinerzeit die „Konservative Revolution" bedeutenden Einfluss auf das geistig-politische Leben ausüben. Von einer Unterstützung der „Neuen Rechten" durch Medien und Politik, wovor der Politikwissenschaftler Wolfgang Gessenharter 1994 in seinem Buch „Kippt die Republik?"[19] warnte, kann noch nicht gesprochen werden. Bestimmte Änderungen im Bereich der Ausländerpolitik oder des Geschichtsverständnisses mögen kritikwürdig sein; ein bestimmender Einfluss der „Neuen Rechten" auf diese Veränderungen in direkter oder indirekter Form lässt sich aber nicht nachweisen.

Bezogen auf das zweite Kriterium kann konstatiert werden, dass eine Intellektualisierung des eigenen politischen Lagers durch diese geistige Strömung allenfalls schleppend vorankam. Dies lässt sich für die „Fundamentalismus-Variante" an der Arbeit von Organisationen und dem Erscheinen von Publikationsorganen ablesen: Die „Dresdner Schule" blieb nach der Veröffentlichung ihrer Grundsatzpapiere weitgehend inaktiv, und andere Einrichtungen wie die „Deutsche Akademie" und das „Thule-Seminar" zeigten auch kein größeres Engagement. Wichtige Publikationsorgane dieses Spektrums wie „Opposition" oder „Staatsbriefe" wurden schon vor Jahren eingestellt. Gleiches gilt für die Zeitschriften „Criticon" oder „Etappe" der „Mimikry-Variante", die hier nur noch über die „Junge Freiheit" und die „Sezession" als eigene Medien verfügt. Das „Institut für Staatspolitik" legte zwar in dem ihm angeschlossenen Verlag „Edition Antaios" eine Reihe von Büchern vor, welche aber allenfalls Fragmente zu einer eigenen politischen Theorie enthalten.

19 Vgl. Wolfgang Gessenharter, Kippt die Republik? Die Neue Rechte und ihre Unterstützung durch Politik und Medien, München 1994.

Schlussfolgerung und Zusammenfassung

Der Mangel an einer entwickelten und systematischen Ideologie muss aber nicht notwendigerweise für die Einflusslosigkeit einer geistigen Strömung sprechen. Hier stellt sich entsprechend des dritten Gesichtspunktes die Frage, inwieweit es der „Neuen Rechten“ gelungen ist, in den demokratischen Konservativismus hineinzuwirken. Für die „Fundamentalismus-Variante“ kann dies nahezu komplett ausgeschlossen werden, für die „Mimikry-Variante“ bedarf es hier einer differenzierteren Antwort: Einerseits grenzt sich der demokratische Konservativismus in der Bundesrepublik Deutschland von der extremistischen Rechten klar ab. In der politischen Öffentlichkeit besteht hier auch eine hohe Sensibilität, was zum Beispiel anhand der „Krause“-Affäre in Thüringen im Sommer 2008 gut beobachtet werden konnte. Seinerzeit sollte mit Peter Krause ein ehemaliger Redakteur der „Jungen Freiheit“ zum Thüringer Bildungs- und Kultusminister ernannt werden, was in Folge einer breiten medialen und politischen Kritik an dieser Entscheidung dann doch nicht geschah.
Andererseits gibt es hinsichtlich mancher Auffassungen Schnittmengen zwischen bestimmten Teilen des Konservativismus und bestimmten Teilen des Rechtsextremismus, was sich etwa anhand der Ablehnung der Achtundsechziger, der Forderung nach mehr „Autorität“, der Kritik angeblicher „Verfallserscheinungen“ oder der Wertschätzung „nationaler Identität“ zeigt. Solche Positionen können sowohl auf einer demokratischen wie einer extremistischen Grundlage formuliert werden. Unter Ignoranz dieses wichtigen Unterschieds, der ein strategisches Anliegen der Protagonisten der „Neuen Rechen“ ist, gewann man mitunter auch Vertreter eines demokratischen Konservativismus als Autoren, Interviewpartner oder Referenten. Dadurch bildete sich ein Brückenspektrum zwischen beiden politischen Bereichen heraus, was für die Erosion einer extremismustheoretisch überaus bedeutsamen Abgrenzung steht. Demokratische Konservative sollten hier eine eindeutige Position formulieren und damit verbunden eine klare Trennlinie ziehen.[20]
Genau dieser Kontext macht das Thema „Neue Rechte“ immer wieder zu einem wichtigen Gegenstand kritischer Aufmerksamkeit. Dabei bedarf es aber einer differenzierten Betrachtung fern von Dramatisierung und Verharmlosung, lässt sich doch von verschiedenen Seiten eine politisch motivierte einseitige Bewertung von Vorkommnissen in diesem Bereich ausmachen. Dabei verdient besondere Beachtung, dass es eine demokratische und eine extremistische Form des Konservativismus gibt. Wollen Anhänger des ersteren nicht mit denen des letzteren gleichgesetzt werden, sollten sie eine klare Abgrenzung inhaltlich wie personell vornehmen. Hierdurch entgehen sie auch nicht immer angemessenen und fairen Vorwürfen und Zuschreibungen. Eine darüber hinaus nötige inhaltli-

20 Dies forderte bereits Mitte der 1990er Jahre der CDU-Politiker Friedbert Pflüger, vgl. Friedbert Pflüger, Deutschland driftet. Die Konservative Revolution entdeckt ihre Kinder, Düsseldorf 1994.

che Auseinandersetzung mit den Positionen der „Neuen Rechten“ bleibt unabhängig von dem doch eher geringen Ausmaß ihrer öffentlichen Wirkung geboten. Im Sinne einer Präventionsstrategie kann hierdurch das demokratische Bewusstsein gestärkt werden.

Hajo Funke

Rechtsextremismus in Deutschland[1]

Einleitung

Am 14. Februar 2009 haben 8 400, vor allem deutsche, Rechtsextreme in Dresden mit der seit 1945 größten rechtsextremen Demonstration unmissverständlich gezeigt, dass sie da sind: eine ideologisch fanatisierte, jederzeit gewaltbereite Bewegung, die allein in Deutschland auf Zehntausende nicht nur jugendlicher Sympathisanten zählen kann. Die Regie führten Neonationalsozialisten aus den so genannten „Freien Kameradschaften“ und der NPD. Auch wenn ihr Arm (noch) nicht bis ins nationale Parlament reicht, war er dennoch gefährlich genug, noch am selben Tag gewerkschaftliche Gegendemonstranten auf einem Autobahnparkplatz bei Jena teilweise schwer zu verletzen.

Das bisherige Gravitationszentrum des deutschen Rechtsextremismus, die NPD, wurde allerdings in 2008 und im beginnenden Wahljahr 2009 von finanziellen Skandalen und Flügelkämpfen erschüttert. Dabei geht es neben den finanziellen Skandalen, die auch dem Parteivorsitzenden zugerechnet werden, vor allem um taktische Differenzen: Wieweit kann man sich das Bild eines sozialen Biedermanns verordnen, ohne die nationalrevolutionäre Identität einer Partei, die das Vierte Reich will, infrage zu stellen oder sogar aufzugeben? Die Öffentlichkeit ließe sich täuschen, wenn aus der Imagekampagne der Rechtsextremen auf ihre ideologische Ausrichtung und ihre politische Praxis geschlossen werden würde. Das Gegenteil ist der Fall: Zusammen mit den Freien Kameradschaften hat die NPD, auch mithilfe von Wahlkampagnen und der Ansprache sozialer Ängste und regionaler Probleme, eine rechte Alltagskultur in vielen Regionen Ostdeutschlands und inzwischen auch bestimmten – wenngleich isolierten – Teilen Westdeutschlands etabliert. Nach wie vor werden tradierte völkische und rassistische Botschaften verbreitet.

Noch einmal ist 2008 die Zahl der offiziell registrierten rechtsextremen Gewaltstraftaten, die sich seit inzwischen vier Jahren auf hohem Niveau bewegen, auf weit über 1 000 angestiegen. Dabei ist eine erhebliche Dunkelziffer gar nicht eingerechnet. Mit vier im Jahr 2008 von Rechtsextremen verübten Morden ist deren Zahl seit der politischen Einigung Deutschlands auf über 140 gewachsen.

Die im März 2009 veröffentlichte Studie des Kriminologischen Forschungsinstituts Niedersachsen „Jugendliche in Deutschland als Opfer und Täter von Gewalt“[2] hat neue, ernst zu nehmende Erkenntnisse gebracht. Sie hat auf der Basis von insgesamt 44 610 im Durchschnitt 15-jährigen Schülern ermittelt, dass 14,4 Prozent als sehr ausländerfeindlich, weitere 26,2 Prozent als eher ausländerfeindlich gelten.

---

1 Eine ausführliche Version in Stephan Braun 2009 (im Erscheinen)

2 Dirk Baier, Christian Pfeiffer u. a. 2009

3,8 Prozent der 15-jährigen Jugendlichen sind danach Mitglieder einer rechten Gruppe. Das wären nach Schätzungen etwa 30 000 aller 15-Jährigen in Deutschland. Man wird davon ausgehen müssen, dass ähnliche Ergebnisse auch für die 16- bis 18-Jährigen ermittelt werden würden. Ihre Zahl ist unter männlichen Jugendlichen, an Hauptschulen und Förderschulen vergleichsweise höher und in Ostdeutschland und Süddeutschland (4,5 und 4,4 Prozent) höher als in West- und Norddeutschland. Von den 4,3 Prozent, die eine rechtsextreme Straftat begangen haben, haben drei Viertel der Befragten keine Sanktionen von staatlichen Kontrollinstanzen erfahren. Nur ein Viertel sind angezeigt und die entsprechenden Gesetzesverstöße von den Behörden bearbeitet worden – ein drastischer Verweis auf das Ausmaß der Dunkelziffer von entsprechenden Straftaten.
Die Studie mit ihren „erschreckenden" Ergebnissen (so Wolfgang Schäuble, der diese Studie für das Bundesinnenministerium in Auftrag gegeben hatte) zeigt erstmals repräsentativ, dass wir es mit einer rechtsextremen Jugendbewegung zu tun haben, die in der Regel attraktiver zu sein scheint als ein Engagement in demokratischen Parteien. Zigtausende sind Sympathisanten oder Aktive dieser rechtsextremen Subkultur, die trotz aller Bemühungen ungebrochen im Trend liegt. Dies zeigt sich selbst in den offiziellen Zahlen der Innenministerien und der Opferberatungsstellen, die davon ausgehen, dass die Zahl der Straftaten – vor allem der Gewaltstraftaten – in den letzten Jahren, vor allem aber in 2008 (mit über 1 000) noch einmal erheblich angestiegen ist.
Als zweiter erschreckender Faktor zur Kennzeichnung des heutigen Rechtsextremismus kommt hinzu, dass dieser subkulturelle Rechtsextremismus weithin von neonationalsozialistisch eingestellten Kadern aus den Freien Kameradschaften, den besonders gewalttätigen „Autonomen Nationalisten" und der ebenfalls neonazistischen NPD beeinflusst wird. Diese Mischung von Neonazismus, Milieuverankerung und Gewaltbereitschaft finden wir in keinem westeuropäischen Land der Europäischen Union in vergleichbarem Ausmaß.
Im Folgenden geht es um einen neuen Rechtsextremismus seit den frühen 1990er Jahren.

Rechtsextremismus neuen Typs seit 1989

Mit der Wende 1989 entstand für die extreme Rechte eine Situation, in der sie sowohl das Asylthema wie die nationale Vereinigung als Herausforderung für eine gegenwärtig noch andauernde Phase eines Rechtsextremismus neuen Typs nutzen konnte. Es waren weniger die etablierten rechtsextremen Wahlparteien – so wichtig deren Agitation auch war –, die Erfolge erzielten, sondern jene bis 1989 randständigen, radikalen und kompromisslosen Neonationalsozialisten um Michael Kühnen und Christian Worch, die für die seit Mitte der 1980er Jahre entwickelte Neonazi-Szene in der DDR[3] an Einfluss zunahmen. Sie nutzten ihre

3 Vgl. Wagner 1998

Kontakte mit Akteuren der Neonazi-Szene in der DDR und etablierten rasch eine Reihe neonazistischer Formationen wie die „Deutsche Alternative“, die „Nationale Offensive“ und die „Gesinnungsgemeinschaft der ‚Neuen Front‘“ (GdNF) als eine halbgeheime Dachorganisation.

Diese Etablierung gelang, weil schon in der DDR etwa seit Mitte der 1980er Jahre in rechten Jugendszenen die Bereitschaft zur Gewalt ihren festen Platz hatte. Skinheads und „Faschos“ hatten sich in einer Reihe von Bezirks- und Kreisstädten gegenüber nicht-rechten Jugendszenen oft auch mit Gewalt durchsetzen können. Sie waren zunehmend populär geworden, als das DDR-System immer weiter an Legitimation und Attraktivität gerade bei Jugendlichen einbüßte.

Die neuen, neonazistisch beeinflussten Netzwerke konnten hierbei gerade in Ostdeutschland an konservierte Traditionen eines fremdenfeindlichen Autoritarismus anknüpfen. In der DDR hatte es kaum Chancen zur individuellen Verarbeitung der Identifizierung mit dem Nationalsozialismus gegeben, so dass solche Identifizierungen und entsprechende Ideologien zwar unterdrückt, aber gerade in den Nischen der Gesellschaft, im privaten Raum der Familie, bei den Großeltern oft sehr präsent waren.

Hinzu kam eine diskriminierende Praxis der staatlichen Behörden gegenüber den Vertragsarbeitern – etwa gegenüber Vietnamesen oder Mosambikanern. Je mehr das DDR-System an Legitimität verlor, desto stärker war der autoritäre Druck gerade unter Jugendlichen, in der vielfach schon eingeübten Fremdenfeindlichkeit ein Ventil zu suchen.

Zu den ökonomisch-sozialen Erschütterungen durch Währungsunion und Treuhand-Politik Anfang der 1990er Jahre kamen politisch-institutionelle Enttäuschungen, die für viele auch mit der Wiedervereinigung verbunden waren. Entwertungserfahrungen trugen zur Überlastung von Familien bei und verstärkten diese dort, wo autoritäre Erziehungsstile ohnehin verbreitet waren. Sie trugen zu Abweisungs- und Verwahrlosungserfahrungen bei Kindern bei, die alsbald von den sich kaum gehindert ausbreitenden rechtsradikalen Szenen angeworben und angezogen wurden.

Bereits etablierte rechtsextrem orientierte Milieus konnten sich, auch vor dem Hintergrund negativ wirkender „Asyl-“ und „Ausländer-Debatten“ (der Höchststand rechtsextremer Gewalttaten war zur Zeit der großen „Asyldebatte“ 1992; FAZ vom 2.8.2000) nach 1990 vielerorts stabilisieren. Kader, Parteien und Organisationen bemühten sich relativ erfolgreich, gerade unter Jugendlichen aufkeimende gesellschaftliche Vorurteile aufzugreifen und politisch zu radikalisieren. Auch im Westen wurde darüber hinaus „rechts“ zu sein zu einer Lifestyle-Strömung in Teilen der Jugendkultur – im Bruch mit den jugendkulturellen Oppositionsformen vergangener Jahrzehnte.

Resonanzböden in Ost und West

Längerfristige fremdenfeindliche Einstellungsdispositionen seit den 1990er Jahren.

Die extreme Rechte greift unbearbeitete gesellschaftliche Vorurteile auf und verstärkt sie. Mit dem Blick auf empirische Untersuchungen zu politisch-sozialen Einstellungen, Werten und Mentalitäten offenbart sich, wieweit der Rechtsextremismus in Teilen gesellschaftlichen Rückhalt genießt bzw. inwiefern er ein soziales Problem ist.
Hierbei gibt es freilich spezifische Ausprägungen *bei jungen Leuten.* Gerade diejenigen jungen Menschen, die überhaupt keinen Kontakt zu Immigranten haben, sind besonders fest davon überzeugt, dass schon zu viele Zuwanderer im Land leben. Circa 60 Prozent der westdeutschen, gar 71,1 Prozent der männlichen ostdeutschen Jugendlichen hielten den Ausländeranteil laut der Shell-Jugendstudie (2000) in Deutschland für zu hoch. Dabei beträgt der Anteil von Nichtdeutschen in den neuen Ländern im Schnitt 2 Prozent. Über 40 Prozent bekannten sich nach Sturzbecher (2000) als fremdenfeindlich und knapp 30 Prozent der männlichen 12- bis 14-Jährigen stimmten teilweise oder ganz der Aussage zu, Ausländer dürften „geklatscht und rausgehauen" werden. Fast jeder dritte Wähler unter 30 Jahren wählte 1998 in Sachsen-Anhalt, dem Bundesland mit dem geringsten Ausländeranteil (1,5 Prozent), die rechtsextreme DVU, die ihren Wahlkampf mit rassistischer und antisemitischer Propaganda bestritt. Die DVU erreichte hier 12,9 Prozent und war unter den Jungwählern die stärkste Partei.[4] Die fremdenfeindlichen Einstellungskomplexe gehen oft einher mit sozialdarwinistischen Gesellschaftsbildern, in denen Jugendliche ihre Erfahrungen bestätigt sehen. Dass sich „der Stärkere durchsetzt" glaubte schon 1997 mehr als die Hälfte der von Sturzbecher (1997) befragten Brandenburger Jugendlichen.
Ganz ähnlich die Ergebnisse der Studie des Kriminologischen Forschungsinstituts Niedersachsen von März 2009[5]: Danach werden glatte 40 Prozent der 15-Jährigen als ausländerfeindlich beurteilt; 2/3 behaupten, dass es zu viele Ausländer in Deutschland gebe.
Das *ausländerfeindliche und chauvinistische Einstellungspotenzial* unter Erwachsenen erfreut sich ebenfalls einer hohen Zustimmung.[6] Die Ausländerfeindlichkeit[7] hat sich von 26,9 Prozent (2002) auf 21,2 Prozent (2008) verringert, ist im Osten Deutschlands aber von 30,2 Prozent auf 32,6 Prozent leicht gestiegen.

4 Vgl. taz vom 27.4.2000
5 Baier 2009
6 Vgl. Brähler/Decker: 2008
7 Die abgefragten Dimensionen zur Ausländerfeindlichkeit lauten: 1) Die Ausländer kommen nur hierher, um unseren Sozialstaat auszunutzen. 2) Wenn Arbeitsplätze knapp werden, sollte man die Ausländer wieder in ihre Heimat zurückschicken. 3) Die Bundesrepublik ist durch die vielen Ausländer in einem gefährlichen Maß überfremdet.

Besonders weit ist sie unter den über 60-Jährigen mit 26,3 Prozent sowie unter den Arbeitslosen mit 40,8 Prozent verbreitet. [8]
Was den Antisemitismus anbelangt, so zeigt sich auch hier eine leichte Absenkung von 9,3 Prozent im Jahr 2002 auf 9 Prozent im Jahr 2008 – sowie ein leicht höherer Anteil im Westen mit 9,3 Prozent (2008). Mit 16,6 Prozent ist er in Bayern am stärksten verbreitet; dem folgen Baden-Württemberg mit 13,3 Prozent, Thüringen mit 12,9 Prozent und Nordrhein-Westfalen mit 9,8 Prozent. Er ist bei den über 60-Jährigen mit einem Anteil von 10,6 Prozent und bei den Arbeitslosen mit 8,5 Prozent verbreitet.
Dieses rechtsautoritäre Einstellungssyndrom ist lange Zeit nicht offensiv von der politischen Klasse und der Öffentlichkeit angegangen worden.
Zu gesamtgesellschaftlich verbreiteten fremdenfeindlichen Einstellungen treten besondere historische und politisch-kulturelle Aspekte in den fünf neuen Ländern, die als Spezifika zum ostdeutschen Rechtsextremismus beigetragen haben und welche die besondere Dimension der Xenophobie im Osten zu erklären helfen. Bisher ist allerdings unzureichend erforscht, wieweit der autoritäre Konformismus die DDR-Gesellschaft bestimmt hat. Sicher ist, dass von einer Entfaltung der Individualität im DDR-System ebenso wenig die Rede sein konnte wie von einer auf Streit und Kompromiss ausgerichteten liberalen und pluralen Kultur.
Dies hat tief greifende gesellschaftliche Nachwirkungen für die Substanz der demokratischen Gesellschaft. Zur Veranschaulichung: In Sachsen wurde seinerzeit die rechtsextreme Untergrundgruppe „Skinheads Sächsische Schweiz" zerschlagen. Die 51 Mitglieder, die sich ein Waffen- und Sprengstoff-Arsenal zugelegt hatten, galten allesamt als brave Bürger, angesehene und gut integrierte Persönlichkeiten der Gemeinde, vom Handwerksmeister über den Bankkaufmann bis zum Gemeinderat, der, so der Bürgermeister, angeblich „nie durch radikale Ansichten aufgefallen sei". Sie sind möglicherweise deshalb nicht aufgefallen, weil der Bürgermeister selbst die Auffassung teilte, das größte Problem der Gegend seien „die vielen illegalen Grenzüberschreiter"[9]. Rechtsextreme Milieus und Gruppenstrukturen können so das soziale Terrain des öffentlichen Raumes im lokalen Bereich bestimmen. Dabei werden zwar subkulturelle, „rebellische" Praktiken aufgegriffen. Doch oft stießen diese nur dann auf negative Sanktionen der Gesellschaft, wenn mittels unmittelbarer physischer Gewalt kriminell ‚über die Stränge geschlagen' wurde und das Ansehen des Ortes litt.

8 Auch länderspezifisch zeigen sich erhebliche Differenzen: Als ausländerfeindlich sehen sich 39,3 Prozent in Sachsen-Anhalt, 39,1 Prozent in Bayern, 34,6 Prozent in Brandenburg und 32,2 Prozent in Mecklenburg-Vorpommern – während die Zustimmung zu Ausländerfeindlichkeit in Stadtstaaten weit unter der 20-Prozent-Marke liegt.
9 FAZ vom 30.6.2000

Ökonomisch-soziale Ursachen

Die ökonomische Deregulierung und die jüngeren raschen Veränderungen auf dem Arbeitsmarkt haben viele Verlierer hinterlassen und den sozialökonomischen Druck auf die Individuen erhöht. Solche Ohnmachts- und Abhängigkeitserfahrungen sind nicht „die" Ursache des Rechtsextremismus, können aber die Bereitschaft zu rechtsextremer Orientierung und politischem Handeln gegen „das System" verstärken. Diese sozialen Probleme sind nicht auf die fünf neuen Länder mit ihren besonders großen Transformations- und Arbeitslosigkeitsproblemen beschränkt, hier jedoch in besonderer Weise von Bedeutung.
Einem befreienden Aufbruch in die Wiedervereinigung folgte für allzu viele die Entfremdung. Dem falschen Versprechen blühender Landschaften binnen weniger Jahre seitens der Kohl-Regierung folgte eine soziale, politische und kulturelle Anomie. Die Währungsunion hatte buchstäblich über Nacht auch die geringen Chancen eines graduellen ökonomischen Übergangsprozesses unterbunden. Mit der D-Mark kam der Markt unter weitgehend westdeutschen Rahmenbedingungen. Der Markt regelte nicht alles, erst recht nicht eine Transformationsstrategie. Es brauchte Jahre, bis man hier durch vorsichtige und nicht zureichende wirtschaftspolitische und arbeitsmarktpolitische Strategien nachzubessern versuchte. Zehn Jahre später, Ende 2000, ist lediglich ein Viertel der ursprünglichen Arbeitsplätze verblieben. 69 Prozent der Arbeitsplatzbesitzer hatten innerhalb der Jahre 1990 und 1991 ihren bisherigen Arbeitsplatz verloren. Ihre Alters-, Arbeits-, Betriebs- und Sozialintegration, wie eng und autoritär sie im Einzelnen gewesen sein mag, war in einem Akt ökonomischer Revolution ausgeknipst worden. Noch 1998 konstatierte Helmut Schmidt, dass dem Absturz Ost verständlicherweise eine Wahrnehmung psychischer Kolonialisierung entsprach. Über zwei Drittel bestätigten dies in verschiedenen Umfragen.
Der Versuch, Demokratie im Osten Deutschlands zu etablieren, hat zu Enttäuschungen und (latent ungerichteter) Wut geführt. Beides konnte fremdenfeindliche Tendenzen und rechtsextreme Orientierungen mit dem Hinweis auf die Erfahrung sozialer Probleme speisen wie auch nostalgische Gemeinschaftsideologien aktivieren, die auch die DDR idealisierten.
Nach dem kurzen „Rausch der Einheit" dominierte die Distanz zu Politik und/oder dem politischen System. Seit den frühen 1990er Jahren sehen sich kontinuierlich über zwei Drittel der ostdeutschen Bevölkerung in Distanz zur Politik – beträchtliche Teile unter ihnen auch zum politischen System als Ganzem. Der relativ geringen ökonomisch-politischen Kompetenz, insbesondere auf der kommunalen Ebene, und der enormen apathischen Distanz beträchtlicher Teile der ostdeutschen Bevölkerung entsprechen von Soziologen wiederholt beobachtete, formal zwar funktionierende, de facto aber „entleerte" demokratische Institutionen.[10] Dies erschwert es, gegen autoritäre und fremdenfeindliche Dispositionen, die sich in der DDR stärker konserviert haben, anzugehen. Statt

10 Vgl. Heitmeyer 1999

verstärkter demokratischer Einbindung und demokratiepolitischer Bemühungen blieben so die fremdenfeindlichen Traditionen im Wesentlichen unangefochten und wurden alsbald als autoritär aggressives Ventil von allzu vielen genutzt.
Jüngere Jugendstudien zum Rechtsextremismus[11] verdeutlichen, wie bedeutend soziale Ohnmachtserfahrungen neben der Grundfolie rassistischer und fremdenfeindlicher Einstellungen für die Entfachung des neuen Rechtsextremismus sind. Psychosoziale und soziale Ohnmachtserfahrungen können im Sinne einer negativen Ergänzungsreihe, einer Frustrationsspirale zur Aufschaukelung von Willkürerfahrungen führen, die immer weniger verarbeitet werden können, erst recht, wenn in der Phase der Adoleszenz keine zureichenden alternativen politischen wie sozialen Angebote existieren. Sturzbecher (2000) hat nachgewiesen, dass die Erfahrungen der sozialen Transformation Ostdeutschlands zu einer erhöhten Verunsicherung und Belastung, zu erhöhten Konflikten und auch zu vermehrter Gewalt in den ostdeutschen Familien geführt haben. Auch das zentrale Ergebnis der Studie von Wetzels et al. (2000) verweist auf soziale Dimensionen: In dem Maße, in dem neben Erfahrungen autoritärer Erziehung auch Erfahrungen sozialer Apathie sowohl der Elterngeneration wie perspektivisch der Jugendgeneration verbreitet sind, verdichtet sich die Tendenz, mit „blinder" Gewalt zwar nicht die Probleme zu lösen, aber Aggressionen auszudrücken.

Das jeweilige aktuelle politische Klima

Ein zentraler begünstigender Faktor des Rechtsextremismus ist das jeweilige aktuelle politische Klima. Nicht die Tabuisierung menschenfeindlicher Ansichten im öffentlichen Raum, sondern ihre Verbreitung und Tolerierung stärken rechtsextreme Tendenzen. In dem Maße, wie autoritäre, nationalistische und rassistische Auffassungen öffentlich legitim und in der Alltagskommunikation „normal" erscheinen, sehen sich Rechtsextreme darin bestärkt, einen „Volkswillen" zu vertreten, im Unterschied aber zu den *etablierten Eliten* radikalere Lösungen anzubieten. In der demokratischen Öffentlichkeit kursierende neonationalistische Stichworte wurden von weiter rechts stehenden Gruppen und Parteien bereitwillig aufgegriffen und verschafften diesen neue Legitimität für ihre antidemokratische Politik – auch nachdem die Verantwortung öffentlicher Debatte für die Revitalisierung rassistischer Gewalt nachgewiesen worden war.[12] Gerade der Einwanderungsdiskurs in Deutschland hat(te) Auswirkungen auf die rechtsextreme Bewegung. Diese wurde durch rechten Populismus gefördert. Von 1990 bis zum Jahre 2000 fehlte es in der politischen Kultur Deutschlands an positiven Signalen gegenüber Einwanderern. Einwanderung wurde fast ausschließlich als Problem und Belastung unter Aspekten von Kriminalität und „Überfremdung" diskutiert. Davon profitierte der Rechtsextremismus entschei-

11 Vgl. Sturzbecher 2000
12 Vgl. Funke 1993; Koopmans 1996

dend. Annäherung an rechtsextreme Inhalte und fremdenfeindliche Ressentiments ist die schlechteste Politik gegenüber dem Rechtsextremismus; vorübergehende Einbindungen rechtsextremer Kräfte und Potenziale sind meist von kurzer Dauer, dafür wird jedoch langfristig eine demokratiefeindliche Saat gesät.

Etablierungsprozess der subkulturellen rechtsextremen Bewegung

Resultat einer Interaktionsdynamik fremdenfeindlicher Einstellungstraditionen, sozialer Umbruchserfahrungen, etablierter Politik und rechtsextremer Agitation.

Nachdem sich die Gewaltwelle Anfang der 1990er Jahre einmal etabliert hatte, wurde

> „...die weitere Entwicklung der Karriere des Asylthemas [...] in einem bedauerlich hohen Ausmaß vom Rhythmus der Gewalttaten einer kleinen rechtsradikalen Minderheit diktiert. [...] In überraschend starkem Maße wurde auch der Entscheidungsprozess von der Entwicklung der Gewalt beeinflusst. Sowohl bei der Initiierung wie bei der Entfaltung der rechten sozialen Gewaltbewegung hat damit die politische Elite, insonderheit die Bundesexekutive unter Helmut Kohl eine zentrale problemverschärfende Wirkung erzielt. Diese verschärfende Wirkung wuchs in dem Maße, in dem sich die Debatte hinzog und zentrales Thema blieb. Sie hatte ihren ideologischen Höhepunkt, als Helmut Kohl im Oktober 1992 vom ‚Staatsnotstand' durch Ausländer sprach. Damit waren für einen längeren Zeitraum optimale Bedingungen für eine Mobilisierung der radikalen Rechten um das Asylthema gegeben."[13]

Die etablierte Politik half der radikalen Rechten, das Asylthema als Mobilisierungs- und Gewaltgegenstand zu „entdecken". Zuvor war ihre Gewalt weitgehend auf Auseinandersetzungen mit der autonomen Szene beschränkt oder äußerte sich als Jugend- oder Fußballrandale.

> „Für die Welle der Gewalt gegen Asylbewerber und Ausländer war wahrscheinlich beides notwendig: Eine bereits mobilisierungsfähige rechte Jugendsubkultur, die noch auf der Suche nach einem medienwirksamen Thema war, das mit einer gewissen Sympathie in der Politik und der Bevölkerung rechnen konnte, und eine polarisierte politische Debatte zwischen kompromissunfähigen Kontrahenten, die der radikalen Rechten ein solches Thema verschaffte"[14]

Diese komplexen, psychosozialen, gesellschaftlichen und politischen Prozesse führten zu einem Selbstlauf rechtsextremer „Jugendbewegung". Die soziologischen Erhebungen zu dieser sozialen Gegenwart in Brandenburg (Sturzbecher)

13 Koopmans 1996
14 Ebd.

und in Rostock (Wetzels) kamen Ende der 1990er Jahre zu einem überraschend identischen Resultat.[15]
Nach mehr als zehn Jahren ist die rechtsextreme Bewegung weniger als bis dahin noch von sozialen Deprivationen und/oder sozialen Beschädigungen abhängig geworden: Sie ist im antidemokratischen Lernprozess zu einem sozialen Faktum, zu einem Selbstläufer rechtsextremer Bewegungsformen geworden. Bewegung und Alltagskultur stützen sich gegenseitig – je nach Ortsumständen

15 Beide Studien – die brandenburgische wie die Rostocker – verdeutlichen, dass Autoritarismus und fremdenfeindliche Einstellungen im sozialen Nahraum eine ideologische und mentale Basis für die Entwicklung rechtsextremer und gewaltaffiner Jugendkulturen bilden. Sie finden sich in gewaltbereiten Milieus von Gleichaltrigen der rechtsdominierten Szene, in der Gewaltdestruktion und Fremdenfeindlichkeit sich zu einem explosiven Gemisch verdichten. Dies wird ihrerseits durch Szenenetzwerke intern gestärkt und gestützt. Es erhält den sozialen Brennstoff durch schwerwiegende und anhaltende Erfahrungen sozialer Verunsicherung, im sozialdarwinistischen Kampf ums Überleben ausgeschlossen werden zu können und zugleich Erfahrungen der Ohnmacht durch gewalthaltige Erziehungsstile erlebt zu haben, die diese Jugendlichen unter den gegenwärtigen Bedingungen von Schule und Freizeit nicht zureichend verarbeiten können. Damit sind „ideale“ Bedingungen für ein gewaltbereites, fremdenfeindliches Milieu gegeben, das durch Gewalt zusammengehalten wird, nach einem Mehr an destruktiven Gewaltausbrüchen sucht und so auch nächste Generationen von Jugendlichen sozialisiert.
Die Brandenburg-Studie (Sturzbechers) zeigt, dass die dritte Jugendgeneration von Rechten innerhalb der letzten Dekade, die Generation der heute 12- bis14-Jährigen nicht mehr im gleichen Maße durch elterliche Entwertungs- und Misshandlungserfahrungen als einer zentralen Bedingung in die rechte Szene rückt, sondern die rechten Szenenorientierungen in beträchtlichen Teilen Brandenburgs vor allem im nichtgymnasialen Bereich zum Selbstläufer geworden sind. Gleichwohl hängt nach wie vor Grad und Ausmaß der Integration in die rechte gewalttätige oder gewaltbereite Szene von Erfahrungen der Restriktion und Ohnmacht in Familie und Schule ab.
Über die Brandenburg-Studie hinaus zeigt die Rostock-Studie (Wetzels et al.), dass die dort genauer diskutierten einzelnen Ursachenfaktoren jeweils verstärkend wirken, als einzelne aber die rechte Gewaltbereitschaft nicht erklären können. Zu den fördernden Faktoren zählen negative Abweisungserfahrungen im Elternhaus (bzw. Gewalt- und Misshandlungserfahrungen), Misserfolgserfahrungen aus der Herkunftsfamilie (als realistische Angsterfahrung), negative Bildungsaspirationen und Schulerfahrungen und pessimistische Zukunftserwartungen für Ausbildungs- und Arbeitsperspektive im sozialen Nahraum. Traumatische Angsterfahrungen im Elternhaus und realistische Angst vor sozialer Zukunft im sozialen Nahraum können den Griff zur Gewalt in der Clique entscheidend beeinflussen. Da diese Cliquen rechtsextrem codiert sind, ist es rassistische Gewalt, zu der sie greifen: Gegen Feinde darf man sein. Reale gesellschaftliche Angst vor sozialem Ausschluss und traumatische Angsterfahrungen fusionieren in den Gruppen zum mobilisierten Gefühl der Paranoia, aus der heraus man schlägt. Es ist also weder allein die Realangst vor sozialem Ausschluss noch sind es allein die traumatischen Erfahrungen im Elternhaus, sondern beides zusammen, das die Jugendlichen für das rassistische Gewaltangebot disponiert. Die rechten Kader (Parteien) und Netzwerke haben damit besondere Chancen zur Instrumentalisierung dieser Jugendlichen, wenn Angst vor sozialem Ausschluss und Gewalterfahrung in den Herkunftsfamilien zusammenkommen. Diese geschädigten Kinder sind ideale Kandidaten für den Terror der Kameradschaften und die braune Identität von Kameradschaften und Jungen Nationaldemokraten.

höchst unterschiedlich, aber im Ergebnis „erfolgreich". Erst recht durch fremdenfeindliche Zeitgeistströmungen in Teilen der Bevölkerung. Es ist dieser Mainstream, aus dem heraus sich die jugendliche Gewalteskalation erneut zu legitimieren vermeint. In Gewaltcliquen bündelt sich die soziale und politisch-kulturelle Misere in den jeweiligen Regionen oder Stadtteilen.
Denn trotz subkulturell geprägter Organisierungsformen (vom Rechtsrock über die Bomberjacke zur Cliquenbildung und zum Jugendzentrum als Treffpunkt) ist der Rechtsextremismus heute in vielen Regionen vornehmlich in Ostdeutschland Teil einer „Dominanzkultur"[16]: Rechts zu sein, rassistische Vorurteile gegen Immigranten und Fremde zu artikulieren beziehungsweise diese aus dem sozialen Zusammenhang (auch mit Gewalt) eliminieren zu wollen, stolz zu sein auf die *deutsche Herkunft* knüpft an das in bestimmten Milieus vorherrschende Denken an. Dieses Denken in Gewalt umzusetzen gilt dann als Beweis der Stärke und des Mutes, als „Kampf für Deutschland".
Dieser Rechtsextremismus ist in seiner Ausbreitung oft bedrohlicher als der parteilich verfasste und organisierte, weil er diesen in der Anzahl der Beteiligten um ein Vielfaches übertrifft. Der Grad der Verfestigung, Verhärtung, und bisher kaum gebremsten Ausweitung dieser Bewegung ist selbst wiederum ein Teil der neuen Qualität. Die rechtsextreme Alltagskultur konnte sich über Jahre hinweg als antidemokratische Lernkultur innerhalb verschiedener Generationen von Jugendlichen – insbesondere in kleinen Städten und auf dem flachen Land – entwickeln.
Organisatorisch hat sich der Rechtsextremismus flexibel gezeigt. Neue, informelle und unabhängige Organisationsformen sind seit den 1980er Jahren entstanden, so dass der heutige Rechtsextremismus seinen Hauptschwerpunkt nicht mehr in Parteien hat. Die Bewegung fußt auf mehreren, sich gegenseitig bestärkenden Elementen:

- einer neuen ‚Kultur' (vom Jugendclub über „Rechtsrock" und Schriften);
- lockeren, informellen Gesellungsformen und Lifestyle-Strömungen;
- festen organisierten Gruppen und Kadern (wiederum in einer Vielzahl teils geheim operierender neonazistischer Gruppen und Organisationen, Parteien und Freien Kameradschaften).

Vor allem basierte der Rechtsextremismus auf rechtsextrem-rassistischen Milieus und *peer groups*, informellen Zusammenhängen und (teils spontanen) Selbstorganisierungen mit Gewaltbereitschaft sowie einer lokal teils hegemonialen Jugendkultur.[17] Eine „zelluläre Struktur" ist im Falle eines „multiplen, lifestyligen Rechtsextremismus die organisatorische Bindekraft".[18] Allerdings bietet insbesondere die NPD und deren Jugendorganisation „Junge Nationaldemokra-

16 Rommelspacher 1995: 80
17 Vgl. Wagner 1998: 49
18 Ebenda: 55

ten" (JN) seit dem Verbot neonazistischer Organisationen durch den Staat 1992–1995 ein zentrales Sammelbecken für jedwede gewaltbereite rechtsradikale „Szene". Auch ist in Teilen eine „Soldatisierung der Bewegung"[19] erkennbar. Entscheidend für die Macht der Bewegung ist, bei allen konkreten Konflikten zwischen Splittergruppen und selbst innerhalb der NPD/JN, ihr organisatorisch-ideologisches Zusammenwirken: Es ergänzen sich Szene, Parteien, Vereine, Datennetze, Verlage, Kadergruppen, zentrale und *autonome* Organisationen bzw. Gruppen, Bildungswerke, rechtsextreme Kulturindustrie, Jobbörsen, Rechtsvertretungen, Rockbands, kulturelle Infrastrukturen, Läden, Freundeskreise und Hilfsorganisationen.

„Freie Kameradschaften" und Bewegungs-NPD

Freie Kameradschaften und NPD haben sich seit Anfang beziehungsweise Mitte der 1990er Jahre in ihrer Agitation und Organisationsarbeit systematisch auf diese Gruppen und ihre spezifischen Risiken, ihre Einstellungen wie ihre Gewaltbereitschaft, bezogen. Dies gilt insbesondere für die Nationaldemokratische Partei Deutschlands, die NPD.

Gegründet bereits 1964, hat sie eine wechselvolle rechtsextreme Geschichte mit Erfolgen und Niederlagen. Der (Noch-)Parteivorsitzende Udo Voigt steht für den Wandel von der reinen Fokussierung der Holocaust-Leugnung unter Günter Deckert zur militant rechtsextremen Partei, die die „soziale Frage" deutschnational, rassistisch, antisemitisch und nazistisch besetzt. Die NPD hat derzeit circa 7 000 Mitglieder. In den „Jungen Nationaldemokraten" und dem „Nationaldemokratischen Hochschulbund" (NHB) hat sie zwei gewichtige Unterorganisationen. Monatlich erscheint die „Deutsche Stimme" der NPD in einer Auflage von 10 000 Exemplaren.

Die NPD fordert offen das Ende der Demokratie und ein „völkisches Reich", eine „neue Ordnung" für die „Volksgemeinschaft". In einem „nationalen Sozialismus" sieht sie „die höchste Form der Volksgemeinschaft". Sie beruft sich somit explizit auf nationalsozialistische Begriffe und Positionen und auf eine „nationalrevolutionäre" Tradition. Dieser *völkische Nationalismus und Sozialismus* richtet sich gegen „Liberalismus" und „Marxismus", insbesondere aber gegen jeden Einwanderer sowie vor allem gegen Juden und das „multinationale Kapital".

Udo Pastörs, einer der einflussreichsten Männer in der NPD und Chef der NPD-Fraktion im Landtag von Mecklenburg-Vorpommern, sprach Anfang März 2009 von Deutschland als der „Judenrepublik", gegen die er eine rassistisch-völkische „Volksdemokratie ohne Erbschuld" fordert, und für die es irgendwann politisch „eiskalt loszuschlagen" gelte. Eine Aussteigerpersönlichkeit, die der Autor des vorliegenden Beitrags im Frühjahr 2006 in Schwerin interviewte, berichtete

19 Wagner 1998: 48

glaubwürdig, dass diese NPD offen das Vierte Reich anstrebe, Arbeitslager für Gegner vorsehe und gewaltbereite Neonazis aus Kameradschaften als Fußvolk zur gewalttätigen Durchsetzung dieses Ziels instrumentalisiere. Ähnlich das Interview mit einem Aussteiger aus der thüringischen NPD, der von den Gewaltphantasien regionaler Kader über ein Viertes Reich berichtet.[20]
Der Politikwissenschaftler Steffen Kailitz (2007) hat in der Zeitschrift „Politische Studien" der CSU-nahen Hanns-Seidel-Stiftung gezeigt, dass das rabiate Abschiebungs- und Vertreibungsprogramm der heutigen NPD, das rassistischen Reinheitskriterien eines völkischen Deutschlands folgt, und Juden wie Farbige sowie alle, die in irgendeiner Weise einen Migrationshintergrund haben, vertreiben will, radikaler ausfällt als die entsprechenden Passagen des Parteiprogramms der NSDAP von 1920. Dass die Vertreibung von mehr als zehn Millionen Menschen aus Deutschland nicht ohne Gewalt und auch nicht ohne Massaker und Bürgerkrieg erfolgen könnte, sollte dabei nicht vergessen werden.
Der interne Bericht zum Charakter der NPD der Landesinnenminister aus den Ländern, die von der SPD mitregiert werden, bestätigt die Einschätzung der NPD als neonationalsozialistische, Gewalt fördernde Partei.
Die NPD hat eine gefestigte Basis im neonazistischen Umfeld, mit dem es vielfältige Kooperationen gibt, bis hin zur rechtsextremen Skinhead-Bewegung und rechtsterroristischen Strukturen, in denen viele Mitglieder ebenso beteiligt sind wie Ortsvorsitzende an Gewaltverbrechen gegen Immigranten. Unter dem Vorsitz von Udo Voigt hat die NPD die Sammlung der rechtsextremen (Gewalt-) Bewegung anvisiert, was ihr in weiten Teilen gelungen ist. Die NPD sucht die „Macht auf der Straße" und in den Parlamenten und ist Ausrichterin zahlreicher rechtsextremer Demonstrationen im gesamten Bundesgebiet. Diese finden in Kooperation und unter Beteiligung von neonazistischen Gruppen und Organisationen statt, wie es überhaupt eine enge Anbindung „Freier Kameradschaften" gibt.
Der Neonazi Steffen Hupka gehört(e) dem Bundesvorstand an. Die zu großen Teilen aus gewaltbereiten Skinheads und Jung-Neonationalsozialisten bestehende NPD-Jugendorganisation JN, die selbst ernannte „revolutionäre Speerspitze der NPD", hat das Konzept „national befreiter Zonen" entworfen, rechts- und staatsfreier Räume, in denen die Rechtsextremen „sanktionsfähig" sind und praktisch die Macht übernehmen. Auch insgesamt verteidigt die NPD, wenn auch zumeist indirekt, die offene Gewaltanwendung.
Seit den gravierenden Erfolgen bei den Landtagswahlen zunächst in Sachsen im Jahr 2004, dann in Mecklenburg-Vorpommern im Jahr 2006 ist die NPD zu der dominierenden Kraft innerhalb der rechtsextremen Bewegungen bzw. des rechtsextremen Parteienspektrums geworden. Diese Rolle wird allerdings inzwischen durch die erwähnten internen Flügelkämpfe infrage gestellt. Gleichwohl befinden sich gerade die Landesverbände Mecklenburg-Vorpommern und Sachsen auch im Wahljahr 2009 (noch) im Aufwind. Auch wenn es zu Brüchen und

20 Vgl. Ruf, Christoph/Sundermeyer, Olaf: In der NPD. 2009: 206 ff

Niederlagen der NPD-Organisation kommt, wäre es fatal, daraus auf eine Schwächung der rechtsextremen Subkultur insgesamt zu schließen

Sozial fürsorgliche NPD versus nationalrevolutionärer Fanatismus

Um den Spagat zwischen sozialem Populismus und Neonazismus durchzuhalten, versucht sich die NPD in den letzten Jahren mit begrenztem Erfolg zu disziplinieren: Unter der Überschrift „NPD ruft sich zur Ordnung. Rechtsextreme Partei verordnet Aktivisten Anzug und Argumente" verweist die Frankfurter Rundschau auf ein Strategiepapier, das den Aktivisten der NPD einen sauberen Anzug und eine saubere Sprache empfiehlt. Danach habe sich die NPD mit dem Eingliedern „Freier Kameradschaften" aus der zuvor parteilosen, oft gewaltbereiten Szene zwar vergrößert, aber auch Image-Probleme eingehandelt. Im Gespräch mit Passanten, heißt es in dem Papier, sei abschreckende „typische Kleidung wie in der Skinheadszene" zu vermeiden, „Anzüge hingegen vermitteln dem Bürger ein positives Erscheinungsbild". Denn der solle ja nicht denken, man sei ein „stiefeltragender, kurzhaariger, tätowierter, gewaltbereiter Ausländerhasser". Daher seien „eindeutige, martialische und nationalistische Tätowierungen" abzudecken. Alkohol ist tabu: „Infostände sind keine Freizeitveranstaltung, sondern Arbeitseinsätze". Das Papier ordnet Passanten ein in Gruppen wie „Feind" „Neutraler" und „Freund". Gegner oder „Asoziale" sollten gar nicht erst angesprochen werden. Weiterhin empfiehlt das Papier „schlagkräftige Argumente" und „sauberes, flüssiges, akzentfreies Deutsch". Der Bürger sei ja „durch die Systemmedien stark desinformiert"; daher müsse der NPD-Aktivist „schonend vorgehen", sonst könnten „unsere Argumente" für den Bürger „schnell weltfremd und irreal wirken". Der NPD-Propagandist müsse „deutlich machen, dass für uns die Zukunft zählt". Daher soll er mit Passanten „Themen wie nationalsozialistische Juden- und Außenpolitik [...] oder Holocaust" besser „nicht erörtern" – weil „durch Schwelgen in der Vergangenheit keine positive Veränderung für die Zukunft erreicht werden kann".[21]

Dieses Image erscheint der Partei notwendig, um nach erheblichen Wahlerfolgen in Mecklenburg-Vorpommern, wie zuvor in Sachsen und Berlin, auch die Grenzen, die die Öffentlichkeit bisher noch erfolgreich setzt, zu unterlaufen. Selbst der als Rechtsterrorist und Kroatienkämpfer bekannte Eckart Bräuniger, jahrelang NPD-Landesvorsitzender in Berlin und mit dem Parteivorsitzenden Udo Voigt Bezirksverordneter in Treptow-Köpenick, zeigt sich sozial fürsorglich – mit Anzug und Krawatte.

Die NPD-Frauenaktivistin Stella Hähnel-Palau arbeitete in einem Familienzentrum in Hohen Neuendorf im Kreis Oberhavel, kümmerte sich über ein Jahr um die Kinder des Familienzentrums und wollte schließlich das monatliche Mütterfrühstück leiten. Stella Palau ist mit ihrem Mann Jörg Hähnel eine Größe in der

21 Frankfurter Rundschau vom 30.3.2007

NPD. Sie war in der Gemeinschaft deutscher Frauen aktiv und organisiert nun den „Ring Nationaler Frauen" (RNF) als neue Organisation, sitzt im Vorstand der Berliner NPD und seit November 2006 im Bundesvorstand der Partei, wo sie für das Referat Familie zuständig ist. An ihrem neuen Wohnort Hohen Neuendorf hatte sie ihre politische Gesinnung geheim gehalten.

In der Sächsischen Schweiz, wo sich die Partei dank des Engagements von Personen in bürgerlichen Berufen und ihren Aktivitäten gegen Hartz IV auch durch Wahlerfolge bis zu 20 Prozent etabliert hatte, haben Neonationalsozialisten der (inzwischen verbotenen) Skinheads Sächsische Schweiz (SSS) regionale Parteiämter übernommen.

In Mecklenburg-Vorpommern sind es die Aktiven der bisherigen Kameradschaften, die in die NPD gegangen sind und damit die Partei, vor allem in ländlichen Regionen, dominieren. Sie kämpfen für den Erhalt der ländlichen Schulen, für Freizeiteinrichtungen für Jugendliche, sind in der Altenpflege aktiv und richteten in der nächst größeren Stadt (Stralsund) über Jahre Kinderfeste aus. Sie sind in diesem Teil Ost-Vorpommerns für die dortige Bevölkerung die sozial engagierte Partei, die den Menschen angeblich zuhört:

> „Die bemühen sich um Bürgernähe. Wenn der NPD-Kommunalpolitiker in Anklam im Supermarkt einkauft, dann redet er mit den Leuten in der Kassenschlange. Wenn ich die Kameradschaftsfunktionäre herumstehen sehe, unterhalten die sich mit den Leuten. Die hören den Menschen zu. Das wird in den Kameradschaften sogar gepredigt. Und die NPD hat angekündigt, dass ihr Abgeordneter A. demnächst auch noch ein Bürgerbüro in Anklam eröffnet und dort Hartz-IV-Beratung anbietet."[22]

Auch in Schleswig Holstein versucht die NPD (ebenso wie in Bremen, dem Saarland und bestimmten Regionen in Bayern wie Passau), durch die taktische Positionierung als sozial engagierte Partei Erfolge zu erzielen. In Schleswig-Holstein sind es jüngere Kräfte, die es zu einer Verdoppelung der Mitgliederzahlen der NPD in der Region gebracht haben.

Ihre Strategie richtet sich darauf, „nationale" Antworten auf soziale Fragen zu geben. Mit einem moderaten Ton, zivilem Auftreten und alltagsnahen Themen gelingt es ihnen vielerorts, zu einem Teil des gesellschaftlichen Lebens zu werden, während sich die „Systemkräfte dem Volk immer mehr entfremden"[23]. Mit spürbarer Freude zitierte die Deutsche Stimme, dass der Verfassungsschutz die NPD als „Gravitationsfeld des Rechtsextremismus" begreife und es ihr gelungen sei, in einigen Regionen an die gesellschaftliche Alltagsrealität anzudocken. Sie sei tagespolitisch aktueller geworden. Dabei ist ihre *Unten-gegen-oben-Rhetorik* von zentraler Bedeutung. Die NPD wird so zu einem Teil einer Gegenwelt und eines Gegenmilieus, das offenbar von staatlichen und bildungspolitischen Konzepten nur schwer zu erreichen ist.

---

22 Günter Hoffmann, taz vom 21.9.2006

23 Jürgen Gansel, Deutsche Stimme, April 2007

Schon die Sprache in dem zitierten „Strategiepapier" ist Ausdruck eines taktischen Spagats zwischen Imagepflege und nationalrevolutionärer neonazistischer Gesinnung. Seit Udo Voigt 1996 zum Vorsitzenden der NPD gewählt worden ist, hat er bekanntermaßen die Partei systematisch den neonazistischen Freien Kameradschaften – vor allem in Ostdeutschland aber auch darüber hinaus – geöffnet. Seither ist auch die Parteiführung ausdrücklich mit den konsequentesten Vertretern des neonazistischen Flügels besetzt. Seit Ende der 1990er Jahre war sie bei allen taktischen Flügelkämpfen einflussreicher Ausdruck und Organisator einer breiten, gewaltbereiten, männlich dominierten rechtsextremen Bewegung in Teilen Ostdeutschlands auf der Basis einer vielfach völkischen Alltagskultur.

Was tun?

Solange Ideologie, Gewalt *und* Resonanzböden nicht gleichermaßen bearbeitet werden, bleibt die Bekämpfung selektiv oder sogar oberflächlich. Sie wird den beschriebenen Schwelbrand nicht löschen und die subkulturelle Bewegung nicht brechen können. Die breite Verankerung eines subkulturellen Rechtsextremismus, der relative Erfolg einer sich sozial gebenden neonazistischen Partei und die enorme Schwäche der demokratischen Parteien machen einen Mentalitätswechsel der demokratischen Politik erforderlich. Sie muss Demokratie als politische und soziale Teilhabe auch derjenigen verstehen, die keine Lobby haben, die schwach sind – wie Kinder und Jugendliche auf dem Land. Wir brauchen ein Ende der politischen Landflucht.
Sollen tatsächlich von Politik und Gesellschaft die Ursachen des nach wie vor virulenten Rechtsextremismus systematisch angegangen werden, müssen tatsächlich auch alle ihre Ursachen fokussiert werden:

1. Eine problemangemessene Strategie wird die Angriffe auf die physische Unversehrtheit und damit das Kerngrundrecht der Republik auch mit *Repression* eindämmen müssen.

2. Sie wird die *Ideologie* auch in ihren neurechten Verpackungen, Andeutungen und Unterstellungen bekämpfen müssen und auf die historisch erfahrene Zerstörungs- und Selbstzerstörungsdynamik verweisen können, um so die Träger und Praktiker der Ideologie stärker und konsequenter als bisher zu isolieren. Das rechtsextreme Angebot muss vor allem auf der Ebene der Kommune öffentlich kritisiert werden. (Dabei kann davon ausgegangen werden, dass die NPD als ein Gravitationsfeld des deutschen Rechtsextremismus aufgrund ihrer fanatischen Ideologie ebenso wie ihrer aggressiven politischen Praxis verbotsfähig ist.) Der kulturelle Resonanzraum kann nicht nur durch ausgezeichnete Internetforen oder landesweite Programme, sondern sollte auch in den oft ängstlichen Kommunen und ihren politischen Leitungen bearbeitet

werden. Es braucht eine Atmosphäre der *unnachsichtigen Auseinandersetzung* mit rechtsextremem Gedankengut und Handeln in der Kommune – auch öffentlich. Dort, wo dies nicht geschieht, dehnen sich angesichts des breiten Einstellungspotenzials aus der Mitte der Gesellschaft rechtsextreme Denkformen aus.

3. Es bedarf einer *sozialen Politik*, die auch in den ökonomisch prekären Bereichen zum Ziel hat, nicht etwa die Abwanderung zu fördern, sondern vor Ort oder ortsnah Schule, Bildung, Ausbildung und berufliche Chancen zu stärken. Dies gilt vor allem für die Perspektive von Kindern und Jugendlichen, in den Schulen, den Jugendfreizeiteinrichtungen und Ausbildungsstätten, so dass diese nicht nach Stuttgart ziehen müssen, weil sie in Wismar oder Anklam für überflüssig erklärt werden.

4. Kinder und Jugendliche, die ja nicht als Rassisten geboren sind, müssen stärker als bisher in Kindergärten, Schulen und Ausbildungsstätten sozial integriert werden, gerade wenn das eine Nachsozialisierung von Individuen einschließt, die durch traumatische Erfahrungen geschädigt wurden. Wir brauchen ein Ende des Gefühls von Jugendlichen, nicht ernst genommen zu werden oder sogar überflüssig zu sein. Sie brauchen soziale Chancen, in diesem Land ökonomisch erträglich leben und ausgebildet werden zu können.

5. Um dies zu verwirklichen oder auch nur anzugehen, wird ein Stil gerade in demokratischen Parteien korrigiert werden müssen, der nach oben schaut und die vorgegebenen Restriktionen finanzieller oder sozialer Art einfach hinnimmt und bestätigt. Stattdessen wäre es Aufgabe unkonventioneller Politik, sich kreativ um die sozialen Brennpunkte ebenso wie um die Perspektive von Jugendlichen zu kümmern. Auch wenn dies bedeutet, Konflikte einzugehen und Widerstände zu provozieren. Denn nur so kann überhaupt erfahrbar vermittelt werden, dass es sich lohnt, sich zu engagieren und die drückende Atmosphäre verbreiteter Apathie und als entleert empfundener demokratischer Institutionen hinter sich zu lassen.

Literatur

Assheuer, Thomas/Sarkowicz, Hans (1992): Rechtsradikale in Deutschland: Die alte und die neue Rechte. München.
Behrends, Jan C. et al. (2000): Historische Ursachen der Fremdenfeindlichkeit in den Neuen Bundesländern, Thesenpapier für das Aktionsbündnis gegen Gewalt, Rechtsextremismus und Fremdenfeindlichkeit des Landes Brandenburg. Potsdam.
Baier, Dirk/Pfeiffer, Christian et al. (2009): Jugendliche in Deutschland als Opfer und Täter von Gewalt. Hannover.
Brähler, Elmar/Decker, Olaf (2008): Bewegung in der Mitte. Leipzig.
Braun, Stephan/Vogt, Ute (Hg.) (2007): Die Wochenzeitung „Junge Freiheit". Wiesbaden.
Funke, Hajo (1989): Die „Republikaner". Berlin.
Funke, Hajo (1993): Brandstifter: Deutschland zwischen Demokratie und völkischem Nationalismus. Göttingen.
Funke, Hajo 1995: Rechtsextremismus – Zeitgeist, Politik und Gewalt. Eine Zwischenbilanz. In: Richard Faber et al. (Hg.): Rechtsextremismus – Ideologie und Gewalt. Berlin.
Funke, Hajo (2002): Paranoia und Politik. Berlin.
Funke, Hajo/Rensmann, Lars/Waldhoff, Hans-Peter (2004): Rechtsextremismus in Deutschland. Eine Handreichung.
Heitmeyer, Wilhelm (1999): Sozialräumliche Machtgewinne des ostdeutschen Rechtsextremismus – zum Problem unzureichender politischer Gegenöffentlichkeit in Städten und Kommunen. In: Peter Kalb et al. (Hg.): Rechtsextremistische Jugendliche – was tun?, Weinheim.
Heitmeyer, Wilhelm (Hg.) (2007): Deutsche Zustände. Folge 5. Frankfurt/M.
Hopf, Christel et al. (1995): Familie und Rechtsextremismus. Weinheim/München.
Jahoda, Marie (1989): Es war nicht umsonst. In: Funke, Hajo: Die andere Erinnerung. Frankfurt/M.
Jahoda, Marie/Paul Lazarsfeld (1976): Die Arbeitslosen von Marienthal. Frankfurt/M.
Kailitz, Steffen (2007): Das nationalsozialistische Vertreibungs- und Nationalisierungsprojekt der NPD, in: Politische Studien Heft 1/ Jg. 2007. München.
Koopmans, Ruud (1996): Asyl: Die Karriere eines politischen Konflikts. In: Daele, Wolfgang van den/Neidhardt, Friedhelm (Hg.): Kommunikation und Entscheidung. WZB Jahrbuch 1996. Berlin.
Lynen van Berg, Heinz (2000): Politische Mitte und Rechtsextremismus. Opladen.
Rommelspacher, Birgit (1995): Dominanzkultur. Texte zu Fremdheit und Macht. Berlin.
Ruf, Christoph/Sundermeyer, Olaf (2009): In der NPD. München.
Seferens, Horst (1996): „Leute von übermorgen und von vorgestern." Ernst Jüngers Ikonographie der Gegenaufklärung und die deutsche Rechte nach 1945. Bodenheim.
Sturzbecher, Dietmar (1997): Jugend und Gewalt in Ostdeutschland. Göttingen.
Stöss, Richard (1993): Extremismus von rechts, in: Harnischmacher, Robert: Angriff von rechts. Rostock.
Stöss, Richard (2007): Rechtsextremismus im Wandel. Berlin.
Sturzbecher, Dietmar (2000): Jugend in Ostdeutschland – Lebenssituation und Delinquenz. Opladen.
Terkessides, Mark (1995): Neue Rechte. Köln.
Wagner, Bernd (1998): Rechtsextremismus und kulturelle Subversion in den neuen Ländern. Berlin: Zentrum Demokratische Kultur.
Wagner, Bernd (2000): Rechtsextremismus und völkische Orientierung – Zur gegenwärtigen Lage in den neuen Bundesländern. In: Jahrbuch für Antisemitismusforschung 9, Frankfurt/M.

Welskopf, Rudolf/Ronald Freytag/Dietmar Sturzbecher (2000): Antisemitismus unter Jugendlichen in Ost und West. In: Jahrbuch für Antisemitismusforschung 9. Frankfurt/M.

Wetzels, Peter et al. (2000): Gewalterfahrung, Schulschwänzen und delinquentes Verhalten Jugendlicher in Rostock, Hannover. Forschungsberichte des Kriminologischen Forschungsinstituts Niedersachsen.

Wippermann, Jost (1995): Die „Junge Freiheit". Blockadebrecher der Neuen Rechten? In: Faber/Funke/Schönberner (Hg.): Rechtsextremismus. Ideologie und Gewalt. Berlin.

Britta Schellenberg

Rechtsradikalismus in Europa: Trends, Themen und Gegenstrategien

Rechtsradikale sind im 21. Jahrhundert angekommen. Sie argumentieren heute dicht an den Ängsten unserer Zeit und positionieren sich neu in unserer Gesellschaft.

Der folgende Artikel beschreibt gegenwärtige Trends im Rechtsradikalismus, fasst die aktuellen Themen der Rechtsradikalen zusammen und stellt vor diesem Hintergrund Kernpunkte von Strategien gegen Rechtsradikalismus vor. Grundlage der Analyse sind die Ergebnisse der Länderberichte, die innerhalb des Projekts ‚Strategien gegen Rechtsextremismus in Europa' der Bertelsmann Stiftung und des Centrum für angewandte Politikforschung (C A P) im Jahr 2008 entstanden sind. Die Autoren der Länderberichte haben die Struktur des Rechtsradikalismus sowie den Umgang mit ihm analysiert. Es wurden insgesamt elf Länder untersucht, darunter zehn konsolidierte Demokratien – Österreich, Belgien, Schweiz, Deutschland, Dänemark, Frankreich, Großbritannien, Italien, Niederlande, Schweden – und Ungarn.[1] Die Familie der radikalen Rechten umfasst – innerhalb unseres Samples primär - Rechtspopulisten, die xenophobe Rechte und Rechtsextremisten. Es wurden Parteien, bewegungsförmige Organisationen und das subkulturelle Milieu analysiert.[2]

I. Trends

Durch die Analyse des Rechtsradikalismus in den ausgewählten europäischen Ländern können folgende Trends des aktuellen Rechtsradikalismus identifiziert werden:

1. Rechtspopulismus: Verbreitung rechtsradikaler Ideologie. Sie manifestiert sich in der Stärke rechtspopulistischer und fremdenfeindlicher Parteien, aber auch in Einstellungsuntersuchungen.
2. Die Ausbreitung und Differenzierung rechtsextremer Subkultur und Organisationen. Sie spiegelt sich in einer großen Anzahl von (zumeist kleinen) Gruppierungen wider.

Zudem sehen wir die besondere Bedeutung der

3. lokalen (und regionalen) Ebene für die radikale Rechte.

1 Die Länderberichte werden beim Bertelsmann Verlag Gütersloh im Frühsommer 2009 unter dem Titel „Strategies for Combating Right-Wing Extremism in Europe" veröffentlicht. Die Gegenstrategien basieren zudem auf den Ergebnissen des Vorläuferprojekts von Bertelsmann Stiftung und C A P ‚Strategien gegen Rechtsextremismus'. Vgl. Georgi, Hartmann, Schellenberg, Seberich (Hrsg), Strategien gegen Rechtsextremismus. Band 2: Handlungsempfehlungen für Politik und Praxis, Gütersloh 2005.

2 Unsere Studie orientiert sich an der Definition in Michael Minkenberg, Die neue radikale Rechte im Vergleich. USA, Frankreich, Deutschland, Opladen/Wiesbaden 1998.

Rechtspopulismus: Verbreitung rechtsradikaler Ideologie

Es sind weniger die Hardcore-Neonazi-Elemente, als vielmehr die breite *Grauzone*, die beobachtet, analysiert und bekämpft werden müsse, resümiert Anton Pelinka in seinem Bericht über Österreich.[3]

Die Ausbreitung rechtspopulistischer Argumente und die stärker werdende Akzeptanz ihnen gegenüber sind Phänomene, die in allen untersuchten Ländern sichtbar sind. Dieses Phänomen wird auch als „Rechtsradikalismus der *Grauzone*" bezeichnet. Diese Umschreibung trifft den Punkt: Wir finden eine klare rechtsradikale Ideologie bei bestimmten Akteuren, die sich aber deutlich von der extremen Rechten, insbesondere von deren Gewalttätigkeit, abgrenzt. Zum Teil übernehmen selbst Parteien, die nicht als rechtsradikal einzustufen sind, Teile rechtsradikaler Diskurse (dazu gehört z. B. der Ruf nach einem autoritären Staat gegen „kriminelle Migrantenjugendliche" oder die Herstellung eines Zusammenhangs zwischen Kriminalität und Ausländern).[4]

In der Tat beeilen sich offizielle Organisationen und Parteien der radikalen Rechten, sobald ihre Anhänger oder Aktivisten bei irgendwelchen Hardcore-Aktivitäten (etwa bei gewaltsamen Übergriffen) aufgegriffen werden, zu betonen, dass sie keinerlei Verantwortung für entsprechende Taten haben. Dennoch bestehen häufig strukturelle und personelle Verbindungen zwischen der populistischen und der extremen Rechten. Solche Zusammenhänge zeigen sich nicht allein in gemeinsamen Mobilisierungsaktivitäten, etwa Demonstrationen oder Kampagnen, sondern auch durch Wahlempfehlungen für rechtspopulistische Parteien in rechtsextremen Medien. Rechtspopulistischen Parteien wie der *Schweizerischen Volkspartei* konnten mehrfach Kontakte zu Extremisten nachgewiesen werden (doppelte Mitgliedschaft oder gemeinsame Veranstaltungen).[5] Zudem offenbaren sich konkrete Berührungspunkte zwischen Rechtspopulisten und Extremisten durch gemeinsame Schulungen, etwa des Personals der Parteien.[6]
Die Spannung zwischen Bündnissuche und Distanzierung zur extremen Rechten wird von Geert Wilders und seiner *Partei der Freiheit* in den Niederlanden besonders elegant gelöst: Er versucht eine geschlossene Partei (ohne Mitglieder) zu führen, um Imageschädigungen durch extremistische Mitglieder und eigenes Intervenieren zu verhindern.[7] Da Wilders so nicht in die Lage gerät, sich vom

3 Vgl. Anton Pelinka, Country report on Austria.

4 Vgl. Länderberichte, u. a. Britta Schellenberg, Country report on Germany.

5 Vgl. Damir Skenderovic und Vera Sperisen, Country report on Switzerland.

6 Vgl. Anton Pelinka, Country report on Austria; Jean-Yves Camus, Country report on France.

7 Vgl. Jaap van Donselaar und Willem Wagenaar, Country report on the Netherlands.

extremistischen Verhalten seiner Mitglieder öffentlich distanzieren zu müssen, darf er auf langfristige Unterstützung von Rechtsextremen hoffen.

Es sind vor allem die Diskurse, die Themen und Argumente, die von der radikalen Rechten, ob populistisch, xenophob oder extrem, geteilt werden. Unter Abschnitt II werden daher ausführlich die wichtigsten aktuellen Themen der radikalen Rechten vorgestellt.

Ausbreitung und Differenzierung rechtsextremer Subkultur und Gruppierungen

Ein weiterer europaweiter Trend ist die Ausbreitung und Differenzierung rechtsextremer Subkultur und rechtsextremer Gruppierungen. Diese Phänomene manifestieren sich in:

a) einem Jugendkult, der von jungen Menschen mit einer (oft eher vagen) rechtsradikalen Orientierung gehegt wird, die nur lose miteinander verbunden sind.
b) einer wachsenden Radikalisierung extremer Gruppierungen.
c) einer technischen Modernisierung und Europäisierung der Szene.

a) Rechtsradikalismus als Jugendkult

Die Länderanalysen berichten über Jugendliche, die meist eine (vage) rechtsradikale Orientierung haben, aber eher lose Kontakte untereinander pflegen. In den Niederlanden werden sie (nach einer Kleidermarke) „*Lonsdale-Youth*“[8] genannt.[9] Sie identifizieren sich mit rechtsextremen Codes, entsprechender Musik und Mode, und gehören nicht den typischen Organisationen an. Diese *items* dienen als Mittel (geheimer) Kommunikation untereinander. Die Jugendlichen sind häufig konsumorientiert, und damit perfekte Kunden eines zunehmend kommerzialisierten Marktes rechtsradikaler Produkte. Ihre Mitglieder sind vor allem an Musik und Parties interessiert. Viele Anhänger sind gewaltbereit und konsumieren Drogen. Diese Gruppe Rechtsradikaler ist in vielen Ländern (nicht so in Belgien und Ungarn) um ein Vielfaches größer als die Unterstützer rechtsradikaler Parteien und Organisationen. Allerdings sind ihre Anhänger erstaunlich heterogen, sie beanspruchen sogar einen gewissen Individualismus für sich. Sie sind nicht vergleichbar radikal wie Neonazis. Allerdings ist es nicht ungewöhnlich, dass Neonazi-Organisationen wie *Blood & Honour* Anhänger aus dieser Gruppe rekrutieren. Einige der heutigen Gruppenangehörigen werden sich mittelfristig eher einem neuen Jugendkult verschreiben und vom Rechtsradikalismus Abstand neh men, als sich gewalttätigen Gruppierungen anzuschließen.

8 Die Kleidermarke *LONSDALE* beinhaltet Buchstaben des Namens der *NSDAP* und wird entsprechend zur Schau getragen. Während die Kleidermarke sich ausdrücklich von Rechtsextremen distanziert hat, erfreut sie sich in der Szene weiter an Beliebtheit.

9 Vgl. Jaap van Donselaar und Willem Wagenaar, Country report on the Netherlands.

Dennoch teilen sie die Subkultur mit der extremen Rechten. Der Kontakt mit rassistischer Musik und rechtsradikaler Ideologie wird vermutlich einen längerfristigen Effekt haben.

b) Zunehmende Radikalisierung extremer Gruppierungen

In einigen Ländern sehen wir eine zunehmende Radikalisierung fremdenfeindlicher und extremistischer Gruppierungen, verbunden mit einer steigenden Gewalttätigkeit.[10] In anderen Ländern ist es vor allem die revolutionäre Rhetorik, die zugenommen hat. Dort ist es mitunter noch nicht klar, ob es zu einer (neuen) Welle der Radikalisierung und Gewalttätigkeit kommen wird.[11]

Insbesondere Ungarn wird jüngst von einer neuen Radikalität erfasst. Ein Zeichen dafür ist die Gründung der jungen (Studenten-)Partei und Bewegung *Jobbik* mit der ihr angegliederten paramilitärischen Organisation, der *Ungarischen Garde* (*Magyar Gàrda*). Diese Organisation ist durch öffentliche Demonstrationen durchaus sichtbar und fällt durch (häufig gewaltsame) Diskriminierung insbesondere der Roma-Bevölkerung auf. Es ist eine bemerkenswerte Entwicklung, dass in Ungarn eine „normale" Partei über eine paramilitärische Organisation verfügen kann. Ungarn ist in den vergangenen Jahren ein Kampfplatz für viele kleine gewalttätige Gruppierungen geworden, die vor allem rassistische Angriffe verüben – neben der *Ungarischen Garde* sind das mitunter die terroristische Gruppe *The Arrows of Magyar's Liberation Army* oder Skinheads.[12] Aber auch in den konsolidierten Demokratien gibt es (weiterhin) paramilitärische Gruppierungen, in England beispielsweise die *British Combat 18*.[13]

Die wichtigste extremistische Gruppe in Europa ist die internationale Skinhead-Organisation *Blood & Honour* – sie ist bislang nur in Deutschland verboten. Während die Organisation ihre Aktivitäten (z. B. Konzerte, Demonstrationen, Bildungsreisen, Sommercamps) verstärkt, gelingt es ihr, mehr und mehr Mitglieder zu gewinnen (etwa in der Schweiz, in Dänemark, in den Niederlanden und in Schweden). *Blood & Honour* rekrutiert häufig Jugendgruppen mit rechtsradikalen Sympathien. Die Skinhead-Organisation ist dafür bekannt, dass sie intensiv und erfolgreich auf europäischer Ebene zusammenarbeitet.[14]

Extremistische Akteure neben *Blood & Honour* sind meist schlecht organisiert, eher klein und – außer in Ungarn – marginalisiert. Wichtig für deren Einschätzung ist auch, dass diese Hardcore-Organisationen oder Gruppierungen außer-

---

10 Etwa in der Schweiz, in Deutschland, in Frankreich und den Niederlanden. Vgl. die entsprechenden Ländergutachten.

11 So in Schweden. Vgl. Heléne Lööw, Country report on Sweden.

12 Vgl. József Bayer, Country report on Hungary. Hier muss sich erst noch zeigen, wie der Staat auf das Ausmaß der Aggressivität reagieren wird.

13 Vgl. Christopher Husbands, Country report on England.

14 Vgl. Britta Schellenberg, Dispersion and Differentiation: Structure and trends of the radical right in Europe, in: Strategies for Combating the Radical Right, Gütersloh 2009 (im Erscheinen).

halb des durch den Staat vorgegebenen rechtlichen Rahmens agieren, und dadurch sukzessive Kontakte zu ihrer Umgebung abgebrochen haben. Ihre Mitglieder führen meist ein isoliertes Leben.

Zu Beginn der 90er Jahre explodierte fremdenfeindliche und rechtsradikale Gewalt in verschiedenen Ländern Europas. In allen Ländern gibt es weiterhin rassistische Gewalt. In den vergangenen Jahren hat in einigen der untersuchen Ländern antisemitisch motivierte Gewalt zugenommen (etwa in Deutschland, Frankreich, Ungarn und Italien). Allerdings ist nicht immer die extreme Rechte für diesen Anstieg verantwortlich, sondern eventuell auch junge muslimische Extremisten (nicht so in Ungarn). In einigen Ländern werden außerdem Konflikte zischen Rechtsradikalen und Linksradikalen zunehmend gewalttätig ausgetragen (so in Deutschland, den Niederlanden und in Schweden). Ein weiterer Trend im Rechtsextremismus ist die Gewalt gegen Polizisten und politische Gegner, etwa gegen Politiker der demokratischen Mitte (zum Beispiel in Deutschland, Ungarn, den Niederlanden und Schweden).[15]

Es zeigt sich mit den Ländergutachten, dass die Hardcore- Rechtsradikalen (auch deren Gewalttätigkeit) dann an Unterstützung verlieren, wenn die (politische) radikale Rechte in Wahlen erfolgreich ist (so etwa in Österreich, Frankreich und Italien).[16] In Frankreich beispielsweise hat der Aufstieg des *Front National* die extreme Rechte mit den Jahren absorbiert.[17] Auch in Dänemark zeigt sich ein Zusammenhang zwischen dem Erfolgskurs der *Dänischen Volkspartei* und einer zunehmend marginalen Position der extremen Rechten.[18] Das Gleiche gilt für Belgien: Hier gibt es eine starke rechtsradikale Partei (*Vlaams Belang* in Flandern) und eine schwache extremistische Bewegung.[19]

c) Technische Modernisierung und Europäisierung

Bemerkenswert ist die zunehmende Internationalisierung und Europäisierung rechtsradikaler Akteure. Obwohl die EU als „genetisch krankhafte" Institution gilt, hat die europäische Integration dennoch zu einer verstärkten Kooperation zwischen rechtsradikalen Akteuren verschiedener Nationalität beigetragen.[20] Der Austausch zwischen europäischen Rechtsradikalen durch Musik, gemeinsame Konzerte oder Kommunikation über das Internet wird immer üblicher. Ein zunehmender Gebrauch neuer Medien und Tools wie die Internetplattformen *MySpace* und *YouTube* ist zu beobachten. Beispielsweise nutzen Musikgruppen

15 Vgl. die jeweiligen Länderberichte.

16 Vgl. zu diesem Zusammenhang auch Michael Minkenberg, The Radical Right in Europe: An Overview, Gütersloh 2008, S. 103.

17 Vgl. Jean-Yves Camus, Country report on France.

18 Vgl. Susi Meret, Country report on Denmark.

19 Vgl. Marc Swyngedouw, Country report on Belgium.

20 Etwa grenzüberschreitende Demonstrationen und Konzerte. Vgl. Anton Pelinka, Country report on Austria.

(z. B. nationalsozialistische *Black Metal*-Gruppen) das Internet, um ihre Musik einer breiteren Öffentlichkeit zugänglich zu machen.
Der stärkste verbindende Faktor der weltweiten Vernetzung ist der Antisemitismus. Er ist die „zuverlässigste Verbindung" zwischen verschiedenen ideologischen Bewegungen (über die rechtsradikale Familie hinaus auch mit dem fundamentalistischen Islamismus und der extremen Linken).

Multinationale Aktionen nehmen zu, wie viele Ländergutachter beobachten. Das verbindende Glied ist nicht zuletzt das hybride Gefühl, kulturell und ethnisch europäisch zu sein und zur „weißen Rasse" zu gehören. Dennoch scheinen multinationale Ansätze zum Scheitern verurteilt, wenn es zu den nationalistischen – und damit widersprüchlichen – Geschichtsbildern und zur Abwertung anderer Nationen kommt. Bislang beweisen diese unterschiedlichen nationalen Einschätzungen Sprengkraft: Sie sind die Ursache dafür, warum rechtsradikale Fraktionsbildungen im Europäischen Parlament bisher kurzlebig waren. Die jüngste dieser Fraktionen im Europäischen Parlament, *Identität, Tradition, Souveränität* (*ITS*), wurde im Januar 2007 gegründet, und löste sich bereits im November desselben Jahres wieder auf. Nichts desto trotz gibt es auch aktuell Punkte und Initiativen konkreter Zusammenarbeit auf europäischer Ebene: etwa in der *Allianz für ein Europa der Nationen* oder den *Cities against islamisation*.

Die lokale Ebene: Kampfplatz der Rechtsradikalen

Die schwedische Rechtsradikalismusexpertin Heléne Lööw betont, dass in den meisten Fällen die Konflikte in den lokalen Gemeinden wachsen, ohne dass die Gesellschaft als Ganze darüber Kenntnis hat. Lööw bezieht sich insbesondere auf die Verbreitung rechtsradikaler Subkultur und auf die Eskalation von Gewalt.[21] Wir beobachten, dass gerade auf der lokalen Ebene rechtsradikale Gruppierungen eine deutliche Bedrohung für das Gemeinwesen und die ansässige Bevölkerung darstellen. In Deutschland beispielsweise gibt es Gegenden, die als Angstzonen oder *No-Go-Areas* bezeichnet werden, weil in ihnen bestimmte Menschen(gruppen), die typischen Feindgruppen der Rechtsradikalen, gefährdet sind, Opfer von Gewalt zu werden.[22]

Allerdings ist die lokale Ebene nicht allein für gewalttätige, rechtsradikale Akteure wichtig: Eine interessante Beobachtung unserer Studie ist auch, dass rechtsradikale Parteien besonders auf der lokalen Ebene bei Wahlen punkten können. Das ist selbst in Schweden, England, Deutschland und Belgien der Fall – also in Ländern, in denen rechtsradikale Parteien auf der nationalen oder euro-

21 Vgl. Heléne Lööw, Country report on Sweden.

22 Vgl. ausführlich: Uta Döring, Angstzonen. Rechtsdominierte Orte aus medialer und lokaler Perspektive. Analysen zu gesellschaftlicher Integration und Desintegration, Wiesbaden 2008.

päischen Ebene nicht erfolgreich sind oder ausgeschlossen werden. Die Parteien haben durchaus lokale und regionale Hochburgen. In Schweden zum Beispiel konnten die xenophoben *Schwedischen Demokraten* die Anzahl ihrer Sitze in Gemeinde- und Stadträten von etwa 50 im Jahr 2002 auf beinahe 300 im Jahr 2006 erhöhen. In einigen Gemeinden erlangten sie zwischen 8 und 10 Prozent der Stimmen.[23] Das Jahr 2000 markierte einen Wendepunkt auch in der Geschichte der extremen Rechten Großbritanniens, so Christopher Husbands. Der Erfolg der *British National Party* auf der lokalen und regionalen Ebene sei ein Zeichen dafür, dass Großbritannien in Zukunft mit einer längerfristig anhaltenden, deutlicheren Unterstützung der extremen Rechten rechnen muss.[24] Ähnlich in Deutschland: Die *NPD* konnte ihre Ergebnisse in regionalen Wahlen und insbesondere in einigen Gemeinden in den vergangenen Jahren deutlich verbessern. In Hochburgen der *NPD* in Sachsen stieg der Wähleranteil für die Partei auf bis zu 25 Prozent.[25]
Aber auch in Ländern, in denen Rechtsradikale in nationalen Parlamenten vertreten sind, ist es oft die lokale Ebene, auf der die Parteien am meisten Einfluss entfalten.

Ein Beispiel ist die *Liste Dedecker* (*LDD*), welche im flämischen Teil Belgiens aktiv ist. Nach Ansicht unseres Belgien-Experten Marc Swyngedouw wird sie vermutlich einen signifikanten Erfolg bei den regionalen Wahlen im Juni 2009 erringen. In einigen Gemeinden wäre es dann nicht mehr möglich den *cordon sanitaire* gegenüber dieser und einer weiteren rechtsradikalen Partei (Vlaams Belang) aufrecht zu erhalten.[26] Solche – wahrscheinlich gewordenen – Entwicklungen auf der lokalen Ebene können einschneidende Veränderungen bezüglich des Umgangs mit Rechtsradikalismus (nur u.a. die Aufhebung des *cordon sanitaire*) zur Folge haben.

II. Minimalkonsens der radikalen Rechten: Die Themen

Im Folgenden werde ich Themenblöcke rechtsradikaler Ideologie vorstellen, die als Minimalkonsens unterschiedlicher rechtsradikaler Akteure zu verstehen sind:

1. Homogenität statt Vielfalt
2. Volkswille und autoritäre Führung statt Parteien und Demokratie
3. „National und sozial“ statt globaler Märkte

23 Vgl. Heléne Lööw, Country report on Sweden.
24 Vgl. Christopher Husbands, Country report on England.
25 Vgl. Britta Schellenberg, Country report on Germany.
26 Vgl. Marc Swyngedouw, Country report on Belgium.

In Zeiten des sozialen Wandels sprechen diese Themen nicht alleine Rechtsradikale an. Vielmehr stoßen rechtsradikalen Diskurse auf das Interesse einer breiten Bevölkerung, weil sie an individuelle Ängste anschließen und simple Erklärungsmuster für gesellschaftliche Problemlagen anbieten. Vor diesem Hintergrund gelingt es Rechtsradikalen zum Teil erfolgreich für ihre politischen Ziele zu werben.

Homogenität statt Vielfalt

Die Frage der Identität steht mehr als je zuvor im Zentrum der Ideologie dieser Bewegung. Angeboten wird ein Modell ethnischer Identität. Ziel ist die Schaffung einer „homogenen Gemeinschaft" auf der Basis biologischer Reinheit. Sie fußt auf dem Konzept der Blutsbande – nicht auf einem Staatsangehörigkeitsrecht, das auch auf dem *jus soli* („Recht des Bodens") beruht. Im Denken Rechtsradikaler kann nur eine homogene ethnische Gruppe (die es in der Realität freilich nicht gibt) eine „gesunde" Nation oder einen intakten Volkskörper bilden. Die ethnisch definierte „Wir-Gruppe" konstituiert sich durch die Abgrenzung zu den (von diesem Konzept aus definierten) „Fremdgruppen". Die angeblich „Fremden" müssen ausgeschlossen werden, wenn nötig gewaltsam. Die Utopie einer homogenen Gemeinschaft verspricht soziale und individuelle Probleme zu lösen. Hauptschuldig für entsprechende Probleme ist, gemäß rechtsradikaler Kausalität, die *Heterogenität*, insbesondere ethnische und religiöse Vielfalt. Ziel der radikalen Rechten ist es, „Rassenvermischung" zu verhindern – ob das nun „Rassentrennung" oder „Ethnopluralismus" heißt macht weder in Ansatz noch Ergebnis einen Unterschied.

Bereits in den späten 1980er und frühen 90er Jahren trugen verbale Attacken auf Asylbewerber und Ausländer zu der wachsenden Stärke rechtsradikaler Parteien und einer Eskalation fremdenfeindlicher Gewalt bei. Seit dieser Zeit steht Fremdenfeindlichkeit im Zentrum rechtsradikaler Agitation.[27] Parolen der Ablehnung von Einwanderung und zur Schau gestellte Feindlichkeit gegenüber Ausländern und Migranten sind erfolg versprechende Themen im Wahlkampf.

Der verächtliche Ton gegenüber Ausländern und Migranten hat sich mit den Anschlägen vom 11. September 2001 weiter verschärft. Aber nicht allein der Ton, auch die Zielgruppe der Feindlichkeiten hat sich (zum Teil) verändert: Es sind Moslems, die zur populärsten Feindgruppe avanciert sind, vor allem in Nord- und Westeuropa.[28] In Italien und Ungarn richten sich die stärksten Feind-

27 Vgl. Matthias Jung, Martin Wengeler, Karin Böke (Hrsg.), Die Sprache des Migrationsdiskurses. Das Reden über „Ausländer" in Medien, Politik und Alltag, Wiesbaden 2001.

28 Vgl. u. a. Christopher Husbands, Country report on England und Susi Meret, Country report on Denmark.

seligkeiten nach wie vor gegen die Roma-Population, was sich nicht zuletzt in Übergriffen manifestiert.[29]
Des Weiteren richten sich Feindseligkeiten besonders stark gegen nichteuropäische Migranten. So wettern rechtsradikale Parteien zwar gegen jegliche Form der Einwanderung. Für besonders inakzeptabel aber halten sie – so formuliert es zum Beispiel die *British National Party* (BNP) – jegliche Form der „rassischen Integration" zwischen (ethnisch definierten) Staatsbürgern und Nicht-Europäern. Rechtsradikale Parteien plädieren dafür, „nicht-weiße Einwanderung" zu revidieren.[30]
Tatsächlich belegen jüngere Einstellungsuntersuchungen einen Anstieg fremdenfeindlicher, islamophober und – in einigen Ländern – antisemitischer Einstellungen.[31]

Während Rechtsextreme sich vor allem an traditionelle Stereotype (Rassismus, Antisemitismus) halten, sind Rechtspopulisten flexibler bzw. opportunistischer im Umgang mit Feindbildern: Sie haben ein vages Programm und ihre Feindbildwahl oder deren Bedeutung kann sich verändern.[32] Heute ist die Idee, dass der Islam nicht mit westlichen Gesellschaften harmonisiere, eines der tragenden Argumente. Rechtsradikale Parteien wie die *Schwedischen Demokraten* verurteilen die angebliche „Islamisierung Schwedens und Europas" und malen ein beängstigendes Zukunftsbild, in dem die Einheimischen von „Kulturfremden" unterdrückt werden. Gegen ältere Einwanderergruppen mit europäischem Hintergrund gibt es hingegen kaum Aversionen.[33] Besonders ausgeprägt ist die Angst gegenüber dem Islam in Dänemark.[34]
Bereits in den 90er Jahren sprach Samuel Huntington vom „clash of civilizations" und meinte damit einen Konflikt zwischen Kulturen, insbesondere zwischen der westlichen und der islamischen.[35] Die Vorstellung vom „Kampf der

29 Aufgrund des Untersuchungssamples sind hier lediglich Italien und Ungarn aufgeführt.

30 Vgl. zweites Prinzip des *Statement of Principles* der *British National Party* (2000). Vgl. Christopher Husbands, Country report on England.

31 Vgl. EUMC, Majorities' attitudes towards minorities in European Union Member States. Results from the Standard Eurobarometer 1997-2000-2003. http://fra.europa.eu/fra/material/pub/eurobarometer/EB2005/Report-2.pdf (veröffentlicht 2003, seit 2007 übernimmt die neu gegründete European Union Agency for Fundamental Rights (FRA) die Aufgaben im Bereich Rassismus, Fremdenfeindlichkeit und Intoleranz). FRA, Anti-Semitism – Summary overview of the situation in the European Union 2001-2008, FRA Working Paper, February 2009. Vgl. zudem die einzelnen Ländergutachten.

32 Zur Entwicklung von Feindbildern vgl. Corinna Kleinert, FremdenFeindlichkeit. Einstellungen junger Deutscher zu Migranten. Wiesbaden 2004.

33 Vgl. Heléne Lööw, Country report on Sweden.

34 Möglicherweise, so argumentiert Meret, weil die im Vergleich zu anderen europäischen Ländern stark säkularisierte dänische Bevölkerung besonders skeptisch gegenüber Religiosität ist. Vgl. Susi Meret, Country report on Denmark.

35 Samuel P. Huntington: The Clash of Civilizations and the Remaking of World Order. Simon & Schuster: New York 1998.

Kulturen“ ist heute weit verbreitet. Die Vorurteile gegenüber den Moslems gehen so weit, sie als nicht integrationsfähig in europäische Gesellschaften anzusehen und als wesenhaft gewalttätig und intolerant. Wolfgang Benz vom Zentrum für Antisemitismusforschung der TU Berlin forderte daher kürzlich das „Feindbild Muslim“ intensiver zu analysieren und die „Islamfeindlichkeit“ als Kategorie der Vorurteilsforschung – ähnlich dem Antisemitismus – ernst zu nehmen.[36]
Seit dem 11. September gewinnen anti-islamische Kampagnen an Unterstützung in der Bevölkerung. Vielerorts gibt es organisierten Protest gegen den Bau von Moscheen.[37] Um von den in der Bevölkerung vorhandenen Feindlichkeiten gegenüber Moslems profitieren zu können, haben rechtsradikale Akteure Organisationen gegründet, die sich primär gegen „Islamisierung“ oder den Zuzug von Ausländern richten. Ein prominentes Beispiel ist die Gründung des europäischen Netzwerkes *Cities against islamisation* durch die rechtsradikalen Parteien *Vlaams Belang* (B) und *FPÖ* (A) sowie die *Bürgerbewegung pro Köln e.V.* (D) im Januar 2008.[38] Auch hinter den lokalen Initiativen oder Bürgerinitiativen wie der *Bürgerinitiative Ausländerstopp* in Nürnberg und München stehen (häufig aus anderen Zusammenhängen bekannte) rechtsradikale Akteure.[39] Eine der ersten Initiativen, die Bürgerprotest gegen den Bau einer Moschee organisierte, war *Århus gegen die Moschee* in Dänemark. Ziel war es, in der Gemeinde Århus einen Moscheebau zu verhindern. Die lokale Initiative, die zu diesem Zeitpunkt bereits von Rechtsradikalen unterwandert war, trat als Bürgerliste zu den Gemeindewahlen im November 2005 an. Dass die Liste keinen Wahlerfolg verbuchen konnte, wird auf das Engagement von Journalisten zurückgeführt, die mit Zeitungsartikeln auf das Zusammenwirken der Initiative mit der extremen Rechten aufmerksam machten. Infolge der Enthüllungen durch die Presse verlor die Liste deutlich an Unterstützung und konnte nur ein Prozent der Stimmen für sich gewinnen.[40]

Natürlich bleiben rechtsradikale Diskurse und Aktivitäten, die breite Bevölkerungsteile erreichen, für die Entwicklung von Meinung und für die Gestaltung von Politik nicht bedeutungslos. Die Analyse der ungarischen Partei *Magyar Igazság és Élet Pártja* (*MIÉP*) und ihres Parteichefs István Csurka zeigt, wie sehr rechtspopulistische Agitation die öffentliche Debatte beeinflussen und Feindlichkeiten gegen Minderheiten und politische Gegner befördern kann. Die *MIÉP* habe eloquent dazu beigetragen, dass extremistische Ansichten heute in

36 Vgl. Bericht zur Konferenz „Feindbild Moslem – Feindbild Jude“ des Zentrums für Antisemitismusforschung vom 8. Dezember 2008, In: Zentrum für Antisemitismusforschung an der Technischen Universität Berlin, Newsletter, Nr. 37, Januar 2009, S. 1-3. http://zfa.kgw.tu-berlin.de/newsletter_aktuell.pdf (3. Februar 2009).

37 Vgl. Länderberichte über Dänemark, Deutschland, England, Italien und die Niederlande.

38 http://www.citiesagainstislamisation.com/ (31.01.2009).

39 Vgl. Britta Schellenberg, Country report on Germany.

40 Vgl. Susi Meret, Country report on Denmark.

Ungarn für viele akzeptabel klingen, so József Bayer.[41] Der belgische Rechtsradikalismusforscher Marc Swyngedouw unterstreicht, dass der *Vlaams Belang* und seine Ideen bereits einen wichtigen Einfluss auf die Entwicklung der politischen Parteien ausgeübt hat: „In general, all main parties have become more right-wing on the issues ‚criminality', ‚immigration' and ‚integration of ethnic minorities'".[42] Ähnliches konstatiert Jean-Yves Camus für Frankreich: Hier habe sich über Jahre hinweg eine „*Front-National*-Ideologie" ausgebreitet.[43] Die Auswirkungen dieser Entwicklung sind aber keineswegs uniform: Während in einigen der untersuchten Länder die Integration der Themen durch den *Mainstream* zur Schwächung rechtsradikaler Parteien beigetragen hat – das trifft etwa für den *Front National* in Frankreich zu –, steht das Beispiel Dänemark für das Gegenteil: Die rechtspopulistische *Dänische Volkspartei*, die aktuell die dänische Regierung toleriert, kann, so zeigt Susi Meret, von der radikaleren Stimmung profitieren und ihre restriktive, fremdenfeindliche Politik erfolgreich einbringen.[44]

Volkswille und autoritäre Führung statt Parteien und Demokratie

Das zweite Kernthema der radikalen Rechten in Europa ist das Verächtlichmachen von Politikern, politischen Parteien und schließlich der Demokratie selbst. Politiker und die großen Parteien werden als „unglaubwürdig" dargestellt, weil sie „ausschließlich ihre eigenen Interessen vertreten", „korrupt" und „elitär" seien, schimpft der rechtsradikale *Vlaams Belang*.[45] Durch diese Anti-Establishment-Haltung ziehen rechtsradikale Parteien nicht zuletzt die junge, protest-orientierte Generation an. Sich selbst präsentieren rechtsradikale Parteien in populistischer Manier als ehrliche „Stimme der einfachen Leute" und Verfechter der Interessen der „Gemeinschaft". Der Angriff auf die Politik und die Parteien stützt sich auf eine Kritik an den Eliten, prangert aber auch den Charakter der großen Parteien als selbstsüchtig und letztlich gleichförmig an, da sie in ihrem Handeln kaum unterscheidbar seien. Zur Durchsetzung des „Volkswillen" müsse hart durchgegriffen werden: Gegen „Parteien-Filz", „kriminelle Ausländerbanden", „Korruption" und „Kinderschänder". Rechtsradikale Politiker wie Le Pen haben, wenn sie über ihre Vision des idealen Staates reden stets einen Art Polizeistaat vor Augen, in dem Fragen der Sicherheit und der Kampf gegen moralische Laschheit im Mittelpunkt stehen.[46]

41 Vgl. József Bayer, Country report on Hungary.
42 Marc Swyngedouw, Country report on Belgium.
43 Vgl. Jean-Yves Camus, Country report on France.
44 Vgl. Susi Meret, Country report on Denmark.
45 Vgl. Marc Swyngedouw, Country report on Belgium.
46 Jean-Yves Camus, Die europäische extreme Rechte: ein populistisches und ultraliberales Projekt. In: Neoliberalismus und Rechtsextremismus in Europa. Herausgegeben von Peter Bathke und Susanne Spindler, Berlin 2006, S. 34-47, S. 41.

Im Kontrast zur extremen Rechten geben sich Rechtspopulisten nicht als fundamentale Gegner der Demokratie. Sie sind keine (offenen) Befürworter von Gewalt als Mittel zur Durchsetzung ihrer Ziele. Doch sie kritisieren spezielle Aspekte der Demokratie: So lehnen sie pluralistische Prinzipien ab und befürworten autoritäre Strukturen. Wenngleich innerhalb des rechtlichen Rahmens agiert wird und entsprechende Parteien auf demokratische Mittel zur Durchsetzung ihrer Interessen zurückgreifen, tragen sie zur Diskreditierung der Demokratie bei.

Im Kontrast zur extremen Rechten geben sich Rechtspopulisten nicht als fundamentale Gegner der Demokratie. Sie sind keine (offenen) Befürworter von Gewalt als Mittel zur Durchsetzung ihrer Ziele. Doch sie kritisieren spezielle Aspekte der Demokratie: So lehnen sie pluralistische Prinzipien ab und befürworten autoritäre Strukturen. Wenngleich innerhalb des rechtlichen Rahmens agiert wird und entsprechende Parteien auf demokratische Mittel zur Durchsetzung ihrer Interessen zurückgreifen, tragen sie zur Diskreditierung der Demokratie bei.

Das Verächtlichmachen von Politikern, Parteien und Politik ist nicht zuletzt problematisch, weil dadurch die Zufriedenheit mit der Demokratie im Ganzen beschädigt wird. Politikverdrossenheit ist bereits ein weit verbreitetes Phänomen in europäischen Populationen. Auch hier dockt die radikale Rechte an, verstärkt Unzufriedenheiten und verbreitet anti-demokratische Parolen.

„National und sozial“ statt globale Märkte

Wenn Rechtsradikale für den „nationalen und sozialen Staat“ eintreten, verbinden sich damit auf der wirtschaftlichen Seite (meist) protektonistische Forderungen.
Es ist nicht lange her, dass ein Teil der heutigen rechtsradikalen Parteien neoliberale Wirtschaftskonzeptionen begrüßten (etwa die frühere österreichische *FPÖ*). Frei nach der Devise „der Gesunde und Starke setzt sich durch“ sollte der Bürger und Wähler nicht durch Steuern zugunsten sozial Schwacher belastet werden. Das hat sich heute weitgehend geändert: Rechtsradikale propagieren jetzt zumeist (so auch die *FPÖ*) eine „nationale und soziale Politik“ und begrüßen den Sozialstaat, der für seine (ethnisch-nationalen) Bürger sorgt. Insbesondere in den nordischen Ländern, in denen Fairness als soziale Frage gilt, wird von der radikalen Rechten der Abbau des Wohlfahrtstaates kritisiert. In diesen Ländern sehnen sich viele Menschen nach der „dream country“ (der 50er und 60er Jahre): Einem Land mit öffentlicher Wohlfahrt, hoher Erwerbstätigkeitsquote, Fortschritt und – das ist der Zusammenhang, den die radikale Rechte herstellt – ohne Einwanderer.[47]

47 Hélene Lööw, Country report on Sweden.

Im Hinblick darauf ist es kaum überraschend, dass die größte Unterstützergruppe der Rechtradikalen heute die Gruppe der besonders negativ von dem gegenwärtigen gesellschaftlichen Wandel (technischer Modernisierung und Globalisierung) Betroffenen ist: diejenigen, die Angst haben abzusteigen oder diejenigen, die sich benachteiligt fühlen (vgl. relative Deprivation). Damit ist es ebenso wenig erstaunlich, dass heute vor allem die weniger gut Ausgebildeten, Geringverdiener (Durchschnitt oder unter dem Durchschnitt) und Facharbeiter am „anfälligsten" für rechtsradikale Orientierungen sind. Es sind vor allem die sozialen Gruppen, die früher zur Arbeiterklasse gehörten.[48] Für Pia Kjærsgaard, Vorsitzende der rechtspopulistischen *Dänischen Volkspartei*, gilt deshalb: „Der wahre Sozialdemokrat wählt die *Dänische Volkspartei.*"[49] Tatsächlich ist diese Partei die profilierteste Arbeiterpartei im heutigen Dänemark. Zu dieser typischen Wählergruppe fügt Heléne Lööw eine weitere hinzu: diejenigen, die bislang nicht zu Wahlen gegangen waren. Menschen also, die wenig Interesse an Politik und kein Vertrauen in sie haben, wählen überdurchschnittlich oft rechtsradikal.[50]

Vor diesem Hintergrund richten sich Rechtsradikale heute immer stärker gegen die Globalisierung. So protestiert die radikale Rechte heute regelmäßig gegen die Globalisierung und auch gegen „Kapitalisten". In Deutschland beteiligte sich die *NPD* im Juni 2007 z.B. an Demonstrationen gegen den G-8 Gipfel in Heiligendamm. Dort verteilte sie ihre Parteiwerbung und protestierte gemeinsam mit eher linken Gruppen wie *attac*.[51] „Heimat statt Globalisierung", lautete in diesem Sinn auch die jüngste Landtagswahl-Kampagne der *NPD* in Bayern im Herbst 2008.[52] Selbst ehemals wirtschaftliberale Akteure wie Le Pen verkünden im Zusammenhang mit ihrer Globalisierungs-Kritik „sozial links" zu sein.[53]
Allerdings ist die rechtsradikale Aversion gegen die Reichen und Mächtigen und das Plädoyer für ‚soziale Gerechtigkeit' keineswegs mit einer marxistischen

48 Vgl. Das ist allerdings nur in den konsolidierten, westlichen Demokratien der Fall und – in unserem Untersuchungssample – nicht in Ungarn. Dort kommen die Unterstützer der Rechtsradikalen aus allen Teilen der Gesellschaft, haben also ganz unterschiedliche soziale Hintergründe.

49 Pia Kjærsgaard 2006, zitiert in: *Dansk Folkeblad*, 2006/5:4-5 (Zitat aus dem Dänischen/Englischen übertragen von M.S. und B.S.). Vgl. Susi Meret, Country report on Denmark.

50 Vgl. Heléne Lööw, Country report on Sweden. Typische Unterstützer sind außerdem nicht-religiöse Menschen (Schweden, Deutschland) und ältere Menschen (Deutschland, Dänemark).

51 Lisa Erdmann, Wie Rechtsradikale in Heiligendamm punkten wollen, *Spiegel-Online* vom 23.04.2007. http://www.spiegel.de/politik/deutschland/0,1518,478500,00.html (3. Februar 2009).

52 Britta Schellenberg, Der Traum von der Westausdehnung. Wahlkampf in Bayern – die NPD will punkten., *Netz-gegen-nazis.de* vom 24.09.2008. http://www.netz-gegen-nazis.de/artikel/der-traum-von-der-westausdehnung (3. Februar 2009).

53 Camus (2006), S. 41.

Kritik zu verwechseln. Stattdessen argumentieren die Rechtsradikalen von einer Gesellschaftskonzeption der Homogenität aus. Auch wird nur zum Teil die Konsumorientierung der Bürger kritisiert. Insofern ist der Feind der radikalen Rechten nicht die *liberale Globalisierung*, sondern die *Globalisierung an sich*. Wieder geht es zentral um die „schädliche Vermischung aller Rassen“ bzw. „Völker“. Rechtsradikale Argumente existieren nicht ohne den konkreten Schuldigen, der verantwortlich gesprochen wird für alle Probleme: Den Juden, den Einwanderer oder den heimatlosen Kapitalisten, Israel oder die USA. Die Diffamierung von Juden wird heute zunehmend mit Anti-Globalisierungs-Parolen verbunden,[54] und so werden alte Verschwörungstheorien neu begründet.

In der Gegnerschaft zu Kapitalismus und Globalisierung ist aber auch ein neuer Sündenbock entstanden: Die Europäische Union.[55] Sie wird ebenfalls für soziale und individuelle Probleme verantwortlich gesprochen. Die (meisten) rechtsradikalen Parteien lehnen das Projekt der Europäischen Integration grundlegend ab. Wenngleich sie eigene Europa-Visionen und durchaus europafreundliche Haltungen hegen und etwa vom „europäischen Erbe“ sprechen, akzeptieren sie die EU als politischen Akteur nicht. Die EU wird von ihnen mit negativen Zuschreibungen bedacht, wie „kulturellem Verfall“, „grenzenloser (Ausländer-) Kriminalität“ oder „Bürgerferne“. Auch an ihr wird aus einer ethnischen oder nationalistischen Orientierung heraus Kritik geübt.[56] In diesem Sinne wettert Le Pen im Europäischen Parlament gegen die EU:

> „Jahrtausendealte, angesehene Nationen werden zugunsten einer konstruktivistischen Utopie geopfert, die sie wehrlos den unheilvollen Folgen der Globalisierung und des zügellosen Liberalismus aussetzt: der Masseneinwanderung, der Unsicherheit, dem wirtschaftlichen Ruin, der sozialen Katastrophe, dem moralischen und kulturellen Verfall.“[57]

Charakteristisch für das Wettern gegen Kapitalismus und Globalisierung sind Verschwörungstheorien. Auch solche wie sie von István Csurka, dem bereits erwähnten Vorsitzenden und Sprachrohr der rechtspopulistischen ungarischen *MIÉP*, vorgestellt werden: Er hält den Systemwechsel in Ungarn für einen Komplott amerikanischen und jüdischen Kapitals in Zusammenarbeit mit der früheren kommunistischen Nomenklatur. Die jüngsten Entwicklungen im Land bewirkten, so der Parteiführer, dass die „Ungarn in der eigenen Heimat Sklaven ausländischer Interessen“[58] würden. Dieses alte rechtsradikale Motiv – „das

54 Vgl. insbesondere Jean-Yves Camus, Country report on France und Juliane Wetzel, Country report on Italy.

55 Anton Pelinka, Country report on Austria.

56 Vgl. auch Sabine Riedel, Nationalismus im EU-Parlament – Parteien, Standpunkte und Gegenstrategien vor den Europawahlen 2009, SWP-Studie, Dezember 2008.

57 Europäisches Parlament, Plenardebatten. Zukunft Europas (Aussprache), Jean-Marie Le Pen (NI), Straßburg, 19.2.2008. Zitiert nach Riedel (2008).

58 József Bayer, Country report on Hungary.

Volk wird Opfer feindlicher, ausländischer Mächte" – wird heute benutzt, um ein Angst einflößendes Bild der Globalisierung zu zeichnen.
Es steht im Kontext des Antisemitismus, Antiamerikanismus und Antikapitalismus, dass – im Gegensatz zu anti-islamischen Diskursen innerhalb der radikalen Rechten – Teile der extremen Rechten mit einem terroristischen Islamismus sympathisieren. Nicht nur islamistische Terroranschläge ernten den Beifall vieler Rechtsextremer. Einzelne rechtsextreme Gruppierungen (etwa in Italien) propagieren einen Zusammenschluss zwischen Eurasia und dem Islam. Nur ein solches gemeinsames Handeln könne der „dekadenten westlichen Welt" und der Globalisierung erfolgreich entgegnen. Entsprechend dieser Einschätzung heißen diese Gruppierungen muslimische Einwanderer als hilfreiche Revolutionäre im Kampf gegen feindliche globale Mächte willkommen.[59]

III. Gegenstrategien

Rechtsradikale sind in den untersuchten Ländern aktuell nicht in der Lage, die demokratische Ordnung zu beseitigen.[60] Sie unterlaufen jedoch die plurale Demokratie. Durch Diskriminierung und Übergriffe bedrohen sie bestimmte Menschengruppen und menschenrechtliche Normen. Damit – und vor dem Hintergrund der oben beschriebenen Entwicklungen – stören Rechtsradikale die öffentliche Ordnung und ein friedliches Miteinander in unserer Gesellschaft.

Problem der Gegenstrategien: kreative Anpassungsfähigkeit der Szene

Es ist oft nicht möglich mit den gegenwärtigen rechtlichen Instrumentarien, gegen Parteien, die populistische mit rechtsradikalen Elementen verbinden, vorzugehen. Aktuelle gesetzgeberische Maßnahmen gegen Rechtsradikalismus laufen dann ins Leere, wenn Ausdrucksweise und öffentliches Verhalten der Rechtsradikalen sich an die nationale Gesetzgebung angepasst haben: Clevere Anspielungen oder ironisches Sprechen, die Vermeidung von „alten" Schlüsselwörtern ebenso wie dreistes Umfunktionieren von Schlagwörtern der Antirassismus-Bewegung machen es schwierig, die Akteure mit den zur Verfügung stehenden Gesetzen zu bekämpfen.[61] Die populistische Rechte ist deshalb nicht ungefährlich. Im Gegenteil: Sie ist ein Akteur, der durch Gegenstrategien bekämpft werden sollte.[62] Aber angesichts der kreativen Anpassungsfähigkeit der

59 Vgl. ausführlich Juliane Wetzel, Country report on Italy.
60 In Ungarn besteht durchaus die Gefahr, dass Extremisten die Konsolidierung der Demokratie verzögern oder verhindern können.
61 Vgl. ausführlich: Damir Skenderovic und Vera Sperisen, Country report on Switzerland; Britta Schellenberg, Country report on Germany.
62 Vgl. Orkan Kösemen, Strategies against the Radical Right in Europe, in: Strategies for Combating Right-Wing Extremism, Gütersloh 2009 (im Erscheinen).

radikalen Rechten muss heute neu ausgelotet werden, wie kluge Strategien gegen Rechtsradikalismus auszusehen haben.
Besonders deutlich führen Kampagnen der rechtspopulistischen *Dänischen Volkspartei* diese Anpassungsfähigkeit vor Augen: Die Partei hat sich erfolgreich dagegen gewehrt, als „rassistisch" bezeichnet werden zu dürfen. Das gelang indem sie verschiedene Definitionen des Begriffes vorgestellt und auf dieser Grundlage eindeutige Zuschreibungen verhindert hat. Darüber hinaus hat die Partei eine „Toleranz"-Kampagne gestartet, mit der sie übliche Begriffe liberaler und linker Bewegungen übernahm, und dann Toleranz gegenüber der eigenen Partei und gegenüber rassistischen Weltanschauungen forderte: Sie und ihre Anhänger sollten nicht weiter diskriminiert werden, sondern sagen dürfen, was sie wollten.[63] Rechtsradikale Aktivisten fordern heute gerne demokratische Rechte ein und pochen auf „Meinungs- und Redefreiheit". Mit diesem Argument kritisieren sie die in vielen europäischen Ländern geltenden Antirassismus-Gesetze (etwa in der Schweiz, in Dänemark und Schweden). Pia Kjærsgaard, Chefin der *Dänischen Volkspartei* möchte die Abschaffung des Antirassismus-Paragraphen des dänischen Strafgesetzbuches erreichen, und bemüht dafür genau dieses Argument: „Die Gesetzgebung sollte Handlungen und nicht Meinungen bestrafen."[64]

Nicht nur die *Dänische Volkspartei* eröffnet das Spiel und den Kampf um die Deutungshoheit von Begriffen. Das Spiel mit Bedeutungen – ob bei Codes, Musik oder Kleidung – ist ein attraktives Experimentierfeld für die gesamte Familie der radikalen Rechten. Es soll repressiver Gesetzgebung entgangen werden und gleichzeitig den Insider gegenüber eine klare rechtsradikale Sprache gesprochen werden. Dieses kreative Katz-und-Maus-Spiel zwischen rechtsradikalen Akteuren und dem Staat ist heutzutage ein Teil des „Brennstoffes", der die Bewegung „befeuert" – und sollte zu überlegten, nachhaltigeren Strategien anregen.

Strategien

Anhand der Kategorien
a. Interpretation
b. Repression
c. Prävention
sowie
d. Allgemeine Maßnahmen
stelle ich im Folgenden Kernpunkte für Strategien vor.

63 Vgl. Susi Meret, Country report on Denmark.
64 Pia Kjaersgaard zitiert in: *Dansk Folkeblad* 2002/5:3 (Zitat aus dem Dänischen/Englischen übertragen von S.M. und B.S.). Vgl. Susi Meret, Country report on Denmark.

a. Interpretation
Die Interpretation der gesellschaftlichen Situation ist entscheidend für die Ausbreitung des Rechtsradikalismus. Denn die Folgen des sozialen Wandels und vor allem ihre Interpretation können rechtsradikale Orientierungen verursachen. Auf der einen Seite ist es daher ganz wesentlich, dass die Politik angemessene ökonomische und soziale Maßnahmen umsetzt, um neue Herausforderungen anzunehmen und die Folgen gesellschaftlichen Wandels abzufedern. Dazu gehört beispielsweise auch, sicherzustellen, dass es ausreichend Freizeitangebote für Jugendliche gibt. Zum anderen rücken damit politische Debatten in das Zentrum der Strategieüberlegungen gegen Rechtsradikalismus. Parteien, Lobbys, Medien[65] aber auch Personen, die stark in der Öffentlichkeit stehen, haben eine besondere Verantwortung differenzierte Debatten über gesellschaftliche Probleme zu führen und simplen Schuldzuweisungen entgegen zu treten.
Ein Klima der Angst gegenüber Einwanderern etwa beflügelt die radikale Rechte, beschädigt den Zusammenhalt der Gesellschaften und zerstört inter-kulturelle Beziehungen. Hilfreich ist es, gute Beispiele von Einwanderung und gesellschaftlicher Vielfalt hervorzuheben, anstatt problematische Integrationsversuche überdurchschnittlich oft zu thematisieren. Ein gutes Beispiel ist die gezielte Ausbildung von Angehörigen der Roma zu Journalisten in Ungarn. Der Initiator, das Zentrum für unabhängigen Journalismus in Budapest, verspricht sich davon, die Öffentlichkeit zukünftig besser für die Probleme der Roma sensibilisieren zu können.[66]
In der Tat ist es entscheidend für die Bekämpfung rechtsradikaler Ideologien die Öffentlichkeit und relevante Gruppen - wie Journalisten, Rechtsanwälte und Politiker – für das Thema zu sensibilisieren. Reflektionsfähigkeit, Problembewusstsein, sowie Engagement gegen die radikale Rechte kann so gestärkt werden. Es bedarf nämlich Informiertheit und Vorsicht im Umgang mit Themen, die von Rechtsradikalen besetzt werden. Besonders wachsam sollte mit den Parolen der intellektuellen Neuen Rechten umgegangen werden. So ist die rechtsradikale Forderung nach mehr Meinungsfreiheit (siehe oben) nicht mit einem demokratischen Anliegen zu verwechseln, sondern ist als Versuch rechtsradikale Ideologien mehrheitsfähig zu machen, zu verstehen.

b. Repression
Der Umgang mit dem Rechtsradikalismus ist in den von uns untersuchten Ländern stark durch repressive Maßnahmen gekennzeichnet. Durch repressive Gesetzgebungen können Grenzen des Akzeptierbaren markiert werden, und es kann

65 Ausführlich zum Umgang der Medien mit dem Rechtsextremismus: Britta Schellenberg, Rechtsextremismus und Medien, in: *Aus Politik und Zeitgeschichte* (*APuZ*) 42/2005, S. 39-45.
http://www.bpb.de/publikationen/6TZNUC.html (30.12.2008)
66 www.cij.hu (16.12.08). Vgl. Joszéf Bayer, Country report on Hungary.

Rechtsradikalen „das Leben möglichst unkomfortabel gemacht werden".[67] Repressive Gesetzgebung kann der Bekämpfung des Rechtsradikalismus einen Rahmen bieten.

Repressionsmaßnahmen sind zwar sinnvoll, um die Hegemonie des Staates und das Recht auf Sicherheit der potentiellen Opfer zu unterstreichen. Sie können aber kaum die Ursachen rechtsradikalen Verhaltens beseitigen oder dazu beitragen, tolerante, plurale und demokratische Einstellungen zu fördern. Insofern darf Repression nicht als Allheilmittel missverstanden werden. Repressionsmaßnahmen können lediglich bestimmte Verhaltensweisen einschränken, weil die Strafandrohung abschreckend wirken kann. Allzu harte Strafen können jedoch kontraproduktiv sein, etwa für die Sozialisation jugendlicher Täter, insbesondere der Ersttäter. Harte gesetzliche Repressionen können außerdem dazu führen, dass in einigen Fällen ganz auf Bestrafung verzichtet wird - wenn nämlich die Folgen für die Biographie des Täters von der Judikative als zu schwerwiegend beurteilt werden.[68]

Im Folgenden werden wesentliche Repressionsmaßnahmen der untersuchten Länder stichpunktartig aufgelistet:

- Antirassismus-Gesetze (vgl. B, CH, DK, F, GB, I, S) und Antidiskriminierungs-Gesetze (EU-weit umgesetzt)
- Strafverschärfung bei rassistischem (menschenfeindlichem) Hintergrund einer Tat (z. B. GB)
- Möglichkeit des Verbots von Organisationen (u. a. A, CH, D, F, S), Publikationen und politischen Parteien (A,D, F)
- Verbot bestimmter Symbole (z. B. D: NS-Symbolik)
- Verbot von Holocaustleugnung (u. a. D, F)
- Entzug staatlicher Finanzierung politischer Parteien (B, diskutiert in D) und Aberkennung der Gemeinnützigkeit von Organisationen (D)
- Berufsverbote und betriebliche Ausschlüsse von Rechtsextremisten bzw. Rassisten (möglich u. a. in NL, zum Teil in GB)
- Aktivitäten gegen Internetkriminalität (Zusatzprotokoll zum Übereinkommen von Computerkriminalität von vielen Ländern international unterzeichnet)
- Anti-Terror-Gesetze (kaum in Bezug auf Rechtsradikalismus angewandt, Ausnahme: Einzelfälle in GB)

Der Rahmen, den eine repressive Gesetzgebung bei der Bekämpfung des Rechtsradikalismus setzen kann, muss, um Effektivität entfalten zu können, mit weiteren Maßnahmen gefüllt werden. Reagiert der Staat lediglich mit drakonischen Strafen, muss mit einer zunehmenden Radikalisierung der Akteure gerechnet werden.

67 Heléne Lööw, Country report on Sweden (Zitat aus dem Englischen übertragen von B.S.).
68 Vgl. Anton Pelinka, Country report on Austria.

Zudem hat staatliche Repression nicht immer eine Einschränkung der rechtsextremen Szene zur Folge, sondern hat diese auch – wie oben beschrieben – verändert. Angesichts dieser Wandlung läuft repressive Gesetzgebung heute zunehmend ins Leere.

c. Prävention

Präventive und pro-aktive Maßnahmen sind für die Bekämpfung des Rechtsradikalismus besonders wichtig, da sie ursächlich gegen Rechtsradikalismus wirken. Neben gesetzgeberischen Maßnahmen und politischen Debatten, die kulturelle, religiöse und ethnische Vielfalt begrüßen, bilden Bildungsprogramme den Kern der Rechtsradikalismus-Prävention.

Wirksame Bildungsprogramme sind: Demokratieerziehung, Menschenrechtspädagogik, Toleranzerziehung, Holocaust-Education und Gedenkstättenpädagogik, Erziehung für die Zivilgesellschaft, antirassistische Pädagogik, Pädagogik der Anerkennung, Pädagogik der Vielfalt und Diversity-Training sowie Konfliktlösungstrainingsmodelle und Mediationskonzepte.[69] Mit Hilfe solcher Programme kann eine sinnvolle Auseinandersetzung mit dem Rechtsradikalismus und seinen Einstellungsdimensionen sowie mit Aggressivität stattfinden. Zudem können spezifische, relevante Themen vertiefend angeboten werden. Entsprechend wurden z. B. in Schweden zum Thema „Hasskriminalität" Module für die Polizei entwickelt und in das Ausbildungsprogramm übernommen. Bildungsmaßnahmen sollten kognitive, emotionale und soziale Fähigkeiten fördern.[70]

Wichtige Zielgruppen (Kinder, Jugendliche, junge Erwachsene) werden erreicht, wenn Maßnahmen gegen Rechtsradikalismus und für Demokratie und Vielfalt in die Arbeit von KiTas, (Berufs-)Schulen und Jugendarbeit integriert werden. Sinnvoll ist eine strukturelle Verankerung, also eine Integration der Maßnahmen in die Curricula. In Frankreich z.B. wurden die Themen Rassismus und Antisemitismus in die Curricula der Polizei- und auch der Lehrerausbildung (Oberschullehrer) aufgenommen. Schulprojekte und Initiativen wie „Schule ohne Rassismus, für Courage"[71] – ein aus Belgien stammendes Projekt - können zudem zivilgesellschaftliches Engagement gegen Rechtsradikalismus fördern.

69 Vgl. Hauke Hartmann und Britta Schellenberg, Strategien gegen Rechtsextremismus: Ergebnisse und Handlungsfelder, in: Georgi, Hartmann, Seberich, Schellenberg (Hrsg.), Strategien gegen Rechtsextremismus, Bd. 2, Gütersloh 2005, S. 23-31 (16-41). Ausführlich: Albert Scherr und Ulrike Hormel, Bildung für die Einwanderungsgesellschaft, in: Bertelsmann Stiftung/ Bertelsmann Forschungsgruppe Politik (C A P) (Hrsg.), Strategien gegen Rechtsextremismus, Bd. 1, Gütersloh 2005, S. 80-145.

70 Vgl. ausführlich: Wahl, Ottinger-Gaßebner, Kleinert, Renninger: Entwicklungs- und Sozialisationsbedingungen für Toleranz, in: Bertelsmann Stiftung/ Bertelsmann Forschungsgruppe Politik (C A P) (Hrsg.), Strategien gegen Rechtsextremismus, Bd. 1, Gütersloh 2005, S. 16-79.

71 Vgl. Britta Schellenberg, Country report on Germany.

Jungwähler: Besonders wichtig innerhalb der Präventionsarbeit ist es, mit Erst- und Jungwählern in Kontakt zu kommen. Diese Altersgruppe ist, so zeigen jüngste Wahlergebnisse (z.B. in Österreich), besonders stark unter den Wählern der Rechtsradikalen vertreten. Jugendliche und junge Erwachsene sind auch im Zusammenhang mit rechtsextremer Subkultur eine wichtige Zielgruppe: Besonders sie fühlen sich durch subkulturelle Angebote angesprochen. Seminarangebote, etwa zur Auseinandersetzung mit rechtsextremer Musik, können der Ausbreitung rechtsradikaler Jugendkultur und entsprechender Orientierungen entgegenwirken.
Täter: (Bildungs-)Maßnahmen sollten für spezifische Gruppen angeboten werden: Schüler brauchen andere Programme als rechtsextreme Täter (für sie sind z.B. Ausstiegshilfen, Anti-Aggressionstrainings interessant). In Schweden verzeichnen Initiativen für den Umgang mit potenziellen Gewalttätern Erfolge: Der „*Dialogue police officers*" wurde ins Leben gerufen, um mit potenziellen Gewalttätern ins Gespräch zu kommen und dadurch präventiv gegen Gewalt zu wirken. Dabei treten Polizisten mit Gewalttätern oder Gruppen in Kontakt, um angespannte Situationen zu beruhigen.[72] Ähnliche Maßnahmen haben sich auch in anderen Ländern bewährt.
Opfer: Effektive Strategien dürfen sich nicht allein auf die (potentiellen) Täter konzentrieren, sondern müssen die Opfer der Rechtsradikalen im Blick haben – sowohl Opfer von tätlicher Gewalt und Opfer von Diskriminierung. Opferhilfe sollte zum einen Unterstützung und Hilfeleistungen für die Opfer anbieten oder organisieren können, und zum anderen den Opfern eine Lobby bieten. Gute Beispiele sind die lokalen und regionalen Anti-Diskriminierungs-Organisationen in den Niederlanden. Die Hauptaufgabe der Organisationen ist es, Opfern von Rassismus und rechtsradikaler Aggression zu helfen. Sie haben sich als Graswurzel-Organisationen in Amsterdam, Rotterdam und Den Hague gegründet, verbreitet und professionalisiert.[73] Ihre Arbeit wird inzwischen durch staatliche Gelder unterstützt. Die Organisationen kultivieren eine gute Kommunikation untereinander.[74] Beispielhaft sind zudem die in Ostdeutschland etablierten Opferberatungsstellen, allen voran die *Opferperspektive Brandenburg* in Potsdam.[75]

Interne Bildungsmaßnahmen: Gut geschultes Personal, das mit den Codes der Rechtsextremen vertraut ist, auf rechtsradikale Parolen sensibel reagiert und mit religiöser und ethnischer Vielfalt selbstverständlich umgeht, kann wertvolle Arbeit gegen Rechtsradikalismus leisten. Daher ist das Training von Personal

72 Hélene Lööw, Country report on Sweden.

73 Ein Beispiel ist *Radar Rotterdam – Rijnmond*, vgl. www.radar.nl/read/rotterdam_rijnmond (16.12.08).

74 Rita Schriemer, The Nationwide Network of Local and Regional Anti-Discrimination Agencies in the Netherlands. Case Study for the European Monitoring Centre on Racism and Xenophobia (EUMC). October 2002; Jaap van Donselaar und Willem Wagenaar, Country report on the Netherlands.

75 Britta Schellenberg, Country report on Germany.

sowie Aus- und Weiterbildungsmaßnahmen besonders grundlegend. Zielgruppe sind Mitarbeiter von staatlichen Institutionen (Verwaltung, die Judikative,[76] Exekutive, [77] Bildungs- und Erziehungsinstitutionen), das Personal von zivilgesellschaftlichen Akteuren sowie Politiker. Auch die Zusammensetzung des Personals in den jeweiligen Institutionen ist für einen möglichst reflektierten Umgang mit den Themenbereichen wichtig. So ist es für das Selbstverständnis der Institution und ihren Umgang mit Rechtsradikalismus und Rassismus von Bedeutung, Mitarbeiter mit Migrationshintergrund einzustellen (wie in Großbritannien und Schweden). Rechtsradikalismus und Rassismus in den eigenen Reihen muss entgegengewirkt werden, wie das u.a. in Großbritannien durch kreative Kampagnen bei der Polizei versucht wurde.

Networking und Kooperation: Die Integration verschiedener Akteure ist wichtig, um von verschiedenen Perspektiven her Rechtsradikalismus vorzubeugen und möglichst viele gesellschaftliche Kräfte „im Boot zu haben". Dafür ist es unerlässlich, dass staatliche und zivilgesellschaftliche Akteure kooperieren und gemeinsame Maßnahmen umsetzen.
Eine breite Mobilisierung von zivilgesellschaftlichen Akteuren und Bürgern gegen Rechtsradikalismus kann erreicht werden, wenn für positive Ziele geworben wird und wenn Politiker des *Mainstreams* (etwa der Bürgermeister einer Stadt), Spitzensportler oder Popstars für Veranstaltungen oder Projekte gewonnen werden können. In Großbritannien fühlen sich heute breitere Teile der Gesellschaft durch den früher eher skurril-anti-faschistischen zivilgesellschaftlichen Akteur *Searchlight* angesprochen, da dieser inzwischen durch seine Kampagnen (wie „HOPE not Hate") Persönlichkeiten des öffentlichen Lebens anspricht und positive Signale setzt.[78]

d. Allgemeine Maßnahmen
Strategien brauchen ein Fundament, das eine gezielte und nachhaltige Auseinandersetzung mit dem Rechtsradikalismus ermöglicht. Sie sollen eine Gegenkraft zum Rechtsradikalismus bilden, sie sollen Demokratie, Menschenrechte und eine plurale, auf Vielfalt setzende Gesellschaft fördern. Folgende allgemeine Maßnahmen sind wesentliche Bestandteile solcher effektiven Strategien:

---

76 Beispielsweise hat die *National Courts Administration* in Schweden ein Bildungsprogramm für Richter entwickelt, das einen besonderen Schwerpunkt auf Hasskriminalität legt. Ähnliche Programme wurden auch von Agenturen, die mit dem Justizsystem zusammenarbeiten entwickelt. Vgl. Hélene Lööw, Country report on Sweden.

77 Menschenrechtsgruppen und NGOs, wie *Observatoire des Violences Policières und Observatoire des Libertés Publiques* in Frankreich, haben Initiativen initiiert, die Menschenrechtsverletzungen bei der Polizei beobachten. Vgl. Jean-Yves Camus, Country report on France.

78 http://www.hopenothate.org.uk/ (16.12.08). Vgl. Christopher Husbands, Country report on England.

- Kompetenzen und Aufgaben festlegen, u. a. für die Koordination von Maßnahmen.
- Erfassung von Daten, Monitoring und regelmäßige Berichterstattung ist notwendig für eine solide Strategieentwicklung. Um ein realistischeres Bild der Lage zu zeichnen, sind zivilgesellschaftliche Akteure neben staatlichen zu befragen. Beispielhaft ist der *Racism and Extremism Monitor* in den Niederlanden, ein Kooperationsprojekt der Universität Leiden und des Anne Frank Hauses.[79]
- Langfristig arbeitende Akteure/Projekte ermöglichen.
- Strukturelle Verankerung: Um Wirksamkeit und Nachhaltigkeit entfalten zu können, ist es sinnvoll, gelungene Projekte und Maßnahmen in die Regelarbeit zivilgesellschaftlicher und staatlicher Akteure zu integrieren.
- (Finanzielle) Unterstützung bereitstellen: Den häufigen Finanzierungsproblemen zivilgesellschaftlicher Akteure muss entgegengewirkt werden. Europäische Akteure und Stiftungen könnten noch mehr eingebunden werden. Insbesondere zivilgesellschaftliche Organisationen, die in „sozialen Brennpunkten" und in strukturschwachen Regionen tätig sind, benötigen Aufmerksamkeit und Unterstützung.
- Ausbildung und Einsatz spezieller – auch speziell geschulter – Kräfte und Gruppen gegen Rechtsradikalismus, etwa polizeilicher Sonderkommissionen.
- Kooperationen und *Networking* zwischen verschiedenen Akteuren, gemeinsames Vorgehen initiieren.
- Kontinuierliche Evaluation und Weiterentwicklung ermöglichen, um Standards festlegen zu können.
- Öffentlichkeitsarbeit für Information und als Werbung.

IV. Ausblick

Wie die rechtsradikale Bewegung sich weiterentwickeln wird und ob die Ideologien sich ausbreiten, hängt entscheidend davon ab, wie der demokratische Staat und seine Bürger der radikalen Rechten entgegnen, und ob die zukünftigen Gegenstrategien adäquat und konsistent sind.

---

79 http://www.monitorracisme.nl/content.asp?lid=1&pid=251 (3. Februar 2009). Vgl. Jaap Donselaar und William Wagenaar, Country report on the Netherlands.

Angelika Beer

Rechtsextremismus im Europäischen Parlament: Die Fraktion „Identität, Tradition, Souveränität"

Zur Gründung der Fraktion „Identität, Tradition, Souveränität"

Am 15. Januar 2007 konstituierte sich die Fraktion „Identität, Tradition, Souveränität" (ITS) aus rechtsextremistischen Abgeordneten im Europäischen Parlament. Die neue Fraktion vereinte 20 Mitglieder, die sich selbst als Rechtsdemokraten bezeichneten. Unter ihnen befanden sich jedoch verurteilte Holocaustleugner, bekannte Rassisten und Faschisten. Aufgrund interner Streitigkeiten wurde die Fraktion bereits zehn Monate später, am 14. November, wieder aufgelöst.

Auslöser für die Gründung der rechten Fraktion war die Aufnahme von Rumänien und Bulgarien in die Europäische Union. In beiden Ländern sind rechtsextreme Parteien sehr erfolgreich (Ergebnisse für rechte Parteien bei der Europawahl 2007: Rumänien: 13 Prozent; Bulgarien: 14 Prozent). Damit befanden sich im Europäischen Parlament genug rechtsorientierte Parlamentarier zur Bildung einer Fraktion. Laut EU-Verordnung müssen sich insgesamt 20 Abgeordnete aus mindestens sechs Mitgliedstaaten zusammenschließen, um den Fraktionsstatus zu erhalten. Die Mitglieder der ITS kamen aus Belgien (Vlaams Belang), Rumänien (Partidul România Mare), Großbritannien, Italien, Frankreich (Front National), Österreich (FPÖ) und Bulgarien.

Mit der Gründung der rechtsextremen Fraktion im Europäischen Parlament war der europäische Rechtsextremismus im Herzen Europas angekommen.

Die Führungsriege der ITS-Fraktion setzte sich keineswegs aus unbekannten Gesichtern zusammen. Ihr Vorsitzender Bruno Gollnisch, hochrangiges Mitglied des französischen Front National, wurde bereits im Januar 2007 aufgrund seiner Äußerungen zur Judenvernichtung zu drei Monaten Haft auf Bewährung sowie einer Geldstrafe von 5 000 Euro verurteilt. Hinzu kamen Schadensersatzzahlungen in Höhe von 55 000 Euro, die er an die neun Nebenkläger (antirassistische, jüdische und Menschenrechtsgruppen) abführen musste. Es war also ein Start nach Maß: Kaum hatte sich die Rechtsextremisten-Fraktion ITS konstituiert, wurde kein Geringerer als ihr Vorsitzender wegen Leugnung des Holocausts in Frankreich verurteilt. Dadurch offenbarte diese Fraktion ihr wahres Gesicht.

Ein weiteres Mitglied der Fraktion war die Italienerin Alessandra Mussolini. Die Enkelin des „Duce" gehörte bis 2003 der Alleanza Nazionale (AN) an. Sie trat aus, nachdem der Parteivorsitzende Gianfranco Fini den Faschismus als „Verkörperung des Bösen" verurteilt hatte. Daraufhin gründete sie mit mehreren faschistischen Hardlinern die rechtsextreme Bewegung „Alternativa sociale: Lista Mussolini". Anlässlich des Skandals im Mai 2005 um den Kapitän der

Fußballmannschaft von Lazio Rom wegen eines „römischen Grußes" (des ausgestreckten rechten Armes) erklärte Mussolini, sie sei zutiefst gerührt, und bot Paolo Di Canio einen Posten in ihrer Partei an. Von ihr stammt auch das Zitat „Besser Faschistin als schwul!".
Andreas Mölzer war als Mitglied der Freiheitlichen Partei Österreichs (FPÖ) wie Mussolini im Vorstand der ITS-Fraktion. Er ist Mitherausgeber der „Jungen Freiheit" und seit 1997 Mitherausgeber und Chefredakteur der deutschnationalen Wochenschrift „Zur Zeit" aus Österreich. Mölzer fiel unter anderem negativ auf, als er sich 2005 weigerte, für eine Auschwitz-Resolution zu stimmen, in der Antisemitismus und Fremdenfeindlichkeit verurteilt werden.

Ideologisch waren die Politiker der ITS-Fraktion sehr unterschiedlich orientiert. Ihre gemeinsamen inhaltlichen Grundpositionen lagen in der Ablehnung von Einwanderung, des möglichen Beitritts der Türkei zur EU und der Negierung der EU-Verfassung. Mit der Ablehnung der Verfassung positionierten sie sich auch gegen die Grundrechtecharta der EU. Ziel der Fraktion war die Verteidigung von „christlichen Werten, der Familie und der europäischen Kultur". Die Grundlage für ihre Arbeit bildete die sogenannte „Wiener Erklärung der europäischen patriotistischen und nationalen Parteien und Bewegungen", die auf einem Kongress vom 11.-13. November 2005 beschlossen wurde. Darin forderte man „angesichts der Bedrohung der europäischen Werte durch Globalisierung, Masseneinwanderung und der Realitätsverweigerung durch Vertreter der 'Political Correctness'" unter anderem 1) einen Staatenbund souveräner Nationalstaaten, 2) die Abkehr von der gemeinsamen Verfassung, 3) die Absage an eine „schrankenlose Ausweitung der europäischen Union", 4) „den effektiven Schutz Europas gegen Gefahren wie etwa den Terrorismus, aggressiven Islamismus, Supermacht-Imperialismus und wirtschaftliche Aggression durch Niedriglohnländer", 5) einen „sofortigen Einwanderungsstopp in alle Staaten der Europäischen Union" und 6) eine „pro-natalistische Familienpolitik, die die Förderung des Kinderreichtums der europäischen Völker in der traditionellen Familie bezweckt".

Mit dem Fraktionsstatus bekamen Ultranationalisten, Holocaustleugner und Faschisten, die bisher vorwiegend als politische Heckenschützen agieren konnten, die Möglichkeit, ihre antieuropäischen, antidemokratischen und vor allem menschenverachtenden Positionen auch im Europäischen Parlament zu verbreiten. Als Fraktion musste ihnen das Europäische Parlament sowohl die notwendigen materiellen Mittel als auch eine politische Bühne gewähren. Dies bedeutet das Zugeständnis der Grundredezeit bei Plenar- und Ausschusssitzungen, das Recht auf einen Platz im Parlamentspräsidium sowie die Möglichkeit der Einflussnahme auf die Tagesordnung der parlamentarischen Tätigkeit. Ein weiterer Anreiz zur Gründung einer Fraktion ist die damit verbundene finanzielle Ausstattung. Auch die zunehmende Sichtbarkeit in der politischen Öffentlichkeit ist nicht zu unterschätzen.

Die Mitglieder der neuen rechtsextremen Gruppe präsentierten sich im Nadelstreifenanzug, doch hinter ihren Parolen versteckte sich antidemokratische und ausländerfeindliche Hetze. Die Abgeordneten der ITS-Fraktion arbeiteten wie Wölfe im Schafspelz. Sie nutzten die Rechtsordnung des Europäischen Parlamentes aus, um sie für ihre Interessen einzusetzen. Es ist denkwürdig, dass gerade *die* politische Institution den Rechtsextremisten große politische Einflussnahme ermöglichte, auf die eigentlich ihre Abschaffungsbestrebungen zielen.

Der parlamentarische Umgang mit der Fraktion:

Es wird deutlich: Rechtsextremismus ist eine gesamteuropäische Herausforderung. Im Europäischen Parlament konnte man Ähnliches mitverfolgen wie in nationalen Parlamenten, in die Rechtsextreme eingezogen waren. Im parlamentarischen Umgang versuchte man weniger, sich mit ihnen auseinanderzusetzen, sondern man ignorierte sie. Dies erwies sich auch auf europäischer Ebene als Fehler. Denn es waren zwei Phänomene zu beobachten: Erstens brachte die ITS Änderungsanträge ein, die von dreimal mehr Abgeordneten unterstützt wurden als die ITS selber besaß. Und zweitens wurde auf Initiative der Rechtsextremen im Europaparlament versucht, eine deutsche Liste der extremen Rechten in Deutschland voranzutreiben mit dem Ziel, dass auch deutsche Rechtsextreme zur Wahl 2009 antreten, wodurch die ITS deutlich gestärkt worden wäre.

Der am 16. Januar 2007 neu gewählte Parlamentspräsident Hans-Gert Pöttering (CDU), langjähriger Vorsitzender der christdemokratisch-konservativen Fraktion der Europäischen Volkspartei (EVP) im Europäischen Parlament, erklärte, er bedauere zwar, dass sich „diese Leute“ zu einer Fraktion zusammengeschlossen hätten, verwies aber gleichzeitig auf den rechtlichen Status als Fraktion:

> „Wenn Abgeordnete mit Meinungen, egal welcher Art, sich zusammentun und eine Fraktion bilden, dann haben sie einen offiziellen Status im Parlament, sie bekommen eine Finanzausstattung, sie bekommen auch offizielle Redezeiten zugeteilt. Es wird die Aufgabe der anderen Fraktionen sein, sich sehr stark politisch mit ihnen auseinanderzusetzen und so die Menschen zu überzeugen, dass sie beim nächsten Mal nicht wieder im europäischen Parlament vertreten sind.“

Die Sozialisten und Sozialdemokraten forderten die anderen Fraktionen auf, einen „Cordon Sanitaire“ um die neue Rechtsfraktion zu ziehen. Martin Schulz, Vorsitzender der sozialdemokratischen Fraktion, appellierte in einem Brief an seine Kollegen, die Mitglieder der rechtsextremen Fraktion nicht in Führungspositionen wie die von Vizevorsitzenden in parlamentarischen Ausschüssen zu wählen. Sein Aufruf hatte Erfolg: Bei den Wahlen am 1. Februar 2007 wurde keiner der Abgeordneten der ITS-Fraktion in einen Ausschussvorsitz gewählt.

Die konservativ-christdemokratische Fraktion zweifelte die gemeinsame politische Basis innerhalb der ITS-Fraktion an, und wollte die Gruppe auf diesem Wege anfechten. Diese Bestrebungen waren jedoch nicht erfolgreich.

Im Umgang mit der ITS-Fraktion gelang etwas, was sonst innerhalb der europäischen Fraktionen eher die Ausnahme ist: Man einigte sich intern darauf, die Zusammenarbeit mit der ITS-Fraktion auf das Nötigste zu beschränken und nach außen hin Ablehnung gegenüber der Fraktion zu signalisieren. Die demokratischen Europaabgeordneten mussten eine politische Antwort auf die Bildung der Fraktion finden und deutlich kommunizieren, dass eine Zusammenarbeit mit den Abgeordneten der ITS ausgeschlossen würde. Außerdem galt es als nationale, aber auch europäische Herausforderung, dazu beizutragen, dass es zu keiner weiteren Vernetzung auf europäischer Ebene komme.

Die beiden großen Fraktionen der Sozialisten und Konservativen im Europaparlament starteten eine weitere Initiative, um eine rechtsextreme Fraktion zu verhindern. In der Geschäftsordnung des Parlamentes sollten die Bestimmungen zur Gründung einer Fraktion dahingehend verändert werden, dass die Zahl der Abgeordneten sowie die Anzahl der beteiligen Nationalitäten erhöht werden sollte. Damit sollten höhere Barrieren für eine Fraktionsgründung geschaffen werden.
Die kleineren -demokratischen- Fraktionen im Parlament stellten sich gegen diesen Anstoß der Großen: Für sie hätte die Änderung gleichermaßen das Aus bedeuten können. Somit wurden die Bestimmungen nicht so stark angehoben, wie in der Initiative angedacht war: In der kommenden Legislaturperiode muss eine Fraktion aus mindestens 25 Mitgliedern (bisher 20) aus 7 Mitgliedstaaten (bisher 6) bestehen.

Die EU-Kommission hat anfangs den gleichen Fehler gemacht, dem viele Parteien (z. B. auch in Deutschland) erliegen: Sie versuchte, das Problem nicht beim Namen zu nennen. Die Kommission wollte die Finanzierung des polnischen Radiosenders Radio Maryja, der gegen Homosexuelle hetzt und antisemitische Sprüche verbreitet, ohne großes Aufsehen beenden. Solches Verhalten ist unaufrichtig und nicht zu rechtfertigen. Wir müssen Rechtsextremen auf der gleichen Ebene begegnen. Das bedeutet nicht, sich den Rechten mit Gewalt entgegenzustellen, sondern wir müssen uns mit ihnen auseinandersetzen und uns klar von ihrer Ideologie distanzieren. Diesen Weg hat die EU-Kommission nicht eingeschlagen.

Das Ende der Fraktion „Identität, Tradition, Souveränität“

Der Rechtsextremismus verfügt trotz permanenter Anstrengungen seiner Vordenker über keine ideologische Rechtfertigung für internationale Bestrebungen. Lediglich die Zweckmäßigkeit kann die Rechten zu internationaler Kooperation

bewegen. Bei der Gründung der ITS-Fraktion spielten offensichtlich machtpolitische Überlegungen die zentrale Rolle. Mit der Auflösung der Fraktion trat dieser Dissens wieder offen ans Tageslicht.
Nach internen Streitigkeiten sind die fünf rumänischen Abgeordneten am 14. November 2007 aus der ITS-Fraktion ausgetreten. Alessandra Mussolini hatte in rassistischer Weise rumänische Immigranten in Italien attackiert. Daraufhin kam es zum offenen und mit Vehemenz ausgetragenen Schlagabtausch mit der Großrumänien-Partei. Durch den Austritt der Rumänen verlor die Rechtsextremistenfraktion „Identität Tradition, Souveränität" ihren Fraktionsstatus. Die Fraktion ist also nach weniger als einem Jahr Zusammenarbeit an ihrem eigenen Rassismus zerbrochen.

Die Rechten stecken generell in dem Dilemma, dass Annäherungsversuche zwischen Deutschen und Polen oder Österreichern und Italienern in der deutschsprachigen rechtsextremen Szene als „Verrat" gelten. Eine Zusammenarbeit mit Polen würde die faktische Anerkennung der Oder-Neiße-Grenze bedeuten, die Kooperation mit neofaschistischen Italienern die Akzeptanz der Brenner-Grenze. Ein Rückblick auf die frühere gemeinsame Fraktion im Europaparlament (1989-1994) aus dem französischen Front National, den deutschen Republikanern (REP) und dem damaligen italienischen neofaschistischen Movimento Sociale Italiano (MSI) zeigt, dass dies kein neues Phänomen ist. Die damalige Fraktion wurde ebenfalls durch Querelen zwischen den Nationalisten erschüttert. Die REPs stritten sich mit der MSI, weil erstere den „deutschen Charakter Südtirols" betonten.
Einerseits müssen die europäischen Rechten also das eigene Parteivolk beschwichtigen und erklären, warum sie mit den ehemaligen „Erbfeinden" koalieren, andererseits sind sie darum bemüht, die Fraktion am Leben zu erhalten, um die verbesserte Durchsetzungsmöglichkeit ihrer – nationalen – Interessen im Europäischen Parlament zu gewährleisten.

Das Zerbrechen der Fraktion und das beschriebene Dilemma geben jedoch keinen Grund zur Entwarnung, denn die ITS-Abgeordneten *bleiben* mit ihren antieuropäischen und rassistischen Parolen in Brüssel. Außerdem wurde die Vernetzung von europäischen Rechtsextremen durch neue Wege der Kommunikation, z. B. durch Nutzung des Internets, deutlich ausgebaut. Die Führungsköpfe verschiedener europäischer rechtsextremer Organisationen arbeiten mittlerweile grenzüberschreitend und kommen an jährlichen Gedenktagen zusammen. Dabei sind die Rechtsextremen aus Deutschland federführend in der europäischen Netzwerkbildung. Die Kommunikation zwischen den nationalen Rechtsextremisten hat sich im Laufe der Zeit – auch im Europaparlament – kontinuierlich verbessert.

Neue Bestrebungen der europäischen Rechten um eine eigene Europaparlaments-Fraktion

In der rechtspopulistischen Szene sind vor allem FPÖ und Vlaams Belang sehr engagiert dabei, eine rechtspopulistische europäische Partei zu gründen. In dieser Szene gibt es viele Konferenzen (z. B. die „Anti-Islam-Konferenz“ im September 2008 in Köln), gemeinsame Publikationen und Auftritte bei Parteitagen. Am 25. Januar 2008 gaben die Anführer von vier europäischen Rechtsparteien eine Pressekonferenz in Wien, auf der sie Pläne zur Gründung einer gemeinsamen europäischen Rechtspartei verkündeten. Die Partei sollte bis zum 15. September 2008 gegründet werden. Um Fördermittel von der EU zu erhalten, müssen sich Parteien aus sieben Ländern beteiligen, die in einem Landtag oder im Bundestag vertreten sind oder mindestens 3 Prozent bei einer Wahl erhalten haben. Andreas Mölzer kündigte Gespräche mit weiteren europäischen Rechtsextremisten an.

Auf dem „Anti-Islamisierungs-Kongress“ sollte die grenzüberschreitende Zusammenarbeit ausgebaut und der Plan einer „Internationalen der Nationalen“, die auch zur Europawahl 2009 antritt, in die Tat umgesetzt werden. Der Abbruch der Veranstaltung wegen des breiten gesellschaftlichen Engagements und Protestes auf den Straßen Kölns ist erfreulich. Die Bemühungen zur Bildung einer rechtsextremistischen Plattform für die Europawahlen im Juni 2009 stehen damit allerdings nicht vor dem Aus. Die grenzüberschreitende menschenverachtende Ideologie der extremen Rechten findet in immer neuen Bündnissen und Aktionsformen eine antieuropäische Plattform.
Auf ihrer Pressekonferenz während des Kongresses haben der Pro-Köln-Vorsitzende Markus Beisicht, der Bundestagsabgeordnete Henry Nitzsche, der FPÖ-Generalsekretär Harald Vilimsky und der Vlaams-Belang-Fraktionsvorsitzende Filip Dewinter eine noch engere Vernetzung rechtspopulistischer Bewegungen in Europa angekündigt. Pro Köln kündigte außerdem einen neuen Kongress mit den europäischen Verbündeten in Frankreich, Flandern, Italien und Österreich an. Die Formierung einer europäischen rechtsextremen Partei wird damit vorangetrieben.
Weiterhin möchte die FPÖ in Köln ein Europabüro eröffnen, um Pro Köln bei der Kommunalwahl zu unterstützen, die am gleichen Tag wie die Europawahl am 7. Juni 2009 stattfinden soll. Auf der FPÖ-Wahlparty am 29. September wurde der Wunsch nach einer Vertiefung der Zusammenarbeit weiter bekräftigt. Italiens rechtsextremistische Partei Forza Nuova kündigte außerdem eine gemeinsame Wahlkampagne mit der FPÖ für die Europawahlen an. Die Ergebnisse der österreichischen Nationalratswahl 2008 sind besonders erschreckend: BZÖ und FPÖ konnten über 30 Prozent der Stimmen auf sich vereinen. 43 Prozent der unter 30-Jährigen wählten eine der beiden rechtsextremen Parteien.

Viele Stimmen versuchen, dieses Ergebnis herunterzuspielen. Die Wahl einer rechten Partei sei eine Protestwahl gegen die große Koalition und die EU. Es handle sich hier nicht um tiefe Verankerung rechter Gesinnung in der Gesellschaft. Die Wahl von Parteien, die mit Sprüchen wie „Willst du eine Wohnung haben, musst du ein Kopftuch tragen“ oder „Österreich den Österreichern!" in den Wahlkampf gezogen sind, zeigt aber das Gegenteil. Zudem wurde im Wahlkampf die demokratiefeindliche, rechtsextremistische Gesinnung der führenden Parteimitglieder durchaus thematisiert, insbesondere die Gesinnung des FPÖ-Spitzenkandidaten Heinz-Christian Strache. Ein Großteil freiheitlicher Politiker rekrutiert sich aus dem nationalen Lager. Mehr als die Hälfte der FPÖ-Mandatare im letzten Nationalrat war Mitglied bei schlagenden Burschenschaften. Dass extrem rechte Parteien so große Wahlerfolge erzielen, ist eine ganz neue Situation.

Europaweite Vernetzung der deutschen Rechten in den Parlamenten

Wie oben beschrieben, arbeiten die Führungsköpfe der Rechten grenzübergreifend und kommen regelmäßig an den alljährlichen Gedenktagen zu gesamteuropäischen Veranstaltungen zusammen. Die Deutschen sind bei der europäischen Netzwerkbildung tonangebend. Zum alljährlichen NPD-„Fest der Völker“ kommen Gäste aus ganz Europa, vor allem aus dem Umfeld der European National Front (ENF). Im Jahr 2008 kamen rund 1 500 Nazis aus mehr als 15 Ländern und hörten Redebeiträge aus der Schweiz, England, Schweden, Italien, Bulgarien, Spanien, Deutschland, Tschechien und der Slowakei. Im August 2008 Jahres fand in Schwerin ein Treffen der „Kontinent Europa Stiftung“ statt, unter dem Motto “Deutschland und Russland – Fundamente für ein Europa der Zukunft”. Mit dabei waren neben Patrik Brinkmann, dem Vorsitzenden der Stiftung, aus Russland Wjatscheslaw Daschitschew und Enrique Ravello aus Spanien. Die NPD hatte Udo Pastörs, Stefan Köster und Andreas Molau geschickt. Brinkmann erklärte auf der Veranstaltung, die NPD sei die einzige Partei in Deutschland, die eine national orientierte Europapolitik vertrete.
Als wichtiges neues Forum rechtsextremer Parteien und Organisationen hat sich die ENF gebildet, in der sich europäische rechtsextreme Parteien versammeln. Mit dabei sind unter anderem die NPD (Deutschland), La Falange (Spanien), Forza Nuova (Italien), Renouveau Français (Frankreich) und Noua Dreapta (Rumänien). Es finden viele gemeinsame Veranstaltungen und Demonstrationen der beteiligten Gruppierungen statt.

Was können wir tun?

Auf die Bemühungen der Rechten, mit einer „Internationalen der Nationalen“ ins Europäische Parlament zurückzukehren, müssen wir grenzüberschreitend

und gemeinsam reagieren. Wir brauchen eine offensive Auseinandersetzung mit dem Thema Rechtsextremismus in ganz Europa und müssen die Rechten politisch angreifen. Die Fraktion der Sozialisten hat mit einer Petition gegen Gewalt, Antisemitismus und Rassismus diesen Weg eingeschlagen. Unter dem Titel "Acting together against violence, intolerance and hatred" werden die Mitglieder des Europäischen Parlamentes aufgerufen, gemeinsam für die persönliche Freiheit der europäischen Bürger sowie für Toleranz und Gleichheit einzustehen und Gewalt gegen Minderheiten zu ächten. Auch die Fußball-Akteure sind bereits europaweit aktiv geworden: Seit Beginn der Saison 2008/09 wird vor den Spielen in der Champions League und im UEFA-Pokal eine Erklärung gegen Rassismus verlesen. Außerdem werden vor dem Spiel und in der Halbzeitpause TV-Spots gegen Rassismus ausgestrahlt.
Weggucken hilft nicht. Die Rechtsextremen haben eine neue Strategie und Argumentationsweise aufgebaut, um die Wählerinnen und Wähler von sich zu überzeugen. Sie nutzen Stimmungen, beispielsweise gegen soziale Ungerechtigkeit, aus und verwenden Symbole der demokratischen Parteien und auch der linken autonomen Szene. Am 1. Mai in Hamburg war es kaum noch möglich, zwischen linken und rechten Autonomen zu unterscheiden – ähnliche Bilder gibt es auch aus anderen europäischen Ländern.
Ignorieren nützt nichts. Wir müssen den Wählerinnen und Wählern deutlich zeigen, dass die Wahl von rechten Parteien nicht bedeutet, dass sich ihre persönliche Situation verbessert, sondern dass diese Parteien hauptsächlich gegen die Demokratie sind. Die (teilweise erfolgreichen) Versuche der ITS, Änderungsanträge im Europäischen Parlament einzubringen und Unterstützer für diese auch in den Reihen anderer Fraktionen zu finden, zeigen, dass das Isolieren und Ignorieren der Rechtsextremen nicht ausreicht und sogar gefährlich sein kann. So gelang es der Fraktion, massiv Öffentlichkeitsarbeit in eigener Sache zu betreiben.

Die 27 Mitglieder der Europäischen Gemeinschaft müssen außerdem eine kohärente gemeinsame Strategie gegen Rechtsextremismus entwickeln. Es handelt sich hier zweifellos um eine Herausforderung für die gesamte EU. Derzeit stehen wir vor dem Problem, dass die EU-Staaten höchst unterschiedlich auf Rechtsextremismus reagieren. Dies liegt in den unterschiedlichen politischen Kulturen der Mitgliedsländer und deren Vergangenheit begründet. Finden die Rechten in Deutschland keinen Raum, ihre Gesinnung zu verbreiten, gehen sie in Länder, in denen liberalere Gesetze herrschen. Dort können die Rechten ungestraft den Holocaust leugnen und Nazi-Symbole tragen. Skandinavien beispielsweise hat sich als Rückzugsraum für europäische Rechtsextreme und ihre Konzerte entwickelt. Das „Blood & Honour"-Netzwerk, das in Deutschland und anderen Staaten verboten ist, kann hier ohne Schwierigkeiten seine Konzerte veranstalten. Deshalb muss die rechtsextremistische Szene in Europa die Staatsgewalt kaum fürchten. Gibt es in einem Land Hindernisse bei der Durchführung

von Veranstaltungen, werden diese in ein anderes europäisches Land verlegt. Dabei werden unterschiedliche Gesetzeslagen geschickt ausgenutzt.
Eine europaweite Kooperation, die sich im Schwingen der juristischen Keule erschöpft, ist aber nicht sinnvoll. Dies allein änderte weder an der Gesinnung noch an der Strahlkraft etwas. Im Gegenteil: Es führt eher dazu, dass die extrem Rechten noch aggressiver und leider auch noch attraktiver werden. Zudem birgt dieses Vorgehen die Gefahr, die demokratischen Rechte einzuschränken.
Wir Deutschen tragen bei diesem Thema eine besondere Verantwortung – vor allem gegenüber den Ländern, die das Phänomen Rechtsextremismus nicht so gut kennen.
Es ist ein politisches Problem, nicht klar Farbe zu bekennen, und ein gesellschaftliches, lieber wegzusehen. Ich wünsche mir, dass sich auch im Europaparlament mehr Abgeordnete finden, die sich engagieren. Auch ich selbst werde weiterhin versuchen, Mitstreiterinnen und Mitstreiter für diese wichtige Sache zu gewinnen.

Roger Eatwell

Rechtsextremismus in Großbritannien: Bricht für die extreme Rechte ein neuer Tag an?

Einführung

Während der vergangenen 25 Jahre konnte in Europa ein politischer Trend beobachtet werden, der in den unmittelbar auf den Zweiten Weltkrieg folgenden Jahrzehnten noch undenkbar gewesen wäre – die Rede ist von dem explosionsartigen Zulauf, den die extreme Rechte bei Wahlen verzeichnen konnte.[1] Dieses Phänomen ließ sich in einer Reihe von Ländern beobachten, u. a. in Österreich, Belgien, Frankreich, Italien, den Niederlanden, Norwegen und der Schweiz.[2] Einige Länder, besonders Großbritannien und Deutschland, blieben jedoch gegenüber diesem „Wahlvirus" weitgehend immun.

Die Tatsache, dass in Großbritannien und Deutschland in diesem Zeitraum verhältnismäßig viele gewaltsame Übergriffe auf Zuwanderer und Angehörige ethnischer Minderheiten verübt wurden, lässt vermuten, dass ein wechselseitiger Zusammenhang zwischen dem Wahlerfolg der extremen Rechten und Gewalt besteht. Die extreme Rechte wird von der Öffentlichkeit mit Gewalt bzw. Nazismus assoziiert, und so fällt es ihr schwer, Wähler außerhalb bestimmter Randgruppen anzusprechen. Daher neigen rechte Parteiführer dazu, sich von Gewalt bzw. Nazismus zu distanzieren, wenn sie glauben, ihre Partei habe ernsthafte Aussichten auf Erfolg. Auf Basisebene wenden sich manche Aktivisten, die sich normalerweise eher von Gewalt angezogen fühlen würden, konventionelleren Aktivitäten zu, sobald die extremistische Partei, der sie anhängen, nach Wahlen an Stärke gewinnt.

Diese Hypothese scheint plausibel (sie ist allerdings aufgrund fehlender zuverlässiger Statistiken zu gewaltsamen Übergriffen und Motivation der Aktivisten nur schwer zu überprüfen). Außerdem stellt ihr Fokussieren der gewalttätigen Seite der extremen Rechten ein nützliches Korrektiv zu der umfangreichen Fachliteratur jüngerer Zeit dar, die sich hauptsächlich mit Wahltrends und der zunehmend „populistischen" Politik beschäftigt. Es ist ganz besonders wichtig,

1 Dieser Artikel befasst sich nicht mit der nur schwer zu fassenden Begriffsfrage. Hinsichtlich der Frage, weshalb „extreme Rechte" der am besten geeignete Oberbegriff für das Phänomen nach 1945 ist und „Populismus" sich zur Bezeichnung einer stärker gemäßigten aber dennoch gefährlichen Gruppe von Parteien eignet, verweise ich auf meine „Einführung" in R. Eatwell und C. Mudde (Hrsg.), *Western Democracies and the New Extreme Right Challenge* (Routledge, London, 2004).

2 Für wissenschaftliche Untersuchungen vgl. P. Ignazi, *Extreme Right Parties in Western Europe* (Oxford University Press, Oxford, 2006); C. Mudde, *Populist Radical Right Parties in Europe* (Cambridge University Press, Cambridge, 2007).

das Potenzial für rechtsextremen Terror nicht zu vernachlässigen. In 2007/08 wurden in Großbritannien mehrere mutmaßlich rechtsextreme Terroristen von der Polizei verhaftet, von denen einige auch verurteilt wurden. Viele sind beeinflusst von den Ideen der amerikanischen Rechten, denen zufolge ein „führerloser Widerstand“ außerhalb der organisierten rechtsextremen Politik notwendig ist, um das Risiko der Entdeckung gering zu halten, und von dem Ruf danach, einen Rassenkrieg heraufbeschwören, z. B. durch Bombenanschläge auf Gemeinden ethnischer Minderheiten.

Es darf allerdings nicht davon ausgegangen werden, dass die relativ geringen Wahlerfolge der modernen extremen Rechten in Großbritannien und Deutschland auf einen Mangel an Potenzial zurückzuführen sind. Obwohl derartige Parteien in Deutschland seit 1945 als politische Parias gelten, scheint die Bundesrepublik keinesfalls immun gegen extremistische Anziehungskraft zu sein. Einige Beobachter haben darauf hingewiesen, dass Deutschland zunehmend sowohl durch eine größere ethnische Diversität als auch durch eine neue Form der politischen Spaltung gekennzeichnet ist, was der NPD besonders in den wirtschaftlich angeschlagenen neuen Bundesländern half, Fuß zu fassen.[3] Noch bedenklicher stimmt eine im Jahr 2008 veröffentlichte Studie der Friedrich-Ebert-Stiftung, nach der 39 Prozent der Deutschen der Meinung sind, ihr Land werde in einem bedrohlichen Maße von Fremden überlaufen, und 26 Prozent aller Befragten eine einzige starke Partei, welche die deutsche Gesellschaft repräsentierte, begrüßen würden.

In Großbritannien gibt es ähnlich besorgniserregende Anzeichen für das Erstarken der extremen Rechten, dazu gehört der zunehmende Wahlerfolg der British National Party (BNP). Diese Partei erfährt in einigen wenigen Gebieten große Unterstützung – so z. B. in Barking, wo sie 16,9 Prozent der Stimmen bei den allgemeinen Wahlen im Jahr 2005 erhielt, und in Dagenham and Stoke (London), wo sie bei den Kommunalwahlen im Jahr 2008 zur zweitstärksten Partei in Kommunalparlamenten wurde. Laut Meinungsumfragen besteht jedoch Grund zu der Annahme, dass der Partei noch ein beträchtliches unerschlossenes Reservoir an Unterstützung zur Verfügung steht. So gaben 7 Prozent der im Jahr 2006 von YouGov Befragten an, sie würden für die BNP stimmen, und weitere 13 Prozent erklärten, sie erwögen ernsthaft, für die Partei zu stimmen. Der am häufigsten genannte Grund für die Unterstützung der Partei war das Gefühl, Großbritannien sei zu einem „fremden Land“ geworden; zweitwichtigster Grund war der Wunsch nach härterem Durchgreifen gegen Muslime, „die dieses Land zerstören wollen“.[4] Bis 2007 wurde bei Umfragen von IPSOS-MORI die Race-

3 Vgl. H. Kurthen und M. Minkenberg, „Germany in Transition: Immigration, Racism and the Extreme Right", *Nations and Nationalism*, 1, 2, 1995.

4 R. Ford, „Who Might Vote for the BNP? Survey Evidence on the Electoral Potential of the Extreme Right in Britain"; M. Goodwin, R. Ford und Ipsos MORI, „Who Supports the

Relations-Problematik von den Befragten als wichtigster Punkt genannt (mit der zunehmenden Wirtschaftskrise fiel das Problem bis Dezember 2008 allerdings auf den dritten Platz zurück).[5]

Dieser Artikel untersucht am britischen Beispiel die Frage, weshalb die extreme Rechte dieses Potenzial nicht in eine breitere landesweite Unterstützung umgesetzt hat. Im nachfolgenden ersten Abschnitt wird der geschichtliche Hintergrund rechtsextremer Parteien zum einen anhand kurzer Analysen ihres Scheiterns in der Vergangenheit behandelt. Zum anderen wird die Bedeutung der Handlungsmöglichkeiten* und der üblicherweise betonten strukturellen Faktoren untersucht. Der zweite und dritte Abschnitt beschäftigen sich mit den frühen Jahren der BNP in der Bedeutungslosigkeit und mit ihren jüngeren Wahlerfolgen. Einerseits wird die Bedeutung struktureller Faktoren wie relative Deprivation innerhalb von Teilen der Arbeiterklasse und die Auswirkungen neuer Zuwanderung hervorgehoben. Andererseits werden Formen der Handlungsmöglichkeiten wie die Berichterstattung über Zuwanderung in den populären Medien und der Imagewechsel der BNP zu einer stärker „populistischen" Partei beleuchtet. Schließlich wird in einer Zusammenfassung festgestellt, dass eine schwere Wirtschaftskrise der BNP zwar zusätzliche Stimmen bringen könnte, es jedoch gleichzeitig wichtig ist, die Möglichkeiten der Partei, zu einer wichtigen politischen Größe aufzusteigen, nicht überzubewerten. Auf der anderen Seite besteht natürlich die Gefahr, dass weitere Stimmenzuwächse für rechtsextreme Parteien und besonders rechtsextreme Gewalt dazu führen, dass islamistische Bewegungen einen erhöhten Zulauf verzeichnen, was wiederum das Entstehen eines „kumulativen Extremismus", einer Spirale der Gewalt, begünstigt.[6]

Das Scheitern der extremen Rechten in Großbritannien in der Vergangenheit

Nach 1918 entstanden verschiedene faschistische Gruppen in Großbritannien, von denen jedoch nicht eine zu bedeutender politischer Größe gelangte. Die mitgliederstärkste dieser Gruppen, die „British Union of Fascists" (BUF), wurde von Sir Oswald Mosley, einem der prominentesten jungen Politiker seiner Zeit, gegründet. Er war von 1929-1931 Parlamentsmitglied und Minister für die Kon-

Extreme Right in Contemporary Britain?" in R. Eatwell und M. Goodwin (Hrsg.), *The New Extremism in 21st Century Britain* (Routledge, London, 2009).

5 http://www.ipsos-mori.com/assets/pdfs/decemberissuestopline.pdf (abgerufen am 5. Januar 2009).

* A.d.Ü.: Im englischen Original wird der sozialwissenschaftliche Begriff „agency" verwendet.

6 R. Eatwell, „Community Cohesion and Cumulative Extremism in Contemporary Britain", Political Quarterly, 77, 2, 2006.

servativen innerhalb der Labour-Regierung gewesen. Obwohl damals in Teilen Großbritanniens eine hohe Arbeitslosigkeit herrschte und Mosley ein verhältnismäßig durchdachtes Wirtschaftsprogramm entwarf, konnte die BUF nicht einen einzigen Sitz im Unterhaus gewinnen. Abgesehen von einigen wenigen Gebieten, besonders dem Londoner East End, in dem die BUF wiederholt mit linksgerichteten und jüdischen Gruppen aneinander geriet, gelang es der BUF an keinem Ort, eine größere regionale Organisation aufzubauen.[7]

Der wohl am häufigsten herangezogene Erklärungsansatz für dieses Scheitern ist der „kulturalistische". Ihm zufolge ist Großbritannien ein von demokratischen Werten und dem Streben nach Konsens geprägtes Land, in dem es keine Subkulturen des *völkischen* Typs gibt, wie die, derer sich die Nazis bei ihrem Aufstieg zur Macht bedienten. Laut einer anderen weit verbreiteten Erklärung, welche die damals herrschenden sozioökonomischen Bedingungen hervorhebt, wurden zwar Teile Großbritanniens schwer von der nach 1929 eintretenden Rezession getroffen, aber die Situation war weder so ernst wie in Deutschland noch waren so viele ländliche Gegenden betroffen wie dort. Häufig konnten die Nazis in solchen Gegenden auf große Unterstützung zählen. Ein dritter Erklärungsansatz konzentriert sich auf institutionelle Faktoren, besonders auf das britische Mehrheitswahlsystem und die Tatsache, dass es in Großbritannien keinen „dualen Staat" wie in der Weimarer Republik gab, der zeitweise, wenn es um Gewalt gegen Linke ging, auf dem rechten Auge blind war und den Aufstieg der Nazis sogar duldete.

Nach 1945 gründeten sich verschiedene neue rechtsextreme Gruppen, so auch die Bewegung „Mosleyite Union Movement". Diese Gruppen stachelten zur Gewalt gegen Juden und Zuwanderer auf, die, angelockt von der Möglichkeit, auf dem britischen Nachkriegsarbeitsmarkt eine Beschäftigung zu finden, vornehmlich aus Asien und der Karibik in immer größeren Zahlen nach Großbritannien strömten. Die erste Partei, die zumindest einen kleinen Wahlerfolg verbuchen konnte, war allerdings die „National Front" (NF), die in den späten 1960er Jahren gegründet worden war. Sie war Sammelbecken für konservative Rassisten und unter dem Deckmantel des britischen Nationalismus agierende Neonazis. Während der 1970er Jahre schien die NF bei Wahlen in verschiedenen Gemeinden kurz vor einem entscheidenden Durchbruch zu stehen. Meinungsumfragen zeigten, dass 30 Prozent der Wähler das Kernthema der NF-Politik, das eine „Zwangsrepatriierung" aller nicht-weißen Menschen forderte, befürworteten. Auch andere Inhalte des NF-Programms, besonders die feindselige Haltung gegenüber der Europäischen Wirtschaftsgemeinschaft (EWG), trafen auf breite Unterstützung. Als die Partei im Jahr 1979 bei den allgemeinen Wahlen 303 Kandidaten aufstellte, erlitt sie jedoch eine schmähliche Niederla-

7 Für weiterführende Informationen über die BUF vgl. R. Thurlow, Fascism in Britain (Blackwell, Oxford, 1987).

ge.[8] Daraufhin spaltete sich die NF in verschiedene, untereinander zerstrittene Gruppen.[9]

Die drei im Zusammenhang mit der BUF aufgezeigten Erklärungsansätze lassen sich auch zum Verständnis des Aufstiegs und plötzlichen Untergangs der NF heranziehen. Erstens betonen ältere Arbeiten über die politische Kultur in Großbritannien zwar ganz richtig die Existenz weit verbreiteter liberaler Werte, gleichzeitig beschönigen sie aber rassistische Aspekte der britischen Tradition. So führte die Erfahrung des Imperialismus beispielsweise zu der Vorstellung des „farbigen Eingeborenen", der bestenfalls wie ein Kind und schlimmstenfalls ein Untergebener war, der strenger Aufsicht bedurfte. Zweitens trugen die sozioökonomischen Bedingungen zum Aufstieg der NF bei, da die 1970er Jahre von wachsender Arbeitslosigkeit und einem relativen wirtschaftlichen Abschwung gekennzeichnet waren. Hinzu kam, dass, während das Commonwealth Einwanderungsgesetz von 1961 die Zuwanderung stark eingeschränkt hatte, in den 1970er Jahren infolge der Ausweisung der ugandischen und malawischen Asiaten zwei weitere Einwanderungswellen Großbritannien erreichten. Drittens spielten institutionelle Faktoren auch hier wieder eine Rolle: Zum einen hatten potenzielle Wähler bei den Wahlen zum Unterhaus das Gefühl, dass ihre Stimme für die NF eine verschenkte Stimme sei, und zum anderen müssen Institutionen in diesem Fall auch als Normgeber verstanden werden, da nach den 1960er Jahren eine wachsende Zahl von Gesetzen erlassen wurde, die rassistische Sprache und Diskriminierung kriminalisierten.

Da diese Gesetze auch mit dem Ziel erlassen wurden, gesellschaftliche Werte zu verändern, deuten sich bereits die Schwierigkeiten an, welche eine strenge Unterscheidung zwischen den drei oben angebotenen strukturellen Erklärungsansätzen birgt. So ist es ebenfalls schwierig, kulturalistische Erklärungen von sozioökonomischen zu trennen. Menschen sind zu Zeiten, in denen Wohlstand herrscht, toleranter und eher auf Konsens bedacht als in Krisenzeiten. Neben der Schwierigkeit, die drei strukturellen Erklärungen voneinander zu trennen, zeigt die Tatsache, dass diese Antidiskriminierungsgesetze wohlüberlegte politische Initiativen waren, auch die Schwierigkeiten auf, welche eine strenge Unterscheidung zwischen Handlungsmöglichkeiten und gesellschaftlichen Strukturen birgt. Trotzdem scheint eine heuristische Unterscheidung zwischen den beiden Kategorien durchaus sinnvoll. Bei dem Versuch, eine umfassende Erklärung für das Scheitern der extremen Rechten in Großbritannien zu finden, ist die genaue Betrachtung der Handlungsmöglichkeiten zweifellos von großer Bedeutung.

8 Für weiterführende Informationen über die NF vgl. C. Husbands, *Racial Exclusionism and the City: the Urban Support of the National Front* (Allen and Unwin, London, 1983).

9 Ein sehr kleines Überbleibsel der NF existiert übrigens heute noch.

Obwohl die NF indirekt von der Themenwahl der lokalen und überregionalen Medien profitierte, die über hohe Sozialleistungen für Zuwanderer berichteten, betrieben die Medien keinen Meinungsjournalismus zugunsten der NF. In einigen Fällen griffen die Medien die Sprache von Gruppen wie der „Anti-Nazi League" (ANL) auf. Diese war nicht nur gegründet worden, um der NF durch Konfrontationen auf der Straße und an die Jugend gerichtete Veranstaltungen wie Popkonzerte etwas entgegenzusetzen, sondern auch, um die Partei systematisch als „Nazi"-Partei zu kennzeichnen. Auch die bürgerlichen Parteien mieden die NF – obgleich sich auch einige Konservative nicht scheuten, die Rassenkarte auszuspielen. So sprach Margaret Thatcher 1978 beispielsweise von verständlichen Ängsten davor, von fremden Kulturen „überschwemmt" zu werden und nutzte rassistische Ersatzthemen wie „Recht und Ordnung", um sich das NF-Wählerpotenzial zu erschließen.

Des Weiteren muss die NF selbst untersucht werden. Die NF wollte dem Versuch der Konservativen, sich ihr Wählerpotenzial nutzbar zu machen, dadurch etwas entgegensetzen, dass sie die Konservativen beschuldigte, ebenso schuld an der starken Zuwanderung nach 1945 zu sein wie die Labour-Partei. Allerdings wurden die Konservativen trotz der Degradierung Enoch Powells innerhalb ihrer Führungsriege nach seiner berüchtigten „River of Blood"-Rede von 1968, die ein durch die starke Zuwanderung verursachtes Gewaltszenario prophezeite, von den Wählern als verhältnismäßig unnachgiebig in „Rassenfragen" eingeschätzt. Darüber hinaus stellte die NF kaum eine angemessene Oppositionspartei dar. So hatte John Tyndall, der die Partei während eines Großteils der 1970er Jahre führte, nicht nur offen nazistische Ansichten vertreten, sondern die Partei verkaufte auch Propagandamaterial, in dem der Holocaust offen geleugnet wurde. Die provokanten Straßenkundgebungen der Partei sowie die Unterstützung durch junge Hooligans, die sich in Form von gewalttätigen Ausschreitungen bei Fußballspielen äußerte, schreckten die meisten Wähler zweifellos eher ab. Außerdem war die Partei für Spaltungen und Zerwürfnisse besonders zwischen den radikal konservativen und den stärker nazistisch orientierten Gruppen anfällig.

Die BNP, 1982-1999

Die 1982 von Tyndall gegründete BNP ging als größte Splittergruppe aus der NF hervor – obwohl die Partei in den 1980er Jahren höchstens 2 000 Mitglieder zählte.[10] Während die Arbeitslosigkeit in den 1980er Jahren rapide zunahm und es zeitweilig zu größeren Unruhen in einigen Gegenden kam, die hauptsächlich von ethnischen Minderheiten bewohnt waren, sah sich die BNP mit den gleichen

10 Es hatte schon frühere kleine Gruppen gegeben, die den Namen „British National Party" gebrauchten.

Problemen konfrontiert, die auch der NF schon zu schaffen gemacht hatten. Zusätzlich wurde die Partei dadurch geschwächt, dass Margaret Thatcher 1982 als „Eiserne Lady“ siegreich aus dem Falklandkrieg hervorging und sich in zahllosen, viel beachteten verbalen Gefechten, die sie sich zur Verteidigung britischer Interessen mit der EWG lieferte, profilieren konnte![11]

Im Jahr 1993 schaffte es die BNP plötzlich auf die Titelseiten der britischen Presse, als sie eine Kommunalwahl im Londoner East End gewann – wenn auch nur mit knapp 34 Prozent der Stimmen in einem Rennen, in dem nur drei Pferde an den Start gingen. Der Erfolg der BNP zeigt wieder einmal, wie wichtig es ist, nicht nur Handlungsmöglichkeiten allgemein zu analysieren oder strukturelle Ansätze zur Erklärung eines solchen Ergebnisses heranzuziehen, sondern regionale Analysen besonders in Bezug auf Wahlkampagnen durchzuführen.

Millwall war eine von relativer Deprivation gekennzeichnete Gegend mit einem hohen Anteil ethnischer Minderheiten, der infolge von Familiennachzug und neu eintreffenden Asylsuchenden aus Krisengebieten wie Somalia noch anstieg. Da das britische Sozialsystem viele Ressourcen, besonders Sozialwohnungen, auf Grundlage von Bedürftigkeit zuteilt, bedeutete dies, dass viele der weißen Einheimischen auf den Wartelisten der Sozialbehörden nach unten rutschten. Zweifellos sorgte diese Situation für Unmut, was dazu führte, dass sowohl die Ortsverbände der Labour-Partei als auch besonders die der liberaldemokratischen Partei versuchten, solche Stimmungen für eigene Zwecke zu nutzen, was wiederum dazu beitrug, diese Meinungen zu legitimieren. Darüber hinaus wurden aus den Reihen der Labour-Partei im Vorfeld der Wahlen Äußerungen laut, dass die BNP Aussichten habe, die Wahlen zu gewinnen. Dies schien potenziellen Wählern die Befürchtung zu nehmen, ihre Stimme zu verschenken. Auch die regionale BNP selbst hatte zu ihrem Erfolg beigetragen. Im Wahlkampf hatte sie sich häufig der Parole „Rechte für Weiße“ bedient und weitere Themen angesprochen, die häufig von den lokalen Printmedien aufgegriffen wurden. Dazu gehörten auch die von der Presse viel beachteten Morde mit vermeintlich rassistischem Hintergrund an weißen Jugendlichen. Im folgenden Jahr jedoch verlor die Partei ihren Sitz in Millwall angesichts des Widerstands der bürgerlichen Parteien, der regionalen und landesweiten Medien, sowie verschiedener kirchlicher und antifaschistischer Bürgerbewegungen.

Zu diesem Zeitpunkt war die BNP bereits zunehmend von internen Querelen geplagt. Uneinigkeit herrschte vor allem über die „populistische“ Kampagne von Millwall, die hauptsächlich auf lokale Initiative hin geführt worden war. Die

11 Eine detailliertere Darstellung der BNP findet sich in N. Copsey, *The New British Fascism: Rise of the British National Party* (Palgrave, Basingstoke, 2008) und in dem von mir verfassten Kapitel „The Extreme Right in Britain: the Long Road to ‘Modernization’“ in Eatwell und Mudde, *op. cit.*

Parteiführung ließ daraufhin verlautbaren, dass man den fundamentalen ideologischen Grundsätzen treu bleiben müsse. Überschneidungen gab es auch zwischen diesem Konflikt und der sich ausweitenden Fehde mit „Combat 18“ (C18), einer Gruppe, deren Name sich aus dem ersten und achten Buchstaben des Alphabets ableitet, A und H, welche für Adolf Hitler stehen. C18, ursprünglich als Schutztruppe und militanter Arm der BNP gegründet, hatte sich zu einer unabhängigen Organisation entwickelt, die zu Gewalt und zum „Rassenkrieg“ aufrief. Infolgedessen wurde C18 mit Sicherheit vom Geheimdienst überwacht – dies mag zur Erklärung dienen, weshalb der einzige schwere Terroranschlag in dieser Zeit von jemandem verübt wurde, der zwar ehemaliges BNP-Mitglied war, nun aber als Einzeltäter handelte. Bei dem Anschlag, bei dem er 1999 drei Bomben in hauptsächlich von Angehörigen ethnischer Minderheiten bewohnten Gegenden und einer Homosexuellenkneipe legte, wurden drei Menschen getötet.

Auch während der 1990er Jahre trat die BNP, die zu diesem Zeitpunkt höchstens tausend Mitglieder zählte, bei verschiedenen Regionalwahlen an. Allerdings gewann sie selbst dort, wo sie die besten Aussichten auf Erfolg zu haben schien, selten mehr als 5 Prozent, obwohl die Zahl der Parteimitglieder in diesen Gegenden in der letzten Phase des Wahlkampfes sprunghaft anstieg, weil die BNP ihre Aktivisten von nah und fern mit Bussen herankarrte. In landesweiten Wahlen blieb die BNP vollkommen bedeutungslos. Bei den allgemeinen Wahlen im Jahr 1992 stellte sie in den insgesamt 651 Einmannwahlkreisen Großbritanniens nur 14 Kandidaten auf, die im Durchschnitt nur 0,7 Prozent der Stimmen erzielen konnten. Bei den 1997 durchgeführten allgemeinen Wahlen stellte sie 6 Kandidaten in den 659 Wahlkreisen auf, die durchschnittlich 1,2 Prozent der Stimmen erzielten.[12]

Im Wesentlichen war die BNP eine Bewegung, die in wenigen Gegenden auf der Straße aktiv war, die eher einen hohen Anteil Angehöriger ethnischer Minderheiten aufwiesen. In diesen Gegenden waren ihre Mitglieder manchmal unmittelbar an rassistischen Übergriffen beteiligt. Allgemein trugen ihre Aktivitäten dazu bei, ein von Hass und Angst geprägtes Klima zu schaffen. Zu diesen Aktivitäten gehörte die Verbreitung von Propagandamaterial wie Tyndalls eigener Zeitschrift *Spearhead* (die sich seit ihren Anfängen in den 1970er Jahren nur unwesentlich verändert hatte und nach wie vor Material enthielt, das den Holocaust offen leugnete). Mitte der 1990er Jahre unternahm die Partei auch ihre ersten Versuche, das Internet einzusetzen. So sollten einerseits die Medienwächter umgangen werden, andererseits bot es sich als kostengünstiges Medium an, da die Partei nur über geringe Mittel verfügte. Wie vorauszusehen war, konnten die ersten Versuche kaum als professionell bezeichnet werden.

12 Die „National Democrats“, eine weitere Splittergruppe, die aus der ehemaligen NF hervorgegangen war, stellte 21 Kandidaten auf, die ebenfalls durchschnittlich 1,2 Prozent der Stimmen erzielten; sie stellte ihre Aktivität nach den Wahlen allerdings größtenteils ein.

Vor diesem Hintergrund schlug Nick Griffin, ein Absolvent der Cambridge Universität, Tyndall in der Wahl zum Parteiführer bei einer BNP-Versammlung im Oktober 1999. Griffin war seit seiner Studentenzeit in den 1970er Jahren in der NF aktiv gewesen und hatte sich während der 1980er Jahre besonders von Julius Evolas Schriften angezogen gefühlt. Diese riefen zur Bildung einer Truppe ergebener „politischer Soldaten" auf, welche die Spitze einer Revolution in Großbritannien bilden sollten. Während der frühen 1990er Jahre brachte er die Zeitschrift *The Rune* heraus, in der er besonders die wachsende Zahl von BNP-Mitgliedern attackierte, die danach trachteten, eine stärker an den französischen „Front National" angelehnte populistische Ideologie anzunehmen. Nachdem er sich im Jahr 1996 der BNP angeschlossen hatte, wurden Griffins Hardliner-Ansichten durch Tyndall gestützt, als dieser ihn mit der Herausgabe seiner Zeitschrift *Spearhead* und mit dem Entwurf einer Broschüre betraute, die vorgab beweisen zu können, dass bedeutende Bereiche der Medien von Juden kontrolliert und die BNP systematisch von den bürgerlichen Medien ignoriert werde.[13]

Nachdem Griffin zum Anführer geworden war, machte er sich jedoch daran, das Profil der Partei zu verändern. Trotz der schlechten Wahlergebnisse der BNP gab es Anzeichen dafür, dass das Potenzial für eine andere Form einer rechtsextremen Partei ernsthaft vorhanden war. Besonders eine in der Zeitung *Daily Express* am 8. August 1995 veröffentlichte Meinungsumfrage nach der 9 Prozent der Befragten für einen Front National im Stil Jean-Marie Le Pens stimmen würden und weitere 17 Prozent angaben, sich dies ernsthaft erwögen, legte diese Vermutung nahe. Die Ergebnisse der Umfrage wurden auf der neuen BNP-Webseite großspurig herumposaunt.

Die BNP im neuen Jahrtausend

Zur Jahrtausendwende ging Griffin offenkundig davon aus, dass sich strukturelle Bedingungen ergeben würden, die der BNP zum politischen Durchbruch verhelfen könnten – dazu gehörte besonders die Ankunft neuer Asylsuchender und Arbeitsmigranten. Eine 2001 durchgeführte Volkszählung ergab, dass sich über die Hälfte der 2 Millionen Einwohner, um welche die Bevölkerung in Großbritannien seit 1991 angewachsen war, aus Zuwanderern zusammensetzte, und dass 7,5 Prozent der Bevölkerung Großbritanniens im Jahr 2001 im Ausland geboren worden waren (im Vergleich zu 5,7 Prozent im Jahr 1991). Stammten die Zuwanderer anfangs vornehmlich aus außereuropäischen Regionen, brachte die EU-Erweiterung im Jahr 2004 eine weitere Welle aus den neuen Mitgliedstaaten nach Großbritannien. Im Jahr 2004 wurde mit 528 000 Einreisen von Ausländern im Vergleich zu 360 000 Ausreisen ein Rekord-Nettozustrom von Zuwanderern verzeichnet. Im Jahr 2008 behauptete die BNP, gestützt auf einen Bericht

13 BNP, *Who Are the Mind-Benders?* (BNP, Welling, nd 1998)

des Statistischen Amtes der EU, dass, während Deutschland bis 2060 einen Bevölkerungsrückgang von 82 auf 71 Millionen Einwohner zu erwarten hätte, die Bevölkerung Großbritanniens von 61 auf 77 Millionen anwachsen und es so zum bevölkerungsreichsten Land Europas werden würde.[14]

Medienberichte über diesen Trend nährten die Hoffnung, dass die Zuwanderungsfrage endlich einen Gewinner hervorbringen würde. Ein typisches Beispiel für die Art der Berichterstattung liefert die Schlagzeile auf der Titelseite der *Daily Mail* vom 1. Februar 2001, die lautete „ASYLUM: YES, BRITAIN IS A SOFT TOUCH!“ [Asyl: Ja, Großbritannien ist ein leichtes Ziel!]. Später, als die Finanzkrise einsetzte, richtete sich der Fokus verstärkt auf Arbeitsmigration. So verkündete die Schlagzeile auf der Titelseite des *Daily Express* vom 12. Januar 2009: „SCANDAL AS NEW BRITISH JOBS GO TO MIGRANTS“ [Skandal: Zuwanderer nehmen neue britische Jobs weg]. Auch regionale Zeitungen zeigten sich teilweise unsensibel in ihrer Berichterstattung über Zuwanderung und Angelegenheiten, die ethnische Minderheiten betrafen. Es kam vor, dass BNP-Mitglieder Leserbriefe schrieben, um die Berichterstattung zu manipulieren. Die Briefe wurden gedruckt als handelte es sich um Leserbriefe gewöhnlicher Bürger. Ein gutes Beispiel hierfür lieferte Steve Smith, ein aktives Parteimitglied in Burnley. Hier gelang es der BNP zwischen 2001 und 2003 zur zweitstärksten Partei im Gemeinderat zu werden.[15]

Burnley war eine von mehreren im Norden gelegenen Städten, in denen es im Jahr 2001 zu Unruhen kam. An diesen waren vornehmlich junge Muslime und Weiße beteiligt. Die Unruhen und die darauf folgenden Regierungsberichte, die besonders die deutlich voneinander getrennten Parallelwelten hervorhoben, in denen diese Gruppen lebten, wurden mit großem Interesse von den Medien aufgenommen. Zunächst lag der Fokus auf den Schwierigkeiten, welche die Schaffung einer gemeinsamen Identität innerhalb einer multikulturellen Gesellschaft aufwirft – ein Thema, das die Regierung in ihre „Community Cohesion“-Agenda aufnahm. Nach dem 11. September 2001 und besonders nach den am 7. Juli 2005 von einheimischen Islamisten in London verübten Terroranschlägen stellten Teile der Medien ihre Berichterstattung stärker auf die terroristische Bedrohung durch Muslime um. So zeigte beispielsweise die Titelseite der *Daily Mail* am 2. Mai 2003 ein Photo des extremistischen Imam Abu Hamza direkt unter der Überschrift „HOOKED BY THE SHEIKH OF HATE“ [Dem Hass-Scheich an den Haken gegangen [*]].

14 Z. B. *BNP News*, 27. August 2008, vgl. http://www.bnp.org.yk/2008/08/immigration-invasion-to-make-britain-the-most-crowded-country-in-europe/ (abgerufen am 27. August 2008).

15 S. Smith, How It Was Done: the Rise of Burnley BNP (Cliviger Press, Burnley, 2004).

* A.d.Ü.: Der Londoner Prediger hat einen Haken anstelle der rechten Hand.

Die Berichte über die Unruhen im Jahr 2001 hoben die erdrückende Armut, in der sowohl die muslimische Gemeinschaft als auch Teile der weißen Bevölkerung lebten, noch stärker hervor.[16] Bevor die BNP hier ihren Durchbruch verzeichnen konnte, hatte die Regionalzeitung von Burnley wiederholt das bedrückende Bild einer Gegend gezeichnet, die, geplagt von Einbrüchen, Drogendeals, Überfällen und schlimmeren Verbrechen, unwiderruflich dem Verderben anheim fallen würde. Am 2. März 2002 schrieb Barry Ayrton, Leitartikelschreiber des *Burnley Express*, sogar, dass „diejenigen, die denken, das Leben in Burnley hätte alle Vorteile einer in Windrichtung von Sellafield gelegenen attraktiven Wohnlage oder eines großen Pappkartons in Albanien mit einer Fußmatte davor, jetzt aufatmen können – die Lebenserwartung ist so gering, dass sie es nicht (allzu) lange ertragen müssen." Wie schon zuvor in Millwall während der frühen 1990er Jahre verstärkte die relative Deprivation den Unmut über soziale Leistungen, die Angehörigen ärmerer ethnischer Minderheiten gewährt wurden – diese Stimmung machte sich die BNP besonders in Gegenden wie Burnley und ihrer späteren Hochburg Barking and Dagenham zunutze.[17]

Ein bemerkenswerter strategischer Unterschied zwischen Griffin und Tyndall bestand darin, dass letzterer davon ausging, der Durchbruch der BNP würde auf eine tief gehende Spaltung der konservativen Partei folgen bzw. nachdem diese Partei ihr Ansehen als eine in Rassenfragen „hart" vorgehende Partei verloren haben würde. Zur Jahrtausendwende gab es Anzeichen dafür, dass den Konservativen dieses Thema als ihr Kernthema entglitt. Bei den allgemeinen Wahlen im Jahr 2005 verwendeten die Konservativen beispielsweise den größten Teil ihrer Wahlkampfausgaben für Zuwanderungsthemen, was ihr allerdings nur wenige neue Wähler einbrachte, während sie dafür einige liberale Wähler verlor. Mit Sicherheit sieht Griffin die Möglichkeit, zusätzliche Stimmen von Mitte-Rechts zu gewinnen – besonders in Anbetracht der Tatsache, dass sich der neue Parteiführer der Konservativen, David Cameron, der im August 2005 ernannt worden war, ausgesprochen unwillig zeigte, das Zuwanderungsthema als Mittel zum Stimmenfang heranzuziehen.

Trotzdem geht Griffin offenkundig davon aus, dass sich die BNP auf kurze Sicht die größten Hoffnungen in ehemaligen Labour-Hochburgen ausrechnen kann. Dies zeigt nicht nur, welche Auswirkungen die Zuwanderung auf einige dieser Gegenden hatte, sondern auch, wie sich „New" Labour unter Tony Blair zunehmend von den traditionellen Belangen der Arbeiterklasse entfernte und sich denen der Mittelschicht zuwandte. Sowohl Erfolge in Gegenden wie Stoke als auch Meinungsumfragen bestätigen die Einschätzung, dass hier das größte Potenzial vorhanden ist. Eine Omnibusumfrage, die in den Jahren 2002-2006 von

16 Z. B. Burnley Task Force, *Burnley Speaks, Who Listens?* (Burnley, 2001), S. 7.

17 Vgl. den Artikel über den sogenannten „Housing Scandal" im *Eastbrook Patriot* (Barking and Dagenham BNP Flugblatt, 2006).

IPSOS-MORI durchgeführt wurde, zeigte, dass die BNP die größte Unterstützung von männlichen Wählern (69 Prozent der Stimmen) und ungelernten Arbeitern (38 Prozent) in wirtschaftlich schwachen, urbanen Gebieten erhält – überraschenderweise übt die Partei jedoch auch Anziehungskraft auf weniger gebildete Angehörige der Mittelschicht aus (30 Prozent).

Im Rahmen einer Strategie der „Gemeinschaftspolitik" begann die BNP, bestimmten Gruppen verstärkt Aufmerksamkeit zukommen zu lassen. Sie widmete sich beispielsweise den Anliegen von Lastwagenfahrern, die sich um steigende Benzinpreise sorgten, und vor allem auch regionalen Belangen. Auf der BNP-Webseite „Oldham in Harmony" ließ sich deutlich erkennen, warum die BNP diese Stadt, die Schauplatz regionaler Unruhen gewesen war, zu ihrem Hauptziel bei den allgemeinen Wahlen im Jahr 2001 auserkor. Hier gelang es Griffin, 16,4 Prozent der Stimmen zu erzielen. Das Impressum auf der Startseite erklärte, dass „Multkulti-Integrationsfanatiker" eine „anständige und stolze Gemeinschaft der Arbeiterklasse zu einem Klein-Bosnien gemacht"[18] hätten. Die BNP hob auch verschiedene regionale Vorkommnisse wie einen vermeintlich rassistisch motivierten Angriff auf einen weißen Kriegsveteranen kurz vor den Wahlen hervor, und nahm damit die in den Regionalblättern seit einiger Zeit laut werdenden Anschuldigen auf, dass die Gegend zunehmend von rassistischen Übergriffen auf Weiße heimgesucht werde.

Am 28. Mai 2008 berichtete die Zeitung *The Guardian*, dass ein BNP-Gemeinderatsmitglied in Stoke behauptet hatte, sie seien die wahren „Kämpfer für die Gemeinschaft", die sich den von der regionalen Labour-Partei ignorierten Anliegen widmen würden. Diese hatte in den 1990er Jahren eine Zeit lang alle Sitze im Gemeinderat von Stoke innegehabt. BNP-Ratsmitglieder verbringen im Gegensatz zu Vertretern der bürgerlichen Parteien, die laut BNP die weiße Arbeiterklasse verraten hätten, gewöhnlich mehr Zeit in ihren Wahlkreisen als im Rathaussaal.[19] Zwar spielen sie so keine große Rolle bei der Politikgestaltung, aber sie nehmen politische Veränderungen auf regionaler Ebene nur zu gerne für sich in Anspruch – beispielsweise 2006 behauptete die Partei, in Dagenham einen „fantastischen Sieg verbucht zu haben", als im Rat beschlossen wurde, das soziale Wohnungsbauprogramm wieder aufzunehmen.[20] Obwohl in der regionalen Presse häufig über Misserfolge von BNP-Ratsmitgliedern berichtet wird, wie z. B. am 23. August 2006 in der Zeitung *Barking and Dagenham Post* des gleichnamigen Londoner Bezirks, in dem die Partei über eine gute organisatorische Struktur verfügt, scheinen die Negativschlagzeilen der Partei in den meis-

18 http://www.oldhamharmony.org (abgerufen am 13. Juli 2001).

19 In ihren Veröffentlichungen, z. B. dem Leitartikel in *Identity* (September 2008), beklagen sie häufig „Den Verrat an der weißen Arbeiterklasse".

20 BNP News, 23. Mai 2006. http://www.bnp.org.uk/news_detail.php?newsID=935 (abgerufen am 23. Mai 2006).

ten Fällen kaum zu schaden (zum Teil vielleicht auch deshalb, weil die BNP die bürgerlichen Medien fortwährend als voreingenommen verteufelt).

Der Schritt in Richtung Kommunalpolitik bedeutete jedoch nicht, dass der Wahlkampf auf nationaler Ebene aufgegeben wurde. Die wachsende Bedeutung der BNP sowie die Tatsache, dass ihr neuer Führer ein schlagkräftiger und eloquenter Sprecher ist, hat der Partei in begrenztem Maße Möglichkeiten eröffnet, ihre Botschaft über die bürgerlichen Medien, einschließlich Radio und Fernsehen, zu verbreiten. Darüber hinaus wurde der Versuch unternommen, national eine stärkere Parteiorganisation aufzubauen. Obwohl die Partei keine reguläre Parteizentrale hat, beschäftigte sie bis zum Jahr 2002 dreißig hauptamtliche Mitarbeiter im Gegensatz zu fünf Mitarbeitern zwei Jahre zuvor. Aus einem im November 2008 an die Öffentlichkeit gelangten Papier geht hervor, dass die Partei mit 12 000 eingetragenen Mitgliedern auch landesweit einen Mitgliederzuwachs verzeichnen konnte und am stärksten im Nordosten vertreten ist. Außerdem gelang es der BNP, die Qualität ihrer Propaganda sowohl im Print- als auch besonders im Internetbereich zu verbessern; ihre Webseite ist die am häufigsten besuchte Webseite einer politischen Gruppierung in Großbritannien.

Betrachtet man die Propaganda auf nationaler Ebene, fällt auf, dass einer der größten Unterschiede zur alten BNP in der Distanzierung der Partei vom Nazismus besteht. So ließ die BNP im Jahr 2008 auf ihrer Webseite beispielsweise verlautbaren:

> „Die BNP will nichts mit der Leugnung des Holocausts zu tun haben, da sie diese als eine selbstgestellte Falle ansieht, die nur darauf abzielt, von dem wahren Problem abzulenken, das Großbritannien im Jahr 2008 bevorsteht, nämlich den Auswirkungen von Massenzuwanderung und dem Verlust unserer nationalen Identität“[21]

Diese deutliche Abkehr von der Nazi-Ideologie schließt offene Kritik am *Führer* mit ein. So schrieb Griffin in der „Theorie“-Zeitschrift der Partei im Jahr 2002: „[L]asst uns den Tatsachen ins Auge sehen: Hitler war nicht nur für Deutschland eine Katastrophe, sondern für die gesamte weiße Rasse“. Griffin fuhr fort, indem er mahnte, dass eine Partei, die nach breiter Zustimmung der Wähler strebt, sich vor den „drei Hs“ hüten müsse: „Harte Parolen, Hobby-Mitglieder und Hitler.“[22]

Die Warnung vor harten Parolen verdeutlicht einmal mehr, in welchen Aspekten die Politik der BNP auf nationaler Ebene verändert wurde, um weniger extrem zu wirken. Eine der Hauptveränderungen betraf das Fallenlassen eines Kernthemas der Politik der NF und der alten BNP, nämlich der „Zwangsrepatriierung“ von „Migranten“ (von denen viele zu diesem Zeitpunkt bereits in zweiter und

21 *BNP News*, 3. Oktober 2008. http//:ww.bnp.org.uk/2008/10/toben-case-highlights-danger-of-eu-gestapo/ (abgerufen am 10. Oktober 2008).

22 *Identity*, Juni 2002.

dritter Generation britische Staatsangehörige waren) und ein Umschwenken auf eine „freiwillige" Repatriierung. Begleitet wurde diese Politik von dem „differentialistischen" Rassenkonzept der Neuen Rechten, das ein stärkeres Gewicht auf Identität als auf Hierarchien legte. Widerstand gegen neue Zuwanderung wurde nun stärker auf der Grundlage der Widerlegung von Arbeitsmarktargumenten begründet, welche die Vorteile von Zuwanderung hervorhoben. Die BNP wies auf Ansprüche hin, die neue Zuwanderer gegenüber öffentlichen Einrichtungen erheben können oder auf die Kosten, die dem staatlichen Gesundheitsdienst aus der Einführung von Krankheiten wie dem extrem resistenten Tuberkuloseerreger entstünden.[23]

Dieser stärker gemäßigte Ansatz fand allerdings im Zusammenhang mit Muslimen in Großbritannien und dem Islam im Allgemeinen keine Anwendung. Bereits vor dem Sommer 2001 schien sich die BNP gewissermaßen damit abgefunden zu haben, dass einige ethnische Minderheiten nicht mehr zu vertreiben sein würden, und hatte sich so zunehmend auf Muslime konzentriert. Die BNP stellte diese als eine Bedrohung der britischen Sicherheit dar, und nach den Londoner Anschlägen im Jahr 2005 behauptete Griffin bei verschiedenen Gelegenheiten, dergleichen vorhergesehen zu haben, da er die Bedrohung durch einheimische Terroristen schon früher betont habe.[24] Nicht nur eine Minderheit von Islamisten wurde als Bedrohung gesehen, sondern die gesamte Gemeinschaft, die als nicht assimilierbar erachtet wurde. In ihrer Propaganda begann die BNP gar, sich zum Verteidiger christlicher Werte gegen die „islamistische Flut" aufzuschwingen, obwohl aus ihrer wichtigsten Theoriezeitschrift klar hervorgeht, dass dies eher eine Form skrupelloser Manipulation als politische Überzeugung war.[25] Vielfach wurde versucht, der Propaganda akademische Legitimation zu verleihen, beispielsweise unter Berufung auf Werke wie Samuel Huntingtons „Kampf der Kulturen" (1995), das als ein Buch angesehen wurde, welches auf einen drohenden Konflikt zwischen dem Westen und dem Islam hindeutet.[26]

In mancher Hinsicht hielt die BNP in ihrer Sichtweise des Westens an Elementen einer fundamentaleren rechtsextremen Ideologie fest. Zum Teil lässt sich dies mit dem Versuch erklären, die Mitglieder der Basis bei der Stange zu halten. Obwohl einige der Spaltungen, die der extremen Rechten auch nach 2000 weiterhin zu schaffen machten, stärker in personellen als in politischen Fragen

23 BNP News, 27. August 2008. http://www.bnp.org.uk/2008/08/bogus-asylum-invader-has-brought-deadly-incurable-super-tb-tobritain/ (abgerufen am 27. August 2008).

24 Für ein Beispiel einer dieser Warnungen vgl. 'Extremist Imam Says Britain Is a "Land of War"', 17. Januar 2005. http://www.bnp.org.news_detail.php?newsId=126 (abgerufen am 24. Januar 2005).

25 *Identity*, Februar 2008.

26 Z. B., „Clash of Civilisations", nd. http://www.bnp.org.uk/ (abgerufen am 28. Februar 2006).

begründet waren, war Griffin sich darüber im Klaren, dass einige andere in der Partei weder den stärker populistischen Kurs noch seine Führung selbst befürworteten. Zwar war Griffin ein souveräner Redner, aber er verfügte innerhalb der Führungsspitze nicht über das „Klüngel"-Charisma*, das Hitler in den Jahren der Bedeutungslosigkeit dabei geholfen hatte, die Nazis zusammenzuhalten. Auch gibt es keine Anzeichen dafür, dass Griffin ein besonderes „Zentripetalcharisma" auf eine breite Masse von Wählern ausübt, wie Hitler und in geringerem Maße auch Le Pen dies taten (dies lässt sich zum Teil darauf zurückführen, dass ihm in den bürgerlichen Medien kaum Platz eingeräumt wurde, und die Wähler die BNP so eher in Bezug auf politische Themen als auf ihren Anführer wahrnehmen).[27]

An ihren Reaktionen auf den 11. September wurde deutlich, dass auch frühere Ansichten der extremen Rechten noch Bestand hatten. Griffin behauptete, dass das Hauptziel der Anschläge vom 11. September „ein Zwillingsturm von Babel – ein Teil der Machtstrukturen des globalen Kapitalismus, der unserer ethnischen Gruppe gegenüber gleichgültig ist" gewesen sei.[28] Die BNP-Propaganda enthielt häufig kritische Anspielungen auf angebliche Pläne Israels und Amerikas, gemeinsam die Weltherrschaft zu ergreifen. Gewöhnlich wurde unter Verwendung des Ausdrucks „die Neue Weltordnung" auf diese vermeintlichen Pläne Bezug genommen. Alte antiamerikanische und jüdische Verschwörungstheorien erschienen im neuen Gewand und auch die alte Antipathie gegenüber der EU wurde weiter gehegt. Deren „demokratisches Defizit" versorgte die BNP mit nützlicher Munition für ihre Attacken auf die Verwaltung in Brüssel. Häufiger wurde die EU jedoch als unmittelbare Bedrohung der nationalen Interessen und des nationalen Wohlstands dargestellt – so beispielsweise durch ihre angeblichen Pläne, die britischen Öl- und Gasfelder in der Nordsee zusammenzulegen.[29]

Wirtschaftsnationalismus war von jeher ein Schlüsselthema innerhalb der extremen Rechten gewesen. Der Kapitalismus sei instabil und nicht egalitär und zeichne sich eher durch unternehmerische Gier als durch die Vertretung nationaler Interessen aus. Während der 1980er und 1990er Jahre hatten die Angriffe auf den Kapitalismus erheblich nachgelassen, als verschiedene marktwirtschaftliche Maßnahmen, zu denen unter anderem ein weitreichendes Privatisierungsprogramm gehörte, bei der Beseitigung einiger wirtschaftlicher Schwächen Groß-

* A.d.Ü.: Im englischen Original werden hier die von R. Eatwell geprägten Begriffe „coterie charisma" und „centripetal charisma" verwendet.

27 Für eine ausführliche Klärung des Charisma-Begriffs, der hier nicht im Sinne des Weber'schen Erklärungsmodells verwendet wird, vgl. R. Eatwell, „The Concept and Theory of Charismatic Leadership", in A. Costa Pinto, R. Eatwell und S. U. Larsen (Hrsg.), Charisma and Fascism in Interwar Europe (Routledge, London, 2007).

28 *Identity*, Dezember 2001.

29 *BNP News*, 10. Januar 2009. http://bnp.org.uk/2009/01/european-union-demands-that-britain-hand-over-its-north-sea-oil-and-gas/ (abgerufen am 10. Januar 2009).

britanniens zu greifen schienen. Die „modernisierte“ Propaganda der BNP war dennoch deutlich durch einen starken Wirtschaftsnationalismus gekennzeichnet.[30] Vor dem Hintergrund der drohenden schweren Rezession im Jahr 2008 nahm die Partei ihre Angriffe mit erhöhter Intensität erneut auf. Ein von einem langjährigen rechtsextremen Aktivisten verfasster Artikel verkündete, dass die Krise nicht lediglich ein „Fehler“ war, sondern „DASS SIE DAS KAPITALISTISCHE SYSTEM SELBST IST“ – und er fügte hinzu, dass die Banken und der Finanzsektor „dem Volk gehören und von ihm kontrolliert werden sollten“[31]. Allgemeiner formuliert, wurde auch die sich verschärfende Krise als weiterer Beleg dafür angeführt, dass die Partei schon früher vorhergesehen hatte, was passieren würde.

Zusammenfassung

Obwohl Großbritannien das von der aktuellen Wirtschaftskrise am stärksten bedrohte Land Europas ist, haben die unmittelbaren politischen Auswirkungen dazu beigetragen, die Labour-Partei wiederzubeleben. Bei den Wahlen 2008 erzielte die Labour-Partei mit 24 Prozent der Stimmen im Vergleich zu 44 Prozent für die Konservativen das schlechteste Ergebnis seit ihrem Bestehen. Die anschließende Wiederbelebung der Partei ist vor allem darauf zurückzuführen, dass Premierminister Gordon Brown von 1997-2002 Finanzminister gewesen war und sich einen Ruf als Finanzexperte hatte aufbauen können. Andererseits hatte die junge Führungsspitze der Konservativen Schwierigkeiten, eine deutliche Alternative zu Browns „alter“ Labour-Antwort des State-and-Spend auf die Krise aufzuzeigen. Darüber hinaus verschafften Treffen mit europäischen Führern und Weltführern im Zuge der Krise Brown zusätzliche Auftritte in den Medien und ein gutes Ansehen. Ob dieses Wiedererstarken der Labour-Partei von Dauer sein wird, wenn sich die Krise in Großbritannien dramatisch verschärft, wird sich zeigen müssen.

Ebenso ist die Frage, ob es der BNP gelingen wird, bedeutend an Wählerstimmen zuzulegen. Die Partei setzt große Hoffnungen darauf, bei den Wahlen zum Europäischen Parlament im Jahr 2009 deutliche Zuwächse zu verzeichnen. Mit Sicherheit wird die „United Kingdom Independence Party“ (UKIO), die 2004 bei der Europawahl 16 Prozent der Stimmen gewinnen konnte, diesmal keine große Herausforderung für die BNP darstellen. Ihr Erfolg war vor allem auf die Mitwirkung einer bekannten TV-Persönlichkeit im Wahlkampf und die Durchführung von Antizuwanderungs- und Anti-EU-Kampagnen in einigen Gegenden

30 Vgl. beispielsweise „Made in Britain“, *The Voice of Freedom*, April 2005.

31 M. Wingfield, „The Fall of the House of Mammon“, 1. Oktober 2008. http://www.bnp.org.uk/2008/10/the-fall-of-the-houses-of mammon/print/ (abgerufen am 1. Oktober 2008).

zurückzuführen. Die bürgerlichen Parteien haben weniger überzeugte Mitglieder und fast alle haben einen hohen Mitgliederschwund zu verzeichnen. Hinzu kommt, dass sie in ihrer gesamten Geschichte noch nie zuvor so entfremdet von der bürgerlichen Gesellschaft wie heute waren. Auf das Potenzial für weitere Zugewinne für die BNP wies die „antifaschistische" Zeitschrift *Searchlight* im September 2008 hin, die schrieb, dass es längst nicht mehr ausreicht, die Partei mit dem Zusatz „Nazi-" zu versehen, da dies „zunehmend weniger durchschlagend wirkt in Gegenden, in denen die BNP einen guten Stand hat... Und die Wahrheit ist, dass es im ganzen Land mehr und mehr solcher Gegenden gibt."

Gegenwärtig kann die BNP allerdings nur in wenigen Gegenden auf ein bedeutendes Maß an stimmenmäßiger Unterstützung zählen. Bis jetzt ist es Griffin und der BNP noch nicht gelungen, genügend Eingang in die Medien zu finden, da sich ein Großteil der „Medienwächter" widerstrebend zeigt, der BNP eine öffentliche Plattform zur Verfügung zu stellen. Obwohl auf der immer länger werdenden Liste der BNP-Ratsmitglieder einige erscheinen, die kaum etwas mit dem stereotypen Bild des Rechtsextremisten gemein haben, ist doch der Großteil der Aktivisten weit weniger imponierend. Griffins Mahnung, die „drei H's" zu meiden, war nicht nur an Hardliner und Hitler-verehrende Nazis gerichtet, die in der Partei verblieben waren. Sie bezog sich auch auf so genannte Hobby-Mitglieder, die nicht willens waren, ihre Zeit für Parteiaktivitäten zur Verfügung zu stellen – außer für Besäufnisse, bei denen Tausende Pfund von Parteigeldern „wortwörtlich im Rachen der Bierfraktion"[32] verschwanden.

Hinzu kommt, dass die Identität der BNP in verschiedener Hinsicht „verdorben" ist. Zahlreiche journalistische Arbeiten haben sich mit der Aufdeckung des (nicht allzu) versteckten Nazi-Gesichts der BNP beschäftigt. So beispielsweise eine im Jahr 2002 gedrehte Dokumentation von Channel 4 mit dem Namen *Young, Nazi and Proud,* in der Mark Collett ein Loblied auf Hitler singt. Obwohl er daraufhin seines Amtes als Vorsitzender der Jugendorganisation der BNP enthoben wurde, erfolgte seine Rehabilitierung binnen kurzer Zeit, und im Januar 2009 wird er auf der Webseite der Partei als Leiter der Öffentlichkeitsarbeit vorgestellt.[33] Es kann kaum bezweifelt werden, dass viele Wähler die BNP nach wie vor mit Extremismus und mit Gewalt gegen Angehörige ethnischer Minderheiten in Verbindung bringen. Obwohl die BNP-Führung einige ernsthafte Versuche unternommen hat, die Partei vom gewalttätigen Rand zu distanzieren, ist es auf regionaler Ebene häufig unmöglich, eine klare Unterscheidung zwischen dem wählbaren und dem gewalttätigen Flügel der extremen Rechten vorzunehmen.

32 *Identity*, Januar 2003.
33 http://www.identitymagazine.org.uk/editorial.html (abgerufen am 12. Januar 2009).

An dieser Stelle muss noch einmal betont werden, dass die extreme Rechte nicht nur im Rahmen der Wahlarena betrachtet werden darf. Während Statistiken zu Angriffen auf ethnische und religiöse Minderheiten mit Vorsicht zu betrachten sind, haben tätliche und verbale Angriffe auf Muslime nach dem 7. Juli nachweislich zugenommen. Jedenfalls zeigte eine ICM-Umfrage im Auftrag der Fernsehsendung *Dispatches* anlässlich des dritten Jahrestages der Bombenanschläge vom 7. Juli, dass 36 Prozent der befragten Muslime angaben, dass entweder sie selbst oder Mitglieder ihrer Familien nach den Bombenanschlägen Opfer von „Feindseligkeit oder Beschimpfungen" aufgrund ihrer Religion geworden waren. Während ein Großteil derartiger Übergriffe durch Personen verübt wurde, die nicht unmittelbar mit der BNP in Verbindung standen, taucht der Name dieser Partei häufig in muslimischen Kampagnen auf, die sich mit dem Problem „rassistischer" Übergriffe beschäftigen. Umgekehrt stellt die BNP Weiße als die Hauptopfer von rassistischen Übergriffen dar. Eben diesem Thema widmete sich ein neues zwölfseitiges Pamphlet mit dem Titel *Racism Cuts Both Ways* [Rassismus existiert in zwei Richtungen], das die Partei im Jahr 2008 offenbar in einer höheren Auflage drucken ließ als je eine andere BNP-Publikation zuvor.

Diese wechselseitige Beeinflussung deutet bereits die potenzielle Gefahr eines „kumulativen Extremismus" in Form von einer Spirale der Gewalt an. Eine solche Entwicklung könnte sich in Unruhen wie denen im Jahr 2001 ausdrücken. Diese nahmen ihren Anfang, als rassistische Provokationen von Seiten weißer Jugendlicher in Oldham eine Antwort der zunehmend selbstbewussten und „machohaften" jungen Muslime hervorrief, die „ihr Revier" gegen das Eindringen von Fußball-Gangs verteidigen wollten. Wenngleich die Gang-Kultur im Fußball in den vergangenen Jahren teilweise infolge von Polizeiüberwachung zurückgegangen zu sein scheint, bleibt die Bedrohung bestehen. Ein Blick beispielsweise auf die Webseite der Fußball-Hooligan-Gruppierung „Leeds Service Crew" und der mit ihr verbundenen Webseiten bei Beebo und YouTube zeigt, dass Kommentare wie „You paki al queada fucker u die in hell ill personally cut u up… Dickhead" [sinngemäß: „Du pakistanisches Al-Qaida Arschloch, du stirbst in der Hölle, ich werde dich persönlich in Stücke schneiden… Arschloch"] sowie Drohungen mit einem Rassenkrieg weit verbreitet sind.[34]

Derartige Drohungen kursieren im Internet, seit die extreme Rechte in den 1990er Jahren anfing, es zu nutzen, ohne dass diese rassistischen Fantasien Realität geworden wären. Wenn allerdings auf ein weiteres islamistisches Bombenattentat innerhalb kurzer Zeit ein rechtsextremistischer Angriff auf ein bedeutendes muslimisches Zielobjekt erfolgen würde, könnte es dazu kommen,

34 http://www.youtube.com/watch?v=dLDbIPloVFE (abgerufen am 12. Dezember 2008). – Diese Seiten haben ausdrücklich nichts zu tun mit dem Fußballclub Leeds United.

dass Großbritannien zum Schauplatz einer Spirale der Gewalt und einer Polarisierung der Gesellschaft wird. Die Wahrscheinlichkeit eines solchen Initialangriffs erscheint umso größer angesichts des israelischen Einmarsches in Gaza, den extremistische muslimische Gruppen mit der außenpolitischen Unterstützung in Verbindung zu bringen suchten, die Großbritannien dem israelischen „Terrorismus" angeblich zuteil werden lässt. Dieselbe Gefahr bestünde auch, sollte sich ein umgekehrtes Szenario ergeben. Gelingt es der BNP entgegen ihren Erwartungen nicht, innerhalb der nächsten Jahre bei Wahlen einen Durchbruch zu erzielen, wird die Bedrohung durch rechtsextremen Terror mit an Sicherheit grenzender Wahrscheinlichkeit ebenfalls zunehmen.

Julia Verse

Konstruktion und Bedeutung des irischen Nationalismus: Geistige Tradition rechten Denkens in der Republik Irland

Obwohl es in der Republik Irland keine rechtsextreme Partei wie die NPD gibt, bedeutet dies keineswegs, dass Irland frei ist von anti-egalitärem Gedankengut oder rassistischer Politik. Das Fehlen einer offiziellen Manifestation von Rechtsextremismus in Form einer Nazi-Partei ist kein aussagekräftiger Indikator für das Ausmaß rechtsextremistischer Praxen und Diskurse innerhalb eines politischen Systems. So lässt sich im Umkehrschluss Rechtsextremismus in der Bundesrepublik Deutschland durchaus nicht auf die NPD reduzieren. Auch die Konferenz „Rechtsextremismus in Deutschland und Europa", die im Herbst 2008 in Berlin stattfand, verdeutlichte, dass Rechtsextremismus ein schwieriger und kontrovers diskutierter Begriff ist, der Fragen nach den Grenzen des demokratischen Spektrums aufwirft. Unbestritten ist jedoch der Nukleus jeder rechten Ideologie Rassismus. Völkisches, anti-egalitäres und anti-emanzipatorisches Denken bilden die ideologischen Grundlagen von Rechtsextremismus. Vor diesem Hintergrund muss sich die Forschung zu (Anti-)Rassismus in der Republik Irland unbedingt mit der Geschichte rechter Ideologien und ihrer Bedeutung für die politische Kultur Irlands befassen.[1]
Darüber hinaus verwies die Konferenz auf die Bedeutung einer transnationalen Forschungsperspektive, die jedoch die Tragweite des jeweiligen kulturellen und nationalen Kontextes nicht aus dem Blick verliert und die historische Genese von politischen Traditionen und ihre Wirkung auf eine politische Arena der europäischen Gegenwart erforscht. So wurde für den bundesdeutschen Kontext deutlich, dass zu einer wirksamen Analyse der so genannten Neuen Rechten, welche Voraussetzung für die Entwicklung wirksamer politischer Gegenstrategien ist, eine Untersuchung des Gedankenguts der Konservativen Revolution unerlässlich ist. Gleichsam unentbehrlich für eine Beurteilung der Bedingungen und Möglichkeiten rechter wie linker Politik in der Republik Irland ist eine Erforschung der geistigen Tradition rechten Denkens in der irischen Geschichte. So werde ich im Folgenden die Konstruktion und Bedeutung des Nationalismus als wichtigster Ideologie im heutigen Irland erläutern.

Gaelic Revival – Die Konstruktion des irischen Nationalismus

Im irischen Nationbuilding, welches große Ähnlichkeiten mit anderen europäischen nationalen Bewegungen des 19. Jahrhunderts aufweist, wurde ein exklusi-

1 Der Arbeitstitel meines Dissertationsprojektes lautet „Rassismus und Antirassismus in der Republik Irland".

ves Konzept nationaler Identität entworfen.[2] Unter Zuhilfenahme der Idee einer katholisch-gälischen Nation betrieben die Iren die Erfindung ihrer selbst.[3] Hier liegen die historischen Wurzeln eines nationalistischen Rassismus, der eine imaginäre Definition von der Nation als einer geeinten kulturellen Gemeinschaft propagiert. Auch im irischen Nationalismus manifestiert sich die von Balibar und Miles konstatierte wechselseitige Determination von Rassismus und Nationalismus sowie ihre ideologische Verknüpfung.[4] Geschichte, Kultur und „Rasse" werden dazu benutzt, ein System der Differenz zu konstruieren, welches auf einer ausgrenzenden Definition dessen, wer dazugehört und wer nicht, basiert. Rassismus geht aus dem Nationalismus hervor und richtet sich nicht nur nach außen, sondern auch nach innen. Hall und Gilroy folgend, kann man den Prozess nachzeichnen, in dem eine Metaphysik von *Irishness* mit rassistischen Zügen kreiert wird.[5]

Das heutige Verständnis von *Irishness*[6] wurde maßgeblich im *Gaelic Revival* vorgeformt. Das *Gaelic Revival* ähnelt dem deutschen bürgerlichen Kulturnationalismus des frühen 19. Jahrhunderts.[7] Das Gedankengut der deutschen Romantik greift den Idealen bürgerlicher Gelehrter in Irland vor, die sich nun – wenn auch zeitlich verzögert – seit den 1880er Jahren auf die Suche nach archaischen Traditionen der Kultur in ihrer Geschichte machen. Überall in Europa, in Italien wie in Finnland, in Griechenland wie in Frankreich, scheuten begeisterte Schatzsucher keine Reise, um in ethnographischen oder protoethnographischen Beschreibungen Brauchtum, Märchen, Gesänge und Aberglaube für die Nachwelt zu entdecken und festzuhalten. In Irland geschah dies mit nachhaltiger Gründlichkeit, möglicherweise aufgrund der kolonialen Situation auch mit einer durch Leidensdruck verstärkten Leidenschaft. Denn bis heute erscheint die irisch-

2 Cornelius O'Leary hebt die Parallelen zum tschechischen Nationalismus in Österreich-Ungarn hervor. Vgl. O'Leary, Cornelius: Celtic Nationalism. An Inaugural Lecture Delivered Before the Queen's University of Belfast on 11th May 1981 (New Lecture Series, Nr. 132), Belfast 1981, S. 10. Dieser Vergleich deutet an, dass der postkoloniale Charakter der irischen Gesellschaft und die Erfahrung der Iren nicht ganz so singulär in der europäische Geschichte sind, wie zuweilen angedeutet wird. Vgl. Kiernan, Victor: The Lords of Human Kind. European Attitudes to Other Cultures in the Imperial Age, London 1995, S. 29.

3 Für eine vertiefende Lektüre zur Geschichte des irischen Nationalismus vgl. Kee, Robert: The Green Flag. A History of Irish Nationalism, London 2000.

4 Balibar, Etienne: Rassismus und Nationalismus, in: Ders.: Wallerstein, Immanuel (Hrsg.): Rasse, Klasse, Nation. Ambivalente Identitäten, Hamburg 1990, S. 49-84; Miles, Robert: Rassismus. Einführung in die Geschichte und Theorie eines Begriffs, Hamburg 1991.

5 Hall, Stuart: Rassismus als ideologischer Diskurs, in: Räthzel, Nora (Hrsg.): Theorien über Rassismus (Argument Sonderband 258), Hamburg 2000, S. 7-16; Gilroy, Paul: The End of Antiracism, in: Donald, James; Rattansi, Ali (Hrsg.): ‚Race', Culture and Difference, London 1992, S. 49-61.

6 Irishness bezeichnet die spezifische Konstruktion irischer nationaler Identität.

7 Zum bürgerlichen Kulturnationalismus in Deutschland vgl. Kaschuba, Wolfgang: Einführung in die Europäische Ethnologie, München 1999, S. 26 ff.

gälische Kultur reicher und stärker, ursprünglicher bzw. keltischer und andersartiger als zum Beispiel ihr englisches Äquivalent.[8]
Auf das *Gaelic Revival* ist die bis heute funktionierende symbolische Verbindung von *Irishness* mit der irischen Westküste zurückzuführen, die nicht nur als wild und ungezähmt, sondern auch als für die irische Nation archetypische Landschaft konstruiert wurde, die seit jeher die Heimat der Kelten sei. Kein Zufall also, dass Irland noch heute auch und gerade in Deutschland viele zuerst an eine Kulisse aus grünen Feldern und Wiesen, sanften Hügeln, verwunschenen Burgen, wildromantischen Küstenlandschaften und unzähligen Schäfchen denken lässt, vor der – einen Esel hinter sich herziehend – rothaarige Kelten ihrem bäuerlichen Treiben nachgehen.
So wie in Deutschland schlug in Irland die Stunde der Philologen und Sprachwissenschaftler, die überlieferten Sagen und Legenden nachspürten. Die Gebrüder Grimm hatten irische Brüder im Geiste, von denen die irische Sprache zum zentralen Medium erhoben wurde, um irische Identität und Geschichte vor dem sozialen Tod zu bewahren. Da die Wiederbelebung der irischen Sprache integraler Bestandteil der irischen nationalen Bewegung war, wurde 1893 die *Gaelic League* gegründet, deren Hauptziel die Erhaltung des Irischen als einer gesprochenen Sprache war. Diese im *Gaelic Revival* federführende und nach wie vor überaus einflussreiche Organisation war im Jahr 2005 maßgeblich an der Durchsetzung der Anerkennung des Irischen als offizielle Sprache der Europäischen Union beteiligt.[9] Noch heute glauben viele Iren, mit der Förderung des Irischen ihre nationale und kulturelle Identität gewinnen und festigen zu können.
Das *Irish Literary Revival*, welches zuweilen auch *Celtic Revival* genannt wird und maßgeblich von William Butler Yeats angeführt wurde, hatte die Rettung einer „authentischen“ irischen Kultur zum Ziel. Die Verbreitung spezifischer literarischer und kultureller Motive sollte das nationale Bewusstsein stärken. Dichter, Volkskundler und Historiker, die zu einer mythischen gälischen Vergangenheit zurückkehrten, betrachteten ihre Arbeit als eine Rückeroberung der

8 Nicht nur in England, sondern auch in Deutschland und Europa, war die heidnische Zeit sicherlich ebenso faszinierend und fremdartig im Vergleich mit der christianisierten und industrialisierten Lebenswelt. Die Überbetonung des irischen Mystizismus verstärkte die irisch-englische Dichotomie, was sicherlich von einigen Anhängern des Gaelic Revival gewollt, jedoch dem Abbau von Stereotypisierung abträglich war. Vgl. Cleeve, Brian: A View of the Irish, London 1983, S. 23.

9 Vgl. http://www.gaeilge.ie/foras/news/article.asp?toggle=yes&lang=en&id=136 (08.01.2009). An der Geschichte der Gaelic League lässt sich vortrefflich die zunehmende Politisierung einer vorerst vordergründig unpolitischen Vereinigung nachvollziehen: Sie wurde zu einem Treffpunkt zahlreicher Nationalisten und somit zu einer Basis für entstehende nationalistische Zusammenschlüsse wie die Irish Volunteers (1913). Letztlich verschrieb sich die Gaelic League explizit dem nationalen Befreiungskampf.

eigenen Kultur, die durch mehrere Jahrhunderte britischer Herrschaft fast gänzlich ausgelöscht worden war.[10]

Doch da diese Wiederinbesitznahme und Erfindung irischer Identität größtenteils in einer Umkehrung von Fremdzuschreibungen bestand, spiegelte es auch den britischen Imperialismus und seine Epistemologie wider: Die Selbstbeschreibungen und die neu entworfenen positiven Irenbilder, die der rassistischen Stereotypisierung durch die britischen Eroberer entgegenwirken sollten, weisen Analogien zu eben jener Stereotypisierung auf und sind ebenso Produkt eines gesellschaftlichen Konstruktionsprozesses. Dieser wiederum kann durchaus auch als ein rassistischer Konstruktionsprozess bzw. eine an sich selbst vollzogene *racialisation*[11] oder Selbstethnisierung bezeichnet werden.

Die große Geschichte des europäischen Nationalismus wurde von den Iren mitgeschrieben.[12] Auch in Irland galt: Ein politisches Projekt, welches Zukunft haben soll, benötigt ein großes Narrativ. So konstruierten bürgerliche Gelehrte eine Kontinuität irischer Geschichte und Kultur, die sich bis in graue Vorzeit irischer Mythen zurückverfolgen ließ. In Irland wurden die gleichen Mittel wie in anderen europäischen Nationalismen eingesetzt, denn wie jeder andere Nationalismus brauchte auch der irische Ursprungsmythen und baute Gemeinschaftsgefühle über die irische Sprache und über die Beschwörung eines nationalen „Urvolks" – den Kelten – auf. So findet sich auch im irischen Nationalismus völkisches Denken, das als Grundlage für die irische nationale Identität herangezogen wird. Der arische Mythos spielt hier wie dort bis heute für Anhänger rechtsextremer Ideologien eine wichtige Rolle.

In Irland wurde die Verknüpfung von „Volk" und „Nation" zum Bestandteil einer Tradition revolutionären Widerstandes gegen die britische Herrschaft, doch zugleich funktioniert sie als Instrument der *racialisation* nach innen, das Bevölkerungsgruppen ein- bzw. ausschließt. Die weitverbreitete Selbst- und Fremdsicht der Iren als *das* „keltische Volk" schlechthin, die sich in Irland nicht nur in einem extremen Hang zu keltischer Ornamentik äußert, ist eines der unter

10 Als weiterführende Lektüre zum Irish/Celtic/Literary Revival sowie zur Gaelic League vgl. FitzSimon, Betsey Taylor; Murphy, James H. (Hrsg.): The Irish Revival Reappraised, Dublin 2004.

11 Ein durch Robert Miles in die rassismustheoretische Diskussion eingebrachter Begriff, der die Konstruktion von „Rasse" bezeichnet. Bei der Rassenkonstruktion handelt es sich laut Miles um einen ideologischen Prozess der Bedeutungskonstitution, denn wenn ein reales oder vorgestelltes biologisches Merkmal zum Bedeutungsträger gemacht wird, um den Anderen zu definieren, „unterwirft man das eigene Selbst notwendigerweise der Definition durch das gleiche Kriterium". Miles, Robert: Bedeutungskonstitution und der Begriff des Rassismus, in: Räthzel, Nora (Hrsg.): Theorien über Rassismus (Argument Sonderband 258), Hamburg 2000, S. 21.

12 Benedict Andersons konstruktivistischer Ansatz der Nation als imagined community lässt sich auch auf die irische anwenden: Sie ist eine vorgestellte, souveräne und – daher rührt ihr exklusiver Charakter – begrenzte Nation, an der folglich nicht jeder Mensch teilhaben kann. Anderson, Benedict: Imagined Communities. Reflections on the Origin and Spread of Nationalism, London 1983.

(ästhetischen Gesichtspunkten) bedauernswerten Resultate der Erfindung der „keltischen Rasse". Vergessen wird gänzlich, dass der Begriff Kelten eine Kulturstufe (europäische Eisenzeit) kennzeichnet, nicht eine Sprachgruppe oder gar „Rasse". "A (...) problem with the 'Celtic' theory is that it is nonsense. I remember reading somewhere that according to skull types found in graveyards there is as much 'Celtic' blood in Berkshire as there is in Wicklow."[13]

Das *Gaelic Revival* war eine bürgerliche Bewegung, die anfangs von zahlreichen Protestanten mitgetragen wurde.[14] Es ließ die soziale Frage ungestellt (und somit unbeantwortet) und berührte in seinem Idealismus nicht die Arbeiterklasse. Mit dem Ansinnen, das eigene Anderssein in Abgrenzung zu allem Britischen zu definieren, schnitt sich das intellektuelle Leben in Irland vom britischen ab, und verlor so einen wichtigen Stimulus. Die Hinwendung zu einer imaginierten Vergangenheit führte zu einem kulturellen und intellektuellen Protektionismus, der das politische Leben Irlands dauerhaft veränderte. Was als vordergründig eher kulturelles Projekt begann, wandelte sich in ein dezidiert politisches. "The Gaelic revivalists became politicians, albeit often against their will and inclination. (...) Political nationalism and the Cultural Revival Movement became one and the same."[15]

Es entwickelte sich ein kulturell und religiös fundierter Nationalismus, der die irischen Revolutionen bzw. den Kampf um nationale Unabhängigkeit 1916 wie 1921 nachhaltig prägte, und weit darüber hinaus den *Irish Free State* und dessen Nachfolger, die Republik Irland, formte und dominierte. Bis heute ist dieser Nationalismus Ausgangspunkt und Fundament der politischen Kultur der Republik Irland. Sprache, ethnische und konfessionelle Zugehörigkeit sind Kriterien für die Teilhabe an der irischen Nation sowie an *Irishness*.

Im vorliegenden Rahmen kann weder die Vielschichtigkeit des irischen Nationalismus noch die Komplexität der politischen Kultur Irlands, ihre verzweigten Traditionslinien und ihre Eigenarten erschöpfend analysiert werden. Trotzdem muss erwähnt werden, insbesondere da es sich hier um einen im Gespräch mit irischen Antirassisten häufig verwendeten Begriff handelt, dass Republikanismus – neben Nationalismus – einen wichtigen ideologischen und intellektuellen Einfluss auf die irische Entwicklung nahm. Die heutige demokratische Staatsform der Republik Irland verweist auf amerikanische und französische – also nicht-englische – Einflüsse. Dabei sind die historischen Wurzeln republikanischer Ideale in Irland als obskur zu bezeichnen, und bringen letztlich ein ideologisches Gebilde hervor, welches ich in seiner Widersprüchlichkeit als typisch irisches Produkt bezeichnen möchte: Es finden sich Spuren des antiklerikalen französischen Republikanismus sowie schottisch-presbyterische – also zutiefst

13 Cleeve, Brian: A View of the Irish, London 1983, S. 12.

14 Der überkonfessionelle und säkulare Kampf für die irische Unabhängigkeit wurde endgültig in der fortschreitenden Politisierung des Gaelic Revival und zugunsten eines katholischen Nationalismus aufgegeben.

15 Cleeve, Brian: A View of the Irish, London 1983, S. 24.

antikatholische – und selbst monarchistische Ideale. Die Ambivalenz drückt sich außerdem darin aus, dass die irische Spielart des Republikanismus eng mit dem irisch-katholischen Nationalismus verbunden ist, wobei letzterer auch in diesem Punkt letztlich seine Dominanz entfaltet:

> "Irish political terminology (...) is sometimes idiosyncratic: the term 'republicanism', for example, has drifted from its classical significance and has come to mean a brand of revolutionary nationalism rather than a theory of government."[16]

In Irland führte der Schulterschluss zwischen Nationalismus und katholischer Kirche dazu, dass die Gesellschaft fest im 19. Jahrhundert stecken blieb. Die reaktionäre Staatsideologie, die Verstaubtheit der von katholischer Kirche und autoritärer Politik kontrollierten irischen Gesellschaft sowie die Korruption in der irischen Politik kritisierte noch 1980 Bob Geldof – der fünf Jahre später zum Initiator des Konzertprojekts *Live Aid* werden sollte – in dem Hit „Banana Republic" der Boomtown Rats:

BOOMTOWN RATS "Banana Republic" (1980)

> Banana republic
> Septic isle
> Screaming in the suffering sea
> It sounds like crying
> Everywhere I go
> Everywhere I see
> The black and blue uniforms
> Police and priests[17]
> (...)
> The purple and the pinstripe[18]
> Mutely shake their heads
> A silence shrieking volumes
> A violence worse than they condemn
> Stab you in the back yeah
> Laughin' in your face
> Glad to see the place again
> It's pity nothing's changed

Die in diesem Titel zum Ausdruck gebrachte Desillusionierung durch die irischen Verhältnisse ist ein wiederkehrendes Moment im Gespräch mit vielen Iren und antirassistischen Aktivisten in Irland. Hier geht es nicht nur darum, die autoritäre Gesellschaftsform zu beschreiben, sondern darüber hinaus die schwierigen Rahmenbedingungen für widerständiges Verhalten oder politischen Akti-

16 Garvin, Tom: 1922: The Birth of Irish Democracy, Dublin 1996, S. 3.

17 Schwarze Soutanen trugen die Priester, die Uniform der irischen Polizei (Gardaí) ist blau.

18 The purple und the pinstripe bezeichnen den Klerus und die herrschende Klasse.

vismus zu beklagen. So bemerkte eine politische Aktivistin aus der antirassistischen Szene:

Ireland was actually very stifled. In the 60s and 70s Ireland was a very, very stifled type of society. Very right-wing, Catholic ideas about how the country should be run because the biggest kind of cultural influences was the Church. And also the controversy around Irish identity. Because really, Irish identity was only a *new* thing in fact. Because Ireland was actually a very diverse country before the civil war. So, the first thing that the new state did was set up national schools, taught the same curriculum throughout the country to try and homogenise the people so they'd all believe the same things. The whole cultural identity, Irish nationalism is very strong on Irish people, and so they wouldn't have been this whole thing about critiquing the government – because we were the *Irish nation*, and also people weren't educated to critique or think critically about things.[19]

Die historische Entwicklung des irischen Nationalismus liefert zahlreiche Ansätze einer Erklärung für die marginale Rolle, die emanzipative oder linke (im Sinne von marxistisch-sozialistischen) Ideologien in der Geschichte der politischen Kultur in Irland spielen. Nur in den Jahren vor dem Osteraufstand von 1916 öffnete sich ein sich als zu kurz erweisendes Zeitfenster, in dem ein marxistischer Sozialismus – wie er zum Beispiel von den beiden Gewerkschaftsführern James Connolly und Jim Larkin vertreten wurde – die Möglichkeit von gesellschaftlicher Veränderung versprach. Das Schicksal der zwei genannten Protagonisten linker Agitation ist sinnbildlich für das Schicksal sozialistischer Politik in Irland: Connolly wurde nach dem gescheiterten Osteraufstand in Kilmainham Gaol[20] hingerichtet, während Larkin für mehrere Jahre in die USA entschwand, wo er für seine kommunistische Agitation ins Gefängnis wanderte. "The faint 'threep-threep' of a Socialist dawn chorus was drowned by the nationalist uproar of 'The Soldier's Song' (…)."[21]

Die Erfindung Irlands als gälisch-katholische Nation und die *racialisation* von *Irishness*, die ein exklusives Modell nationaler Identität entwarf, erweist sich als langlebig und folgenschwer. Hier wurde ein Blut-und-Boden-Nationalismus etabliert und eine klare Bestimmung dessen vorgenommen, wer und was zur irischen Nation gehören darf – und wer nicht. Es entstand ein völkischer Mythos, dessen Ingredienzien gälische Herkunft und strenggläubiger Katholizismus waren. Das nationalistische Metanarrativ existiert bis heute fort, und auch wenn seit Mitte der 1990er Jahre das traditionelle Verständnis von irischer Identität in Irland diskutiert wird, so wird es bis heute mehrheitlich als eine monokulturelle religiös-ethnische Konstruktion definiert. Hieraus resultiert auch eine fixe Vor-

19 Interview mit Sheila (anonymisiert) vom 30.05.2005. Transkript im Archiv der Autorin.

20 Dieses ehemalige Gefängnis im Dubliner Stadtviertel Kilmainham ist heute eine historische Gedenkstätte für den nationalen Befreiungskampf Irlands.

21 Cleeve, Brian: A View of the Irish, London 1983, S. 25.

stellung darüber, wie „irisch aussehen“ bestimmt wird – nämlich weiß und europäisch. Eine Konsequenz dessen lässt sich in der Qualität der irischen Einwanderungskontrollen seit 1997 beobachten: Ganz gezielt werden vor allem schwarze und asiatisch aussehende Reisende kontrolliert.[22] Die Idee der Existenz einer irischen „Rasse“ ist bis heute ein Referenzpunkt für die kollektive Identität Irlands.[23] Der ideologische Prozess, der eine “Rasse” hervorbringt, bringt immer Vorstellungen über die “Reinheit” dieser “Rasse” mit sich, die ganz besonders schützenswert sei. „*White Pride*“-Attitüden sind unter irischen Cyberfaschisten genauso weitverbreitet, wie es bei Anhängern rechtsextremen Gedankenguts international üblich ist.
Die *racialisation* von *Irishness* wurde in einem Prozess der Fremdzuweisung von außen und in einem Prozess der Selbstbeschreibung von innen betrieben. Die Wahrscheinlichkeit ist hoch, dass die zu einer „Rasse“ konstruierten, andere einer *racialisation* unterziehen. Doch die Konstruktion von *Irishness* ist ein andauernder Prozess. Die innovativen Vorstellungen darüber, wie die irische Identität mit neuer Bedeutung gefüllt und wie ein neues inklusives Modell von *Irishness* entworfen werden könnte – was nicht unbedeutend für antirassistische Strategieentwicklung ist – diskutiere ich im folgenden Abschnitt.

Vom „Armenhaus Europas“ zum „Keltischen Tiger“ Versuche einer Neubestimmung von *Irishness*

Mit dem Wirtschaftsboom der 1990er Jahre, in dem sich Irland vom „Armenhaus Europas“ zum „Keltischen Tiger“ wandelte, stellten sich nicht nur ökonomische Veränderungsprozesse ein. Durch Irlands Einbindung in die Europäische Union wurden gesellschaftspolitische Prozesse in Gang gesetzt, die die Modernisierung der irischen Gesellschaft vorantrieben, sie aber gleichzeitig in ihren Grundfesten erschütterten:

> The Celtic Tiger obviously presents enormous challenges to Irish society. It is a phrase which captures an important moment in history, in which economic, social and cultural structures are undergoing profound transformation. This period of major transformation has naturally and rightfully provoked much discussion of the impact of the change on values, culture and psychological patterns.[24]

---

22 Vgl. Allen, Kieran: The Celtic Tiger. The Myth of Social Partnership in Ireland, Manchester, New York 2000, S. 174; Garner, Steve: Racism in the Irish Experience, London 2004, S. 73.

23 Garner, Steve: Racism in the Irish Experience, London 2004, S. 152.

24 Moane, Geraldine: Colonialism and the Celtic Tiger: Legacies of History and the Quest for Vision, in: Kirby, Peadar; Gibbons, Luke; Cronin, Michael (Hrsg.): Reinventing Ireland. Culture, Society and the Global Economy, London 2002, S. 109.

Die tiefgreifenden Veränderungen in Irland sind nicht Folge eines automatisch und reibungslos ablaufenden Säkularisierungs- oder Liberalisierungsprozesses. Der plötzliche Wohlstand stellt eine auf den ersten Blick offensichtliche Manifestation des „neuen Irlands" dar. Die Republik Irland, die allzu oft als „Dritte-Welt-Land" bezeichnet wurde, ist innerhalb weniger Jahre zum neoliberalen Vorzeigeland der EU geworden. Dies bedeutet jedoch auch, dass die Republik Irland als „most globalised country on earth"[25] mit neuen Herausforderungen wie stärkerer Einwanderung, einem deregulierten Arbeitsmarkt und einer zunehmenden Polarisierung der Gesellschaft umgehen muss. Dabei kann der gehobene Lebensstandard breiter Bevölkerungsschichten nicht darüber hinwegtäuschen, dass der Keltische Tiger zahlreiche Opfer geschlagen hat.[26]

Eines der bedeutsamsten Phänomene des irischen Transformationsprozesses ist die Umkehrung des traditionellen irischen Migrationstrends. Die Tragweite dieses sichtbaren Aspekts des sozialen Wandels in Irland kann nur vor dem Hintergrund richtig bemessen werden, dass Emigration bis vor wenigen Jahren als „single biggest fact in the history of the Irish State"[27] galt. Zum ersten Mal in ihrer Geschichte erlebt die Republik Irland einen substanziellen Anstieg von Immigration, und sieht sich nun mit den Schwierigkeiten der Schaffung und Umsetzung einer Immigrations- und Integrationspolitik konfrontiert.

Die Einwanderung wurde von vielen als Symbol aufbrechender Isolierung und Öffnung Irlands gegenüber der Welt mit echter Begeisterung begrüßt. Inzwischen macht sich jedoch eine gewisse Katerstimmung breit, und die Anwesenheit von Zehntausenden von Einwanderern wird mit einem gewissen Missfallen quittiert. Insbesondere für die Verlierer des Wirtschaftsbooms, wie Langzeitarbeitslose, Menschen in prekären Beschäftigungsverhältnissen oder Arbeiter im wachsenden Niedriglohnsektor, gelten sie als Konkurrenten im Kampf um knapper werdende Ressourcen. Die Polarisierung der irischen Gesellschaft und die wachsenden Einkommensunterschiede gehen mit einem „*de facto* denial of access to full and active citizenship" einher.[28] Die ökonomische Depravierung trägt dazu bei, dass die Ängste in Bezug auf Arbeitsplätze, Sozialleistungen etc. in einen Zusammenhang mit dem rapiden sozialen Wandel gebracht werden, für den die Ankunft von Neuankömmlingen Symbol geworden ist. Diese Neuankömmlinge werden zu „racialised Others" oder „criminal Others"[29] konstruiert, die mit allen negativen Begleiterscheinungen des sozialen Wandels identifiziert werden.

25 O'Toole, Fintan: After the Ball, Dublin 2003, S. 4.

26 Neben Fintan O'Toole setzten sich zahlreiche Autoren kritisch mit der Verteilung des neu gewonnen Wohlstandes in der irischen Gesellschaft auseinander. Vgl. u. a.: Kirby, Peadar: The Celtic Tiger in Distress: Growth with Inequality in Ireland, London 2002; Allen, Kieran: The Celtic Tiger. The Myth of Social Partnership in Ireland, Manchester, New York 2000.

27 O'Toole, Fintan: The Lie of the Land. Irish Identities, London 1999, S. XIV.

28 Garner, Steve: Racism in the Irish Experience, London 2004, S. 227.

29 Ebd.

Das Bild des Einwanderers als Konkurrent wurde von Politikern und Medien ab der zweiten Hälfte der 1990er Jahre entworfen und seither ständig reproduziert. Dabei wurden Mitte desselben Jahrzehnts noch ganz anderer Töne insbesondere von Politikern angeschlagen, die an die Geschichte der eigenen Diskriminierung und Emigration erinnerten. Obwohl 1995 Irland die zweithöchste Arbeitslosenrate der EU hatte, war vorerst die historische Erinnerung an die irische Emigration stark genug, um der geringen Zahl von Flüchtlingen wohlwollend zu begegnen. Es wurde eine historisch-moralische Verpflichtung beschworen, die aus der nationalen Erinnerung Irlands an Kolonisierung, Verfolgung und Auswanderung entspringe. Es wurden Stimmen laut, die dazu aufforderten, dass Irland selbstbewusster mit der eigenen Geschichte und verantwortungsbewusster mit der eignen *und* der anderer Menschen umgehen solle. Fintan O'Toole, einer der bekanntesten irischen Journalisten, wies in der *Irish Times* auf diesen überfälligen Paradigmenwechsel hin.

In recent years the notion of Ireland as a Third World country has had a certain degree of intellectual currency (...) but it is difficult to do this and even more difficult to wallow in post-colonial self-pity, when the ex-colony is wealthier than the old mother country.[30]

Das postkoloniale Konzept nationaler Identität, das sich in Abgrenzung zu allem Britischen herausbildete, wurde von einer identitären Umorientierung abgelöst. Irland entdeckte endlich seine „Diaspora" – ein Begriff, der seither den öffentlichen Diskurs prägt. Insbesondere die Präsidentin Mary Robinson (1990-1997) setzte sich für ein breiteres Verständnis von *Irishness* ein. Der Begriff Diaspora signalisierte die neue Bereitschaft, in einen Dialog mit den weltweiten irischen Communities zu treten, um für ein weniger territoriales Verständnis von *Irishness* zu werben. Allerdings sei erwähnt, dass eine „Entdeckung" und Wertschätzung der irischen Diaspora eine längst überfällige Politik darstellte, denn der Groll auf das eigene Land bzw. die eigene politische Führung ist bei irischen Auswanderern und Remigranten nicht selten anzutreffen.[31] Einen wichtigen Meilenstein in diesem Prozess der Anerkennung der irischen Auswanderer-Communities weltweit und der Neubestimmung von *Irishness* bildet die Rede „Cherishing the Irish Diaspora" der Präsidentin vom 2. Februar 1995.

30 Fintan O'Toole: In the Land of the Emerald Tiger, Irish Times, 28.12.1996, zitiert nach: Gibbons, Luke: The Global Cure? History, Therapy and the Celtic Tiger, in: Kirby, Peadar; Gibbons, Luke; Cronin, Michael (Hrsg.): Reinventing Ireland. Culture, Society and the Global Economy, London 2002, S. 90.

31 Zur Unzufriedenheit irischer Emigranten bzw. ehemaliger Emigranten und ihrer Haltung gegenüber der eigenen Regierung. Vgl. Verse, Julia: Remigration in Irland. Untersuchung einer Gesellschaft im Wandel, unveröffentlichte Magisterarbeit, Europäische Ethnologie, Humboldt-Universität zu Berlin 2003.

> "The more I know of these stories (von irischen Communities weltweit, J. V.) the more it seems to me an added richness of our heritage that Irishness is not simply territorial. In fact, Irishness as a concept seems to me at its strongest when it reaches out to everyone on this island and shows itself capable of honouring and listening to those whose sense of identity, and whose cultural values, may be more British than Irish. It can be strengthened again if we turn with open minds and hearts to the array of people outside Ireland for whom this island is a place of origin. After all, emigration is not just a chronicle of sorrow and regret. It is also a powerful story of contribution and adaptation. In fact, I have become more convinced each year that this great narrative of dispossession and belonging, which so often had its origins in sorrow and leave-taking, has become, with a certain amount of historic irony, one of the treasures of our society. If that is so then our relation with the diaspora beyond our shores is one which can instruct our society in the values of diversity, tolerance and fair-mindedness."[32]

Mary Robinsons neues Verständnis von *Irishness* schlug sich nicht nur in einer Würdigung der irischen Diaspora nieder, sondern ebenso in ihrer Zuwendung gegenüber den so genannten „new Irish" – also jenen Einwanderern, Flüchtlingen und Asylbewerbern, die nun in wachsender Zahl nach Irland kamen.[33] Mary Robinsons Nachfolgerin im Amt der Präsidentin Mary McAleese setzte diese Politik einer Neubestimmung von *Irishness* fort und stellte fest: „Irland ist jetzt ein Einwanderungsland. Und wir sind binnen weniger Jahre zu einer wahrhaft multikulturellen Gesellschaft geworden."[34]
Wie sieht nun aber das Leben in diesem „multikulturellen" Irland aus? Auch wenn Verbesserungen der Integrationspolitik seit den frühen 1990er Jahren festzustellen sind, sind die Reaktionen auf Einwanderer von Ressentiments bestimmt, es sei denn, die betreffenden Einwanderer sind weiß *und* reich. Anderen Einwanderergruppen, vor allem denjenigen, die nicht-weiß sind, als *economic migrant* („Wirtschaftsflüchtling") oder „unproduktiv" gelten, schlägt sowohl auf behördlicher Ebene als auch im Alltag Rassismus entgegen. In einer Gesellschaft, in der Produktivität an Erwerbsarbeit gemessen wird, gilt dieser Vorwurf in erster Linie Asylbewerbern. Während des Wahlkampfes im Vorfeld der *General Election* 1997 kippte das vormals wohlwollende politische Klima. Die Angst vor dem schwarzen Ghetto als Symbol der Gefahr und des sozialen Niedergangs schlug sich auch im politischen Diskurs nieder, der den Anstieg der Asylbewerberzahlen seit Ende der 1990er Jahre auf hysterische Art und Weise begleitete.[35] Die Rolle der Medien darf dabei nicht unterbewertet werden, heizte

32 http://www.oireachtas.ie/viewdoc.asp?fn=/documents/addresses/2Feb1995.htm (08.01.2009)

33 Mac Éinrí, Piaras: Introduction, in: Bielenberg, Andy (Hrsg.): The Irish Diaspora, Dublin 2000, S. 4.

34 McAleese, Mary: Frankfurter Allgemeine Zeitung, 23.02.2008.

35 Laut Central Statistics Office Ireland (CSO) wurden 1995 424 Asylanträge gestellt. Vgl. CSO: Statistical Yearbook of Ireland 2002, S. 129. 2002 wurden mit 11 634 die bisher meisten Asylanträge registriert (von denen 893 bewilligt wurden). Zwei Jahre später war diese Zahl um mehr als die Hälfte geschrumpft: 2004 wurden noch 4 766 Anträge gestellt. Vgl. CSO: Statistical Yearbook of Ireland 2005, S. 140.

doch die Berichterstattung die politische Atmosphäre maßgeblich an und förderte in der öffentlichen Wahrnehmung eine aggressive Haltung gegenüber fast allen Formen von Einwanderung. Einige Überschriften aus irischen Zeitungen werfen Schlaglichter auf diesen rassistischen Diskurs: *Floodgates Open as a New Army of Poor Floods the Country*, *Refugee Rip-Off Is Revealed*, *Refugee Rapist on the Rampage*, *Crackdown on 2000 Sponger Refugees* oder *Refugee Tried to Bite me to Death.*[36]
Die in anderen westeuropäischen Ländern von der Neuen Rechten und dem neuen Konservatismus ab den 1970er Jahren initiierten Debatten über eine angebliche Überfremdung bzw. eine „durchrasste" Gesellschaft wurden in kürzester Zeit in Irland aufgegriffen. Ähnlich wie in Margaret Thatchers berühmt-berüchtigter *swamping*-Rede[37] wurde umgehend von irischen Politikern die Gefahr propagiert, dass Irland von Asylbewerbern und anderen Einwanderern „überschwemmt" werden würde, die Irland ausbluten und auf unlautere Weise vom Wirtschaftsboom, auf den die Iren so lange warten mussten, profitieren wollten. Viele Politiker entdeckten, dass sich Flüchtlinge hervorragend als Sündenböcke eignen, deren vorgebliche Devianz von den Schattenseiten des Keltischen Tigers ablenkt. Die Wohnraumknappheit oder die langen Wartezeiten in Krankenhäusern waren in diesem Licht nicht mehr auf politisches Versagen zurückzuführen, sondern auf die Einwanderer, die den Einheimischen vorgeblich die Ressourcen streitig machen.
Wie die Lage im heutigen Irland zeigt, sind politische Debatten oder Auseinandersetzungen, die in Situationen stattfinden, in denen ein Staat potenzielle Einwanderergruppen als geeignet definiert oder in denen er über Einwanderungsbeschränkungen oder die Abschiebung bestimmter Einwanderergruppen debattiert, von besonderem Interesse für die Rassismusanalyse. All dies sind Situationen, in denen ein Staat Zugehörigkeitskriterien definiert und die Eigenschaften festschreibt, die als Vorraussetzung festgelegt werden, um Teilhabe an der *imagined community* der Nation zu erhalten. "(...) the process of racialisation is used to

36 Devereux, Eoin; Breen, Michael: No Racists Here? Public Opinion, Immigrants and the Media, in: Collins, Neil; Cradden, Terry (Hrsg.): Political Issues in Ireland today. Third edition (Politics Today), Manchester, New York 2004, S. 186.

37 Thatchers Rhetorik aus dem Wahlkampf 1978 wird häufig als ein Versuch eingeschätzt, die Wählerschaft der rechtsextremen National Front für die Tories zu gewinnen. Die Motivation von Politikern der großen irischen Volksparteien, eine identische Rhetorik zu wählen, muss andernorts gesucht werden, da in Irland keine als rechtsextremistisch definierte Partei im Parlament vertreten ist, deren Wählerschaft man zurück in die „Mitte" holen müsste. "Now, that is an awful lot (Einwanderer aus dem New Commonwealth und Pakistan, J. V.) and I think it means that people are really rather afraid that this country might be rather swamped by people with a different culture and, you know, the British character has done so much for democracy, for law and done so much throughout the world that if there is any fear that it might be swamped people are going to react and be rather hostile to those coming in."
http://www.margaretthatcher.org/speeches/displaydocument.asp?docid=103485 (08.01.2009)

mark the boundary of the Nation, to define who We are by reference to a racialised Other which may have either an internal or an external origin."[38]
Die rassistischen Reaktionen auf Einwanderer vor allem nicht-weißer Hautfarbe stehen in einem Zusammenhang mit der ideologischen Konstruktion, die Produkt des *Gaelic Revival* ist und Irland als eine homogene Nation katholischer, weißer Kelten entwirft. Immer wieder hörte ich die Behauptung, dass es vor der Einwanderung Ende der 1990er Jahre keinen Rassismus in Irland gegeben habe. So grenzte in einem Informationsgespräch, in dem ich mein Thema mit „Rassismus in Irland" angab, der Bibliothekar in der Nationalbibliothek von Irland meinen Untersuchungszeitraum auf die Jahre nach 1997 ein mit der Begründung: "There was no racism before that time. There wasn't much to be racist about." Diese Einschätzung illustriert, wie weit eine ideologische Konstruktion – nämlich, dass es vor der Ankunft einer substanziellen Zahl von Einwanderern in Irland kein Rassismusproblem gegeben habe – Eingang in das Alltagsverständnis gefunden hat. Erst mit der Ankunft von Einwanderern sei Rassismus aufgetaucht, die Einwanderer hätten ihn mitgebracht, und ihre Entfernung aus Irland würde auch den Rassismus beenden. Diese in den Medien und Politik verbreitete Vorstellung, dass Rassismus ein neues Phänomen in der irischen Gesellschaft sei, ist bereits eine Manifestation von Rassismus. Ihr entgegenzutreten und die rassistischen Traditionen und Ideologien in Irland aufzudecken, sind wichtige Strategien des Antirassismus.
Ein Blick auf die sozioökonomische Entwicklung in Irland legt nahe, dass die Polarisierung der irischen Gesellschaft wichtiger Dünger des Nährbodens für Rassismus ist. Dabei ist stets zu bedenken, dass rassistische Haltung keinesfalls nur bei den Verlierern des Keltischen Tigers, sondern ebenfalls bei seinen Profiteuren anzutreffen ist. Rassismus ist auch in Irland kein Unterschichtphänomen, sondern strukturell vorhanden und staatlich reproduziert. Rassismus manifestiert sich in Irland in Form von gewalttätigen Übergriffen, Diskriminierung auf dem Wohnungsmarkt sowie in der medialen Berichterstattung, im politischen Diskurs, in Behörden und am Arbeitsplatz. Graffiti mit Swastiken oder rassistischen Schmähungen gehören heute zum Dubliner Alltag. Hier zeigt sich, wie eingeschränkt erfolgreich die Versuche waren, ein breiteres und inklusiveres Verständnis von *Irishness* durchzusetzen. Auch in den politischen Debatten spiegeln sich rassistische Ressentiments wider: Im Jahr 2005 bezeichnete Connor Lenihan – Juniorminister im Amt für Auswärtige Angelegenheiten – in einer Parlamentsdebatte türkische Arbeitnehmer als „Kebabs".[39] Der Minister für Justiz, Gleichstellung und Rechtsreformen, Michael McDowell (bis 2007 im Amt), hob zu einem Befreiungsschlag gegen zuviel Political Correctness an, und beklagte öffentlich, dass er sich an die UN-Flüchtlingskonventionen halten *müsse*, obwohl er es bevorzugen würde, Asylbewerber direkt am Flughafen wieder zu-

38 Miles, Robert: Migration to Britain. The Significance of a Historical Approach, in: International Migration 29 (1991), Nr. 4, S. 539.
39 http://www.rte.ie/news/2005/0518/lenihanc.html (08.01.2009)

rückzuschicken. Außerdem bezichtigte er Asylbewerber, „cock and bull"-Geschichten (abstruse Lügenmärchen) zu erzählen, um sich ein Aufenthaltsrecht in Irland zu erschleichen.[40]

Es herrscht Frustration darüber, dass der neue Wohlstand nicht bis zu den unteren Schichten der Gesellschaft vorgedrungen ist, und darüber, dass Bestechung und Korruption zum Alltagsgeschäft irischer Politiker zu gehören scheinen. Der extreme gesellschaftliche Wandel hat Fragen nach Werten und Normen des neuen Irlands aufgeworfen, die bisher nicht beantwortet wurden, was zu einem Zustand von sozialer Anomie führte. Die Enttäuschung über die nicht eingehaltenen Versprechen des Keltischen Tigers führt zu erheblichen gesellschaftlichen Spannungen und gewalttätigen Übergriffen auf diejenigen Menschen, die als Konkurrenten gelten. 1998 riet die irische Polizei in Dublin Asylbewerbern davon ab, sich nachts auf öffentlichen Plätzen aufzuhalten.[41] Die *Agentur der Europäischen Union für Grundrechte* hält in ihrem Jahresbericht 2008 fest, dass in Irland einen Aufwärtstrend rassistisch motivierter Straftaten zu verzeichnen ist. Im Vergleich zum Jahr 2005 hat sich die Anzahl 2006 um 85 Prozent gesteigert.[42]

In der Republik Irland gibt es keine NPD. Das irische Parteiensystem ist bis heute stark vom Kampf um die Unabhängigkeit und die irische Staatsgründung in den 1920er Jahren geprägt und lässt sich nicht mit dem deutschen Parteiensystem vergleichen, da die Kategorien „rechts" und „links" in Irland weit weniger Bedeutung haben. Die beiden großen Volksparteien, Fianna Fáil und Fine Gael, sind beide nationalistisch ausgerichtet. Die irische Politik ist stark vom Nationalismus geprägt. Andere Ideologien oder politische Themen spielen nur eine untergeordnete Rolle, da traditionell politische Persönlichkeiten eine größere Bedeutung als ideologische Ausrichtungen haben. So beklagt der irische Journalist Keith Mallon im Politmagazin *Magill* „the lack of ideology in our political culture", um letztlich festzustellen:

Interestingly enough, virtually the only form of ideology that's proved to have any sort of staying power is nationalism. Being a product of our 'historical experience', nationalism is ingrained in our political culture.[43]

Der ideologischen Verwobenheit von Nationalismus und Rassismus gewahr, ist davon auszugehen, dass die antirassistische Arbeit in einer derart von Nationalismus geprägten politischen Kultur vor besondere Herausforderungen gestellt ist. Rassismus manifestiert sich auf unterschiedlichen Ebenen und ist auch Ausdruck des rapiden sozialen Wandels in der Republik Irland, der bereits existierende rassistische Vorstellungen und Überzeugungen in der irischen Gesell-

40 http://www.rte.ie/news/2005/0518/asylum.html (08.01.2009)

41 Vgl. Garner, Steve: Racism in the Irish Experience, London 2004, S. 272.

42 European Union Agency for Fundamental Rights: Annual Report 2008, S. 33.

43 Keith Mallon in Magill. Ireland's Political and Cultural Monthly, 18. Mai/14. Juni 2005.

schaft an die Oberfläche katapultierte. Es wird nun der Frage nachzugehen sein – und diese ist sicherlich nicht nur für den irischen Kontext relevant –, ob es antirassistischen und emanzipativen Strategien gelingen wird, die Negation der historisch überlieferten Wertvorstellungen, auf denen traditionelle Indentitätskonzepte basieren, voranzutreiben, um erfolgreich für ein Identitätskonzept jenseits ethnischer Zugehörigkeit einzutreten.

Literatur

Allen, Kieran: The Celtic Tiger. The Myth of Social Partnership in Ireland, Manchester, New York 2000.

Anderson, Benedict: Imagined Communities. Reflections on the Origin and Spread of Nationalism, London 1983.

Balibar, Etienne: Rassismus und Nationalismus, in: Ders.: Wallerstein, Immanuel (Hrsg.): Rasse, Klasse, Nation. Ambivalente Identitäten, Hamburg 1990, S. 49-84.

Cleeve, Brian: A View of the Irish, London 1983.

Central Statistics Office: Statistical Yearbook of Ireland 2002.

– Statistical Yearbook of Ireland 2005.

Devereux, Eoin; Breen, Michael: No Racists Here? Public Opinion, Immigrants and the Media, in: Collins, Neil; Cradden, Terry (Hrsg.): Political Issues in Ireland Today. Third Edition (Politics Today), Manchester, New York 2004, S. 168-188.

European Union Agency for Fundamental Rights: Annual Report 2008.

FitzSimon, Betsey Taylor; Murphy, James H. (Hrsg.): The Irish Revival Reappraised, Dublin 2004.

Garner, Steve: Racism in the Irish Experience, London 2004.

Garvin, Tom: 1922: The Birth of Irish Democracy, Dublin 1996.

Gilroy, Paul: The End of Antiracism, in: Donald, James; Rattansi, Ali (Hrsg.): ‚Race', Culture and Difference, London 1992, S. 49-61.

Gibbons, Luke: The Global Cure? History, Therapy and the Celtic Tiger, in: Ders.: Kirby, Peadar; Cronin, Michael (Hrsg.): Reinventing Ireland. Culture, Society and the Global Economy, London 2002, S. 89-106.

Hall, Stuart: Rassismus als ideologischer Diskurs, in: Räthzel, Nora (Hrsg.): Theorien über Rassismus (Argument Sonderband 258), Hamburg 2000, S. 7-16.

Kaschuba, Wolfgang: Einführung in die Europäische Ethnologie, München 1999.

Kee, Robert: The Green Flag. A History of Irish Nationalism, London 2000.

Kirby, Peadar: The Celtic Tiger in Distress. Growth with Inequality in Ireland, London 2002.

Kiernan, Victor: The Lords of Human Kind. European Attitudes to Other Cultures in the Imperial Age, London 1995.

Mac Éinrí, Piaras: Introduction, in: Bielenberg, Andy (Hrsg.): The Irish Diaspora, Dublin 2000, S. 1-15.

Miles, Robert: Rassismus. Einführung in die Geschichte und Theorie eines Begriffs, Hamburg 1991.

– Migration to Britain. The Significance of a Historical Approach, in: International Migration 29 (1991), Nr. 4, S. 527-542.

– Bedeutungskonstitution und der Begriff des Rassismus, in: Räthzel, Nora (Hrsg.): Theorien über Rassismus (Argument Sonderband 258), Hamburg 2000, S. 17-33.

Moane, Geraldine: Colonialism and the Celtic Tiger: Legacies of History and the Quest for Vision, in: Kirby, Peadar; Gibbons, Luke; Cronin, Michael (Hrsg.): Reinventing Ireland. Culture, Society and the Global Economy, London 2002, S. 109-123.
O'Leary, Cornelius: Celtic Nationalism. An Inaugural Lecture Delivered Before the Queen's University of Belfast on 11th May 1981 (New Lecture Series, Nr. 132), Belfast 1981.
O'Toole, Fintan: The Lie of the Land. Irish Identities, London 1999.
– After the Ball, Dublin 2003.
Verse, Julia: Remigration in Irland. Untersuchung einer Gesellschaft im Wandel, unveröffentlichte Magisterarbeit, Europäische Ethnologie, Humboldt-Universität zu Berlin 2003.

Websites

http://www.gaeilge.ie/foras/news/article.asp?toggle=yes&lang=en&id=136 (08.07.2008)
http://www.oireachtas.ie/viewdoc.asp?fn=/documents/addresses/2Feb1995.htm (08.01.2009)
http://www.rte.ie/news/2005/0518/lenihanc.html (08.01.2009)
http://www.rte.ie/news/2005/0518/asylum.html (08.01.2009)
http://www.margaretthatcher.org/speeches/displaydocument.asp?docid=103485 (08.01.2009)

Rafał Pankowski

Die Liga Polnischer Familien auf dem Weg zur Macht – eine Fallstudie zum Rechtsextremismus in Polen

Oberflächlich betrachtet, sind die Ergebnisse der Parlamentswahlen in Polen am 23. September 2001 eindeutig: Die sozialdemokratische Linke konnte sich den lang erwarteten Sieg mit über 40 Prozent der Stimmen sichern, während das gespaltene rechte Lager einschließlich der radikalen Nationalisten eine schwere Niederlage verzeichnete. Bei genauerem Hinsehen zeigten die Wahlergebnisse jedoch, dass der rechtsextreme Diskurs bereits bis tief in die Mitte der polnischen Politik eingedrungen war. Der Einzug der Liga Polnischer Familien ins Parlament ist deutlichster Beweis dafür. Nach Jahren in der Bedeutungslosigkeit gelang es der Partei als erster Partei der antisemitischen extremen Rechten, in der polnischen Nachkriegsgeschichte Sitze im Parlament zu gewinnen.

Die Liga Polnischer Familien (Liga Polskich Rodzin, LPR) war nur wenige Monate vor den Wahlen im Jahr 2001 als eine Allianz von am rechten Rand stehenden Gruppierungen gegründet worden. Unterstützung erhielt sie dabei von Radio Maryja, einem nationalistischen katholischen Radiosender. Mit fast 8 Prozent der Stimmen und 38 Sitzen im Parlament (zuzüglich 2 Sitzen im Senat) wurde die LPR zu einer ernstzunehmenden Größe in der nationalen Politik. Gerade einmal ein Jahr zuvor war es bei den Präsidentschaftswahlen nicht einem einzigen der nationalistischen Kandidaten gelungen, ein nur annähernd ähnliches Ergebnis zu erzielen.

Einige rechtliche Unregelmäßigkeiten, die im Zuge der Parteigründung vorgefallen waren, sollten die LPR in Zukunft verfolgen. Ein verärgerter Aktivist enthüllte, dass der Kongress, bei dem die LPR formell gegründet worden war, in Wirklichkeit nie stattgefunden hatte und dass einige der Unterschriften auf dem Protokoll, das Roman Giertych dem Gericht zur Registrierung der Partei vorlegte, einfach gefälscht worden waren.[1] Trotz der Enthüllungen verlor die LPR nicht ihren Parteistatus, und keiner derer, die für die Fälschungen verantwortlich waren, wurde zur Rechenschaft gezogen.
In ihren Anfängen war die LPR weit davon entfernt, eine homogene Partei zu sein. Die Nationale Partei (Stronnictwo Narodowe, SN) stellte viele der LPR-Kader, und schließlich dominierte sie die neue Partei. Die von Giertych angeführten Aktivisten der SN bildeten den Großteil der Mitglieder, aber zunächst war die SN lediglich einer von mehreren verschiedenen Blöcken, aus denen sich die neue Partei zusammensetzte. Andere Akteure waren verschiedene von bekannten rechten Politikern angeführte Gruppierungen, die sich zu unterschiedli-

1 Vgl. Tomasz Nieśpiał, „Badają mecenasa Giertycha", Rzeczpospolita, 3. Juni 2008, Online, http://www.rp.pl/artykul/2,142949.html (abgerufen am 10. Januar 2009).

chen Zeitpunkten von der gemäßigten Rechten abgewandt hatten, und nun eine radikalere Position vertraten, wie z. B. der ehemalige Innenminister Antoni Macierewicz.

Der junge und dynamische ehemalige SN-Aktivist Roman Giertych, der zunehmend in das Bewusstsein der Öffentlichkeit rückte und dort den Platz der alten Garde einnahm, hatte sich zum Ende der Legislaturperiode als unbestrittener Parteiführer etabliert. Als Folge dessen wurde die Partei zu einer wesentlich homogeneren, einheitlichen und disziplinierteren Kraft, sowohl was die Organisation als auch die Ideologie betraf. Krzysztof Jasiewicz beschreibt die LPR daher als „ideologisch gut integriert“[2] im Gegensatz zu den meisten anderen Akteuren auf der politischen Bühne Polens.

Roman Giertychs Charisma entfaltete seine größte Wirkung beim ergebenen Kader jüngerer Mitglieder, die später die breite Organisation der Partei dominieren sollten. Das Phänomen lässt sich vielleicht mit dem „Klüngel-Charisma“[*] (um mit Roger Eatwells Worten zu sprechen) eines Anführers beschreiben, der „einen harten Kern von Anhängern um sich schart (...), die (...) ihrem Anführer große Loyalität entgegenbringen und bereit sind, besondere Anstrengungen für die Sache zu unternehmen“.[3]

Roman Giertych stand für eine besondere politische Familientradition, die bis in die 1930er Jahre zurückging. Begründet wurde sie von seinem Großvater Jędrzej Giertych (der im Jahr 1991 starb). Die Giertych-Tradition war gekennzeichnet durch ihren Schwerpunkt auf einer nationaldemokratischen (endek) ideologischen Orthodoxie, wie sie im Zuge des Ausbruchs des Zweiten Weltkriegs aufkam. Ihre Anschauungen waren erzkonservativ und dauerhaft, indem sie eine vermeintliche Verschwörung von Juden und Freimaurern im Zentrum der globalen und polnischen Angelegenheiten in den Mittelpunkt stellten.

Jędrzej Giertychs, der in den 1970er Jahren aus dem Londoner Exil schrieb, drückte seine starke Abneigung gegen den liberalen Westen aus:

> „Hinter dem Schauspiel politischer Macht der Großmächte wird die westliche Welt von dem internationalen Großkapital regiert, das sich in den Händen von Juden oder anderen dem Christentum feindlich gesinnten Menschen befindet. (...) Tatsächlich ist die westliche Welt auf eine andere Art den polnischen Idealen und Interessen ebenso fern wie Sowjetrussland.“[4]

Jędrzejs Sohn Maciej war der erwählte Erbe der politischen Mission seines Vaters. 1989 wurde die Nationale Partei (Stronnictwo Narodowe, SN) von Ma-

2 Krzysztof Jasiewicz, „The New Populism in Poland. The Usual Suspects?“, *Problems of Post-Communism*, Mai-Juni 2008, S. 15.

* A.d.Ü.: Im englischen Original wird der von Roger Eatwell geprägte Begriff „coterie charisma” verwendet.

3 Roger Eatwell, „Towards a New Model of Right-Wing Leadership“, Manuskript, 2007, S. 10.

4 Jędrzej Giertych, *Polski Obóz Narodowy*, Biblioteka Słowa Narodowego: Warschau, 1990 (1977), S. 35.

ciej Giertych wiederbelebt und er schloss sich ihr an. Während er anerkannter Chefideologe der Partei wurde, betraute man seinen Sohn Roman mit der Führung der Jugendorganisation der Partei. In den 1990er Jahren blieb die Partei relativ unbedeutend und konzentrierte sich eher darauf, die ideologische Reinheit einer politischen Sekte zu kultivieren, als sich zu einer politische Macht zu entwickeln, die auch in der politischen Mitte auf größere Akzeptanz stoßen würde.

Es war zweifellos der Unterstützung Radio Maryjas zu verdanken, dass die Giertych-Gruppe im Jahr 2001 fulminant in die parlamentarische Politik einzog. Einige Zeit nach der Wahl wurde ihr Verhältnis zu Radio Maryja jedoch zunehmend angespannter. Die Unterstützung durch Radio Maryja schwand, als die älteren Anführer die Partei aufgrund interner Machtkämpfe verließen.
Die Jugendorganisation, angeführt von Roman Giertych, wurde zum Kern der erneuerten LPR. Im Dezember 1989 wurde die Allpolnische Jugend (Młodzież Wszechpolska, MW) gegründet, die schon bald der SN als Jugendgruppe dienen sollte. Von Anfang an war bekannt, dass es sich um eine radikalnationalistische Gruppe handelte, die in der Tradition der gleichnamigen gewalttätigen und antisemitischen Jugendorganisation stand, welche während der 1920er und 1930er Jahre aktiv war. In diesem Zusammenhang soll daran erinnert werden, dass die MW für zahlreiche Angriffe auf jüdische Studenten in den Jahren vor dem Zweiten Weltkrieg verantwortlich war. Die MW jüngerer Zeit setzte sich hauptsächlich aus Skinheads zusammen und tendierte auch dazu, Gewalt als Mittel gegen politische Gegner anzuwenden.
Die MW machte sich daran, eine "kulturelle Revolution" unter der jungen Generation in Gang zu setzen. Grzegorz Sielatycki, ein führendes Mitglied der MW in Danzig, schrieb 1998 in dem Mitteilungsblatt „Walka" („Der Kampf") der Organisation:

> „Die Verunreinigung unserer Kultur durch fremde Elemente ist gefährlich. Warum werden jüdische Autoren wie Julian Tuwim, Bruno Schulz, Bolesław Leśmian, Tadeusz Peiper, Roman Brandstaetter, Andrzej Szczypiorski oder viele andere unter dem Oberbegriff polnische Kultur in polnischen Schulbüchern aufgeführt? Warum fasst man jüdische Literatur in polnischer Sprache als unsere Literatur auf? Die Sprache kann nicht ausschlaggebendes Argument sein, das den nationalen Charakter einer Literatur bestimmt, ebenso wenig wie er durch die Bestrebungen jüdischer Schriftsteller bestimmt werden kann. Ihr Geist bestimmt diesen, und er ist es auch, der den jüdischen Charakter der von ihnen geschriebenen Literatur entlarvt. Der jüdische Geist ist verkrüppelt, krank, degeneriert und abnormal."[5]

Jeder der oben genannten Schriftsteller gilt als weithin anerkannter Vertreter der polnischen Literatur des 20. Jahrhunderts. Der Autor der oben zitierten Passage

5 Lidia Ostałowska, Piotr Piotrowski, „Czego chce Młodzież Wszechpolska?", *Gazeta Wyborcza*, 21. Juni 2003.

stieg zum regionalen Führer der MW und der LPR in Danzig auf und vertrat die LPR im Regionalrat (voivodship sejmik).

Es gelang den Medien nicht, Roman Giertych selbst antisemitische Äußerungen zuzuschreiben, bis Marcin Kornak, Vorsitzender der antifaschistischen Vereinigung Never Again Association, wenige Wochen vor den Wahlen im Jahr 2006 einen Artikel fand und publizierte, den Roman Giertych selbst in den 1990er Jahren für die interne Publikation „Wszechpolak“ verfasst hatte, in dem er seine politischen Gegner mit dem antisemitischen Ausdruck „parchy“ bezeichnete.[6]

Dieser Ausdruck, einstmals zur Bezeichnung einer üblen Hautkrankheit verwandt, wird spätestens seit Anfang des 20. Jahrhunderts von Antisemiten als abfällige Bezeichnung für Juden gebraucht. Never Again wandte sich an einen anerkannten Linguisten, Professor Michał Głowinski, der keinen Zweifel daran hatte, dass die Bezeichnung in einem offenkundig antisemitischen Kontext verwendet wurde.[7] Dieses Beispiel zeigt, wie verbreitet Antisemitismus in den Reihen der MW einschließlich seiner Führungsspitze ist.

Maciej Giertych war dafür bekannt, der Rekrutierung von Skinheads ablehnend gegenüber zu stehen, aber die MW unter der Führung seines Sohnes nahm sie nur zu gerne in ihren Reihen auf, und nur gelegentlich wurde die Anweisung gegeben, dass Skinhead-Kleidungsmarken nicht bei öffentlichen Auftritten zu tragen seien. Ein flüchtiger Blick auf Pressefotos, die Veranstaltungen der MW und LPR zeigen, zeigt sofort, dass derartige Aufforderungen über Jahre hinweg von der Basis ignoriert wurden. Laut einem ehemaligen MW-Mitglied „hieß Roman alle, die mitmachen wollten, willkommen. Und das waren hauptsächlich Leute aus Skin-Kreisen, die sich durch die radikale Sprache und Giertychs historischen Nachnamen angesprochen fühlten. (…) Aus diesen Kreisen hat er seine Kader die 90er Jahre hindurch rekrutiert“.[8]

Wie eng die MW mit der Skinheadkultur verstrickt war, ließ sich in den Seiten der „Bastion“, einer in Bialystok herausgegebenen Publikation, die über mehrere Jahre hinweg das Vorzeigemagazin der MW war, deutlich erkennen.[9] „Bastion“ scheute sich nicht davor, gelegentlich Texte mit ausdrücklich extremistischem, neofaschistischem Inhalt zu drucken, so z. B. einen Artikel, der ein Loblied auf

6 Vgl. Rafał Pankowski, „Trup w szafie Romana Giertycha“, *Nigdy Więcej*, Nr. 16, 2008, Online, http://nigdywiecej.org.pl/images/numer_16/trup.pdf (abgerufen am 10. Januar 2009).

7 Vgl. Rafał Pankowski, „Tutaj działa sam język. Wywiad z prof. Michałem Głowińskim“, *Nigdy więcej*, Nr. 16, 2008, Online, http://nigdywiecej.org.pl/images/numer_16/glowinski.pdf (abgerufen am 10. Januar 2009).

8 Michał Karnowski, „Chowany na wodza, czyli historia Romana Giertycha“, *Dziennik*, 6. April 2007, Online, http://www.dziennik.pl/opinie/article27701/Chowany_na_wodza_czyli_historia_Romana_Giertycha.html (abgerufen am 6. Januar 2009).

9 Vgl. Tomasz Lutyński, „"Bastion" legionu wszechpolskiego“, *Nigdy Więcej*, Nr. 16, 2008. Online, http://www.nigdywiecej.org/images/numer_16/bastion.pdf (abgerufen am 10. Januar 2009).

Leon Degrelle sang, den Gründer der Rex-Bewegung und General der Waffen-SS, oder eine Äußerung von Gary Lauck, dem berüchtigten Neonazi-Anführer der NSDAP/AO. Marcin Kornak merkt hierzu an, dass letztere Veröffentlichung sogar erst 2002 erschien; zu einem Zeitpunkt also, als die MW sich bereits rühmen konnte, im nationalen Parlament vertreten zu sein, und ihre Mitglieder auf lokaler Ebene zunehmend einflussreiche Positionen einnahmen.[10]
Auf der offiziellen MW-Webseite wurde ein Buch beworben, das die Kampagne der Gewalt des Nationalradikalen Lagers in den 1930er Jahren pries. Es wurden Treffen mit dem Autor organisiert (zufälligerweise ein im Polonia Warszawa Fußballclub aktiver, berüchtigter rassistischer Fußball-Hooligan), und im Jahr 2005 wurde er sogar als Kandidat der LPR für die Parlamentswahlen in Warschau aufgestellt.[11] Das Buch trug den Titel „Blut und Ehre“ und spielte damit zweifellos auf die heutige Nazi-Skinhead-Symbolik an. Die Nazi-Skinhead-Codes durchziehen die gesamte Organisation der MW. So enthielt beispielsweise die offizielle Webseite der MW der Region Podlasie Anfang 2005 typische Schlüsselwörter in der Seitenbeschreibung (welche dem Webbrowser helfen soll): „Skins, Skinheads, Skinheads NR, NS, Hooligans, Skinheads Polska, Swastika, Celtyk [ein polnischer Slangausdruck für das Keltische Kreuz, ein rassistisches Symbol der Skinheads – R.P.], Keltisches Kreuz, Oi, Sieg Heil, 88, 14, 14/88, Nationalsozialismus, Falange“.[12] 88 ist ein international verwendeter Neonazi-Code, der für „Heil Hitler“ steht (die 8 steht für den achten Buchstaben des Alphabets), und die Zahl 14, ein weiterer leicht erkennbarer internationaler, von Rassisten verwendeter Code, steht für „14 Wörter“, eine von David Lane, einem Mitglied der US-Nazi-Terrorgruppe „The Order“ erdachte Losung: „We must secure the existence of our people and a future for white children [Wir müssen das Fortbestehen unseres Volkes und eine Zukunft für weiße Kinder sicherstellen]“.[13] Als antifaschistische Journalisten an den Inhalt eines E-Mail-Adressbuches eines der regionalen Führer der MW und der LPR in Danzig gelangten und diesen veröffentlichen, wurde schnell deutlich, dass auch hier die meisten Internetadressen die Zusätze 14 und 88 enthielten.[14]
Es liegt die Annahme nahe, dass die Organisation in den Augen einiger MW-Mitglieder nicht weniger als das polnische Äquivalent zum Faschismus war, zu dem sie sich stark hingezogen fühlten. So zog die MW einige Aktivisten neofa-

10 Vgl. Marcin Kornak, „Olchowik, Lauck i Adolf Hitler story“, *Nigdy Więcej*, Nr. 17, 2009.

11 Vgl. Arkadiusz Zacheja, „Bojówkarskie fascynacje wieczie żywe…“, *Nigdy Więcej*, Nr. 15, 2006.

12 „Młodzież Wszechpolska to jednak naziści”, Internetveröffentlichung, 31. Januar 2005, Online, http://www.4lomza.pl/forum/read.php?f=1&i=12503&t=12503 (abgerufen am 4. Januar 2009).

13 „Symbols of hate“, in Devin Burghart (Hrsg.) *Soundtracks to the White Revolution. White Supremacist Assaults on Youth Music Subcultures*, Chicago: Center for New Community, 1999, S. 100.

14 Vgl. Lidia Ostałowska, Piotr Piotrowski, „Czego chce Młodzież Wszechpolska?“, *Gazeta Wyborcza*, 21. Juni 2003.

schistischer Gruppen an. Unter ihnen befand sich auch der Herausgeber einer Nazi-Skinhead-Fanzeitschrift, Piotr Farfał, dem es später dank Roman Giertychs politischer Unterstützung sogar gelingen sollte, Vorsitzender des polnischen Staatsfernsehens zu werden.

Obwohl die LPR-Führung der offenen Verwendung von Nazi-Symbolen oder einschlägigen Äußerungen in keiner Weise offen ihre Zustimmung erteilte und sich teilweise sogar gezwungen sah, Abmahnungen auszusprechen, versuchte sie nicht ernsthaft, die allgemein extremistische Position der Partei abzumildern, selbst als sie in der Legislaturperiode 2001-2005 erstmalig ins Parlament einzog. Im Gegenteil, die jungen Extremisten der MW ersetzten trotz Protesten in den Medien zunehmend ältere, gemäßigtere Mitglieder der LPR-Führung.

Ein Grund dafür mag in der sich zunehmend verschlechternden Situation des Landes und in der weit verbreitete Enttäuschung über die sozialdemokratische Regierung liegen, dass die extremere Rhetorik der radikalen Oppositionsparteien gegenüber der gemäßigten Rhetorik der politischen Mitte bevorzugt wurde. Die Folge war ein Stimmungsumschwung in der Öffentlichkeit, der sich bereits 2001 an dem Auftreten der Populisten auf der parlamentarischen Bühne erkennen ließ und sich mit dafür verantwortlich zeichnete. Um mit Krzysztof Jasiewicz Worten zu sprechen, „waren dies dem Entstehen einer populistischen Stimmung förderliche Bedingungen. Die Öffentlichkeit, bereits aufgebracht durch eine allgemeine Inkompetenz und konkrete Fehlhandlungen der Regierung, wendete sich noch weiter von der Regierungspartei ab, hin zu Parteien und Organisationen, die Positionen vertraten, die sich offen gegen das System richteten.“[15]

Unter diesen Umständen wurden von LPR-Aktivisten vertretene extreme Ansichten von der Partei häufig eher belohnt als zum Verstummen gebracht.

Marjorie Castle und Ray Taras beschreiben die LPR als eine Partei, „die sich aus strenggläubigen katholischen Euroskeptikern zusammensetzt".[16] Eine derartige Beschreibung mag auf die LPR in ihren Anfängen zutreffen, als sie kaum mehr als eine Koalition ultrakonservativer rechter Gruppierungen um Radio Maryja zu sein schien. Im Laufe der Zeit und mit der vollständigen Übernahme der LPR durch die Giertychs, die SN und die MW zeigte sich jedoch, dass sich die Kernidentität der Partei keinesfalls nur aus ihrer Anti-EU-Haltung (die so weit reichend war, dass der Begriff „Euroskeptizismus“ hier nicht ausreicht) oder aus ihrem Katholizismus speiste, sondern in erster Linie aus einem radikalen Ethnonationalismus und der Ablehnung liberaler und demokratischer Werte. Es ließe sich vielleicht darüber streiten, ob der Gedanke „einer gemeinsamen Wiedergeburt aus der vorherrschenden Dekadenz der westlichen Moderne“[17] zwangsläu-

15 Krzysztof Jasiewicz, „The New Populism in Poland. The Usual Suspects?“, *Problems of Post-Communism*, Mai-Juni 2008, S. 11.

16 Marjorie Castle und Ray Taras, *Democracy in Poland*, Boulder-Oxford: Westview Press, 2002, S. 135.

17 Roger Griffin, „Another Face? Another Mazeway? Reflections on the Newness and Rightness of the European New Right“, in Tamir Bar-On, *Where Have All the Fascists Gone?,* Ashgate: Aldershot, 2007, S. xi.

fig als „faschistisch" bezeichnet werden muss, aber es kann kaum bezweifelt werden, dass eine solche Formulierung fest der ideologischen Richtung der LPR entspricht. Die ethnonationalistische Ideologie der LPR lässt sich gut mit dem von Paul Taggart geprägten Begriff des „qualifizierten Nationalismus" beschreiben, einem häufig vorkommenden Merkmal populistischer Ideologien. In diesem Sinne lässt sich Olga Wysocka Recht geben, welche die Mitglieder der LPR als „rechtsextreme Populisten" bezeichnet.[18]

Nicht jeder wird als legitimer Teilhaber des idealisierten „Kernlandes" der nationalen Gemeinschaft anerkannt:

> „Während Populismus diejenigen ausschließt, die außerhalb der Nation stehen, schließt er nicht gleichzeitig all jene ein, die innerhalb der Nation stehen. Das Kernland, sofern es sich auf eine Nation bezieht, meint einen sehr qualifizierten Nationalismus, der ausdrücklich eine Vielzahl gesellschaftlicher Gruppen ausschließt. Er beruht auf dem Gedanken einer organischen Gemeinschaft, innerhalb derer eine natürliche Solidarität existiert, und die von daher stärker abgegrenzt ist als die Art von Gemeinschaft, die innerhalb nationaler Grenzen besteht."[19]

In ihrer Vorstellung einer nationalen Gemeinschaft schloss die LPR beispielsweise eindeutig solche ethnischen Polen aus, denen die Vertretung „fremder" Interessen und Ideologien nachgesagt wurde. Laut Roman Giertych, der sich gerne militärtypischer Metaphern bediente, „werden ausländische Agenten und einheimische Verräter freie Hand haben und uns auf der Nase herum tanzen, solange die Kräfte der Nation sich nicht in einer einzigen starken Organisation vereinigen. Wie in den vergangenen Zeiten der Piasten lässt sich sagen, dass wir uns im Krieg befinden, und es liegt nun an jedem Einzelnen zu beweisen, ob er ein Pole oder Deserteur ist".[20] Nur die Polishness der LPR war die Polishness der „echten Polen".

Laut Ireneusz Krzemińskis Studie zu antisemitischen Haltungen zeigten die Wähler der LPR im Vergleich zu den Wählern aller anderen politischen Parteien die ausgeprägtesten Merkmale von modernem (politischen) Antisemitismus. Nur 26,6 Prozent von ihnen wurden als frei von Antisemitismus eingeschätzt, während eine Rekordzahl von 50 Prozent in die Kategorie „ausgesprochen antisemitisch" fiel.[21] Ireneusz Krzemińskis Interpretation zufolge „lässt sich dies sehr leicht anhand der von der LPR vertretenen Ideologie erklären, die sich völlig

---

18 Olga Wysocka, „Populism in Poland", Paper vorgestellt bei der 4. ECPR General Conference, Pisa, 6.-8. September 2007, S. 2.

19 Paul Taggart, *Populizm*, Open University Press: Buckingham, Philadelphia, S. 96-97.

20 Quoted in Artur Domosławski, „Saga rodu Giertychów", *Gazeta Wyborcza*, 12. Oktober 2002, Online, http://www.nigdywiecej.org/images/czytelnia/giertychowo.pdf (abgerufen am 5. Januar 2009).

21 Ireneusz Krzemiński, „O Żydach i antysemityzmie po 10 latach", in Ireneusz Krzemiński (red.), *Antysemityzm w Polsce i na Ukrainie. Raport z badań*, Warszawa: Wydawnictwo Naukowe Scholar, 2004, S. 49.

unzweideutig auf die ideologische Tradition der Nationaldemokratie bezieht – den Haupturheber der polnischen Variante antisemitischer Ideologie".[22]
Laut einer weiteren empirischen Untersuchung tendierten LPR-Wähler deutlich dazu „sich, abgesehen von einigen wenigen Ausnahmen, der extremen Rechten zugehörig zu fühlen".[23]
Wir vertreten die Auffassung, dass die bloße Zahl der von LPR-Führern vorgebrachten extremistischen, fremdenfeindlichen und chauvinistischen Äußerungen eine diskursgenerierende kritische Masse darstellt, und die LPR daher als eine extremistische Partei behandelt werden kann, deren Ideologie und Praktiken sich weit außerhalb der von den bürgerlichen Parteien heutiger Demokratien akzeptierten Normen befinden. Es macht wenig Sinn zu versuchen, sämtliche extremistischen, von LPR-Aktivisten gemachten Äußerungen oder sämtliche von der MW ausgeübten Gewaltakte hier aufzulisten; einige ausgewählte Beispiele sollten zur Untermauerung unserer Einschätzung genügen.
Einer der Gründer und Anführer der LPR war Ryszard Bender, ein Historiker und ehemaliges Parlamentsmitglied im kommunistischen Parlament in den 1980er Jahren. Während des Wahlkampfes im Jahr 2001 leugnete Bender in TV-Wahlkampfspots der LPR das Jedwabne-Massaker von 1941. Trotz dieser Tatsache und obwohl bekannt war, dass Bender schon vorher den Holocaust geleugnet hatte, stimmte das Sejm (Parlament), als die LPR ihn als ihren Vertreter im Staatsgerichtshof (Trybunał Stanu) vorschlug, einem wichtigen Verfassungsorgan, zu und ernannte ihn zum Richter. Die LPR leugnete weiterhin das Jedwabne-Pogrom. Am 28. Februar 2002 kam es zu einem Aufruhr, als Mitglieder der LPR den Vorsitzenden des Instituts für Nationale Erinnerung (Instytut Pamięci Narodowej, IPN), Professor Leon Kieres, in einer Parlamentsdebatte eine anti-polnischen Haltung sowie die Vertretung jüdischer Interessen vorwarfen. Die Angriffe standen im Zusammenhang mit seiner Rolle bei der Untersuchung des Jedwabne-Pogroms. Der in der Parlamentsdebatte offen zutage tretende Antisemitismus rief besonders unter Intellektuellen eine Welle der Empörung hervor, die jedoch wenig dazu beitrug, ähnliche Vorkommnisse in der Zukunft zu verhindern.[24]
Zygmunt Wrzodak war ein ehemaliger Anführer der Gewerkschaft Solidarity, der sich der SN und später der LPR anschloss, und als ihr Vertreter ins Parlament gewählt wurde. Am 15. April 2002 verkündete er in einer Sendung von Radio Maryja:

---

22 Ireneusz Krzemiński, „O Żydach i antysemityzmie po 10 latach", in Ireneusz Krzemiński (red.), *Antysemityzm w Polsce i na Ukrainie. Raport z badań*, Warszawa: Wydawnictwo Naukowe Scholar, 2004, S. 48-49.

23 Krzysztof Jasiewicz, „The New Populism in Poland. The Usual Suspects?", *Problems of Post-Communism*, Mai-Juni 2008, S. 19.

24 Vgl. Ewa Milewicz, „Kamienowanie - LPR atakuje prezesa IPN", *Gazeta Wyborcza*, 1. März 2002.

„Es ist bekannt, dass die Europäische Union von Freimaurern kontrolliert wird (...) mit folgendem Ziel: diese beide Nationen an die Macht zu bringen, eine weltweite jüdische Nation und eine europäische deutsche Nation“.[25]

Antoni Macierewicz, damals noch ein bedeutender Anführer der LPR und Herausgeber der rechtsradikalen Zeitung „Głos“ („Die Stimme“), sagte am 19. Juli 2002 in einer Sendung von Radio Maryja (antwortend auf eine Zuhörerfrage bezüglich der berüchtigten zaristischen Fälschung der „Protokolle der Weisen von Zion“):

„Ich habe sie gelesen, sie sind sehr interessant, manche sagen, sie seien echt, andere sagen, sie seien es nicht, ich bin kein Experte. Erfahrungen zeigen, dass derartige Gruppen in jüdischen Kreisen existieren.“[26]

Im März 2003 führte Bernard Wojciechowski, ein Stadtrat für die LPR (der bald darauf in das Europäische Parlament gewählt wurde), eine Kampagne gegen die Benennung einer Grundschule in Warschau nach der Figur eines Kinderbuches von Janus Korczak an, einem polnischen Pädagogen, der zusammen mit den Kindern, die unter seiner Aufsicht standen, in Treblinka umkam. Wojciechowski verfasste einen langatmigen offenen Brief, in dem er sich auf Korczak mit dessen ursprünglichem jüdischen Namen, Goldschmitt, bezog und die Vorkriegs-Antisemiten Jędrzej Giertych und Lucjan Zarzecki zitierte, die Korczak beschuldigten, er repräsentiere keine nationalen und christlichen Werte. Wojciechowski behauptete, dass „Korczak nicht zum polnischen Kulturerbe gehörte“.[27] In einem anderen öffentlich bekannt gewordenen Fall überzeugte die LPR-Stadträtin Katarzyna Dec Mitglieder des rechten Flügels des Stadtrats von Białystok, eine Bezugnahme auf demokratische Werte, Toleranz und Freiheit aus den vorgeschlagenen Statuten einer örtlichen Mittelschule aufgrund von ideologischen Überzeugungen herauszustreichen (Werte wie „Solidarität“ und „Gerechtigkeit“, die auch als Bildungsziele aufgeführt waren, stellte sie nicht infrage).[28] Dieser Fall – zusammen mit vielen weiteren Beispielen für ideologisch motivierten Druck auf regionale Bildungs- und Kulturinstitutionen – macht

25 Zitiert in Rafał Maszkowski, „Otwarte społeczeństwo i jego radio“, *Nigdy Więcej,* Nr. 14, 2004, Online, http://www.nigdywiecej.org/index.php?option=com_content&task=view&id=91&Itemid=15 (abgerufen am 10. Januar 2009).

26 Zitiert in Rafał Maszkowski, „Otwarte społeczeństwo i jego radio“, *Nigdy Więcej,* Nr. 14, 2004, Online, http://www.nigdywiecej.org/index.php?option=com_content&task=view&id=91&Itemid=15 (abgerufen am 10. Januar 2009).

27 Łukasz Kamiński, „Radnemu z LPR nie podoba się Król Maciuś I“, *Gazeta Wyborcza,* 11. März 2003, Online, http://miasta.gazeta.pl/warszawa/1,34862,1366362.html (abgerufen am 10. Januar 2009).

28 Vgl. *Gazeta Białostocka,* 28. August 2003. “Za co dieta...”, 22. Oktober 2003, Online, http://miasta.gazeta.pl/bialystok/1,35234,1737284.html (abgerufen am 3. Januar 2009).

deutlich, dass auch die regionalen Kader der LPR der von der Partei vertretenen radikal antiliberalen, reaktionären Ideologie auf das Engste verbunden waren. Er zeigt außerdem, wie die Hardliner-Ideologie der LPR anderen Parteien der Rechten, denen es an einer ähnlich kohärenten ideologischen Überzeugung und einem ähnlichen politischen Selbstbewusstsein fehlte, übergestülpt werden konnte.

Während die LPR-Führer ihre Reden im Parlament und in den Gemeinderäten hielten, wurde die MW auf der Straße zunehmend aktiv. Ihre Gegner wurden mit wachsender Häufigkeit Opfer von Einschüchterungsversuchen und gewalttätigen Übergriffen, deren Ziel vor allem Mitglieder homosexueller und feministischer Gruppen waren. Sie führte eine Reihe von Demonstrationen gegen die Mitgliedschaft Polens in der Europäischen Union durch, bei denen teilweise Fahnen verbrannt wurden (z. B. im Mai 2001 in Rzeszów und im Mai 2002 in Krakau), und störten pro-europäische Treffen (z. B. im Mai 2001 und Mai 2002 in Warschau). Mitglieder der Organisation verübten tätliche Angriffe gegen Homosexuelle (z. B. am 9. Februar 2001 in Poznań und am 8. Mai 2004 in Krakau), Linke (z. B. am 1. Mai 2001 und 2002 in Warschau) und religiöse Minderheiten (z. B. gegen Anhänger der Religionsgemeinschaft Hare Krishna in Tomaszów Mazowiecki im Mai 2001). Im September 2001 wurden die Anklagen, die wegen der Störung einer NATO-Militärzeremonie in Szczecin gegen einige MW-Aktivisten erhoben worden waren, fallen gelassen. Am 13. März 2005 hinderte eine Gruppe von 30 MW-Mitgliedern Präsident Lech Wałęsa daran, eine Rede zu Ehren des 25. Jahrestages der Gründung der Gewerkschaft Solidarity in Olsztyn zu halten, indem sie ihn niederschrien. Im Mai 2003 störten MW-Mitglieder in verschiedenen Städten mehrere Treffen mit Präsident Aleksander Kwaśniewski, der für das Referendum zum EU-Beitritt warb. Bei dieser Gelegenheit nahm die Polizei einen der aggressiven Nationalisten kurzzeitig in Gewahrsam: Piotr Farfał, ein militanter MW-Kämpfer, der in den folgenden Jahren zu einem führenden LPR-Mitglied aufsteigen sollte.[29]

Interessanterweise verabscheute die MW, die sich selbst als streng katholische Organisation bezeichnete, zwar ökumenisch ausgerichtete „moderne" katholische Gruppen, kollaborierte aber mit den neo-heidnischen Nationalisten der „Niklot" Vereinigung.[30] Darüber hinaus wurde Tomasz Szczepański, der Landesvorsitzende von Niklot, 2007 sogar als Parlamentskandidat der LPR in Warschau aufgestellt. Die scheinbar unvereinbaren religiösen Ansichten traten erneut hinter einer gemeinsamen radikal nationalistischen Identität zurück.

---

29 Diese sowie viele andere Fälle von aggressiven Aktionen der MW hat Marcin Kornak dokumentiert in *Brunatna Księga,* Warszawa-Bydgoszcz, Stowarzyszenie Nigdy Więcej, 2009; vgl. auch Marcin Kornak, „Brunatna Księga", 1990-2008, Online, http://nigdywiecej.org.pl/index.php?option=com_content&task=view&id=261&Itemid=20 (abgerufen am 12. März 2009).

30 Vgl. Lidia Ostałowska, Piotr Piotrowski, „Czego chce Młodzież Wszechpolska?", *Gazeta Wyborcza*, 21. Juni 2003.

Es gelang der LPR, sich als stärkste Kraft innerhalb der Gegner des EU-Beitritts Polens zu positionieren und die „No"-Kampagne, die dem im Juni 2003 stattfindenden Referendum vorausging, voranzutreiben. Die LPR focht für die Anti-EU-Sache zu einem Zeitpunkt, als der allgemeine politische Konsens bezüglich der EU-Mitgliedschaft zu erlahmen begann. Zu einem weiteren Schlüsselelement der LPR-Propaganda wurde die Politisierung des Themas Homosexualität: Obwohl es bis zu diesem Zeitpunkt im Diskurs der extremen Rechten so gut wie keine Rolle gespielt hatte, trat aggressive Homophobie an die Spitze ihrer Agenda in den 2000er Jahren. So demonstrierten beispielsweise am 9. Februar 2001 die SN und die MW vor dem niederländischen Konsulat in Poznań mit dem Slogan „Euthanasie für Schwule". Wojciech Wierzejski, ein führender LPR-Politiker, brachte ein Schild an der Tür seines EU-Parlamentsbüros an, auf dem Homosexuellen der Eintritt untersagt wurde, und verkündete anlässlich einer geplanten Demonstration für die Rechte von Schwulen und Lesben im Jahr 2006: „Sie sollten mit Stöcken geprügelt werden. Wenn sie den Schmerz erst einmal fühlen, werden sie nicht wieder kommen, weil Schwule per definitionem Feiglinge sind".[31] Bei einer Kundgebung im Jahr 2005 rief Wierzejski zur „Diskriminierung homosexueller Aktivisten in allen Lebensbereichen" auf und schwor, sämtliche homosexuelle Organisationen zu verbieten, „wenn die LPR an die Macht gelangt".[32]

Laut Krzysztof Jasiewicz bediente sich der homophobe Diskurs Klischees, die stark denen ähnelten, die schon in der Vergangenheit gegen vermeintlich feindliche ethnische Gruppen wie Juden und Deutsche verwendet wurden: „So vorsichtig die Verfasser der programmatischen Dokumente der LPR waren, wenn es um die Bezugnahme auf Rasse oder Nationalität ging, so fanden sie doch eine Gruppe, der sie offen die Rolle des Anderen zuwiesen: Homosexuelle".[33] Im Diskurs der LPR war das Thema der Rechte Homosexueller stark mit der EU verknüpft: Letztere wurde wiederholt beschuldigt, homosexuelle Lebensstile zu fördern und sie Polen aufzuzwingen.

Um mit den Worten Krzysztof Jasiewiczs zu sprechen, „argumentierte die LPR, die vor allem ältere, bildungsferne Wähler anzieht, gegen den Anschluss Polens an westliche Institutionen (besonders die EU) damit, dass er sich schädlich auf die nationale Identität und die traditionellen katholischen Werte auswirken würde".[34] Der daraus resultierende politische Konflikt stellte daher ein Aufeinan-

31 Human Rights Watch, „Poland: Official Homophobia Threatens Basic Freedoms", 4. Juni 2006, Online, http://www.hrw.org/en/news/2006/06/04/poland-official-homophobia-threatens-basic-freedoms (abgerufen am 6. Januar 2009).

32 Rafał Pankowski, „Homophobia and antisemitism as extremists prepare for election", *Searchlight*, August 2005.

33 Krzysztof Jasiewicz, „The New Populism in Poland. The Usual Suspects?", *Problems of Post-Communism*, Mai-Juni 2008, S. 16.

34 Krzysztof Jasiewicz, „The New Populism in Poland. The Usual Suspects?", *Problems of Post-Communism*, Mai-Juni 2008, S. 11.

derprallen grundlegend verschiedener, unvereinbarer Identitäten und existentieller Entscheidungen dar, welches sich nicht durch Verhandlungen auflösen ließ. Das Beitrittsreferendum am 7. und 8. Juni 2003 trug der Pro-EU-Kampagne einen Sieg ein. Nichtsdestotrotz war es der LPR durch die Kampagne gelungen, sich innerhalb einer wichtigen öffentlichen Debatte als ernstzunehmende Kraft, als rechtmäßige Teilnehmerin an dem politischen Diskurs zu positionieren. Die positiven Folgen der Kampagne für die LPR zeigten sich auch noch ein Jahr später bei den Wahlen der polnischen Delegierten für das Europäische Parlament im Juni 2004. Die LPR konnte ihren Stimmenanteil auf 15,2 Prozent verdoppeln. Sie gewann 10 Sitze im Europäischen Parlament, einschließlich einen für Maciej Giertych selbst. Dieses Ergebnis beförderte die LPR zur zweitstärksten Partei in der polnischen Politlandschaft.
Mitglieder der LPR und besonders Maciej Giertych erschütterten die anderen Mitglieder des Europäischen Parlaments während ihrer gesamten Amtszeit wiederholt durch radikale Äußerungen bis weit in die Zeit hinein, in der die Partei Teil der polnischen Regierung wurde. So hielt beispielsweise Maciej Giertych am 4. Juli 2006 anlässlich des Jahrestags des spanischen Bürgerkriegs eine Rede im Europäischen Parlament, in der Folgendes sagte:

> „Dank der spanischen Rechten, der spanischen Armee, ihrer Führer und besonders dank General Francisco Francos konnte der kommunistische Angriff auf das katholische Spanien niedergeschlagen werden. Dank ihnen konnte Versuchen Einhalt geboten werden, die kommunistische Pest in anderen Ländern zu verbreiten. (...) Die Anwesenheit von Persönlichkeiten wie Franco, Salazar oder De Valera in der europäischen Politik stellte sicher, dass Europa seine traditionellen Werte erhalten blieben. Solche Staatsmänner fehlen uns heute. (...) Das christliche Europa verliert den Kampf gegen ein sozialistisches und atheistisches Europa. Das muss sich ändern!"[35]

Im Oktober 2006 führte Giertych eine kreationistische Arbeitstagung für Mitglieder des Europäischen Parlaments in Brüssel durch. Seine Veranstaltung trug den Titel „Evolutionstheorie im Unterricht: Wird ihr Kind im Klassenzimmer indoktriniert?“. Es erschienen Berichte, unter anderem im renommierten Wissenschaftsjournal „Nature“, die sich über die Tagung lustig machten.[36] Die exzentrisch anmutende Themenwahl des polnischen Politikers betrachteten viele mit hochgezogenen Augenbrauen. Giertych ging es jedoch schlicht darum, für eine antievolutionistische Doktrin zu werben, der er schon lange anhing, ungeachtet der Tatsache, dass er einen Doktortitel in Biologie der Universität Toron-

35 „70 years after General Franco's coup d'état in Spain (Statements by the President and the political groups)", *European Parliament Debates*, 4. Juli 2006, Online, http://www.europarl.europa.eu/sides/getDoc.do?pubRef=-//EP//TEXT+CRE+20060704+ITEM-004+DOC+XML+V0//EN&language=EN&query=INTERV&detail=2-016 (abgerufen am 10. Januar 2009).

36 Almut Graebsch und Quirin Schiermeier, „Anti-evolutionists raise their profile in Europe“, Nature, 444, 406-407, 23. November 2006.

to führt.[37] Giertych behauptete sogar, er hätte seine anti-darwinistischen Ansichten infolge seiner wissenschaftlichen Untersuchungen gewonnen, und entsprängen nicht seinen religiösen Überzeugungen.[38]
In den ersten Wochen des Jahres 2007 rief Giertych einen weiteren Skandal hervor, als er eine englischsprachige Ausgabe einer Broschüre veröffentlichte, die Felix Konecznys „Theorie der Zivilisationen" bewarb. Diese stellt typisch antisemitische Behauptungen auf, wie die, dass Juden unethisch, besessen von separatistischen Bestrebungen und eine „tragische Gemeinschaft" seien, weil sie Jesus nicht als den Erlöser anerkannt hatten. In besagtem Pamphlet schrieb Giertych über die Juden:

> „Die ihre ist eine Zivilisation der vorbestimmten Abspaltung, der vorbestimmten Absonderung von den sie umgebenden Gemeinschaften (...). Aus eigener Entscheidung leben sie ein abgeschottetes Leben, sondern ihre Rasse ab von den sie umgebenden Gemeinschaften (...). Sie bilden ihre eigenen Gemeinden (kahals), sie regieren sich selbst mit ihren eigenen Gesetzen und sie achten darauf, auch räumlich Abstand zu halten. Sie tun sich selbst zusammen in Ghettos, dort leben sie gemeinsam wie in Bezirken, die vergleichbar mit den Chinatowns in den USA sind. (...) Juden sind keine Pioniere. Sie ziehen nicht aus, die Wildnis zu erobern oder die Gefahren der Natur zu bewältigen. Sie lassen sich nieder innerhalb anderer Zivilisationen, vorzugsweise den reichen. Gewöhnlich wandern sie von ärmeren in reichere Länder ab. Dies tun sie stets in Gruppen und sie schließen sich unverzüglich zu ihrer eigenen abgeschotteten Gemeinschaft zusammen."[39]

Außerdem wiederholte er anerkennend Konecznys Überzeugung, dass Europa sich auf eine einzige Zivilisation (nämlich auf die „lateinische", der auch die polnische angehört) gründen und sich anderer Zivilisationen, besonders der jüdischen, entledigen müsse. Als dies einen Aufschrei in der internationalen Presse hervorrief, erklärte Maciej Giertych Berichten zufolge gegenüber der Jewish Telegraphic Agency: „Ich befürworte die Lehren [von Koneczny – R.P.]. Sie beinhalten sehr gute Ansichten und sollten befolgt werden".[40]
Da die Broschüre das Logo des Europäischen Parlaments trug, erteilte Parlamentspräsident Hans-Gert Pöttering Maciej Giertych für den Inhalt seines Pamphlets einen strengen Verweis gemäß der Geschäftsordnung des Europäischen Parlaments. Er sagte, die Publikation stelle „einen schweren Verstoß

37 Z.B. Maciej Giertych „Einführung" in Gerard J. Keane, TAN Books & Publishers: Rockford, Illiois, 1999.

38 Vgl. „Pro-ID geneticist Maciej Giertych in his own words", *Uncommon Descent: Serving the Intelligent Design Community*, 16. Oktober 2006, Online, http://www.uncommondescent.com/intelligent-design/maciej-giertych-in-his-own-words/ (abgerufen am 5. Januar 2009).

39 Maciej Giertych, *Civilisations at war in Europe*, Brüssel, 2007, S. 24-25.

40 Dinah A. Spritzer, „Jews are a detriment to Europe, Polish politician says", *The Jerusalem Post*, 19. Februar 2007, Online, http://www.jpost.com/servlet/Satellite?pagename=JPost/JPArticle/ShowFull&cid=1170359892598 (abgerufen am 10. Januar 2009).

gegen die Grundrechte und besonders gegen die Würde des Menschen dar, deren Einhaltung unsere Institution dringend verpflichtet ist".[41] Giertych wies die Vorwürfe zurück und machte den gesamten Inhalt der Publikation weiterhin auf seiner Webseite in verschiedenen Sprachen zugänglich.

Die Ergebnisse bei den Wahlen zum Europäischen Parlament im Jahr 2004 bestätigten die Position der LPR als eine wichtige Partei mit nationaler Bedeutung. Zwei Jahre zuvor hatte sie bereits bei den Regionalwahlen gute Ergebnisse erzielt. Auf regionaler Ebene (sejmiki) wurde die LPR viertstärkste Partei mit 14,4 Prozent aller Stimmen, und gewann damit insgesamt 92 Sitze landesweit in den Gemeinderäten. Der Gedanke daran, einen „Cordon sanitaire" gegen die extreme Rechte zu bilden, tauchte in den Köpfen der Politiker der anderen Parteien offenbar nicht auf, und so stand es der LPR frei, wechselnde Koalitionen mit verschiedenen Partnern einzugehen und also noch einflussreichere Positionen zu besetzen. So wurde beispielsweise Wojciech Wierzejski zum stellvertretenden Vorsitzenden des Kreistags (sejmik) Mazowsze (Zentralpolen).
Ein weiteres Beispiel für das wachsende Ansehen der LPR und das Ausmaß des Rückhalts, den die Partei auf kommunaler Ebene genoss, war die bereitwillige Zusage Thomasz Malepszys, des sozialdemokratischen Bürgermeisters der Stadt Leszno, gemeinsam mit Maciej Giertych und dem LPR-Parlamentsmitglied Zbigniew Jacyna-Onyszkiewicz die Schirmherrschaft für einen im Dezember 2004 von der MW organisierten Wissenswettbewerb zum ideologischen Erbe des Vorkriegsnationalisten Roman Dmowskis zu übernehmen. In einem Interview erklärte er: „Mir sind die Ansichten Roman Dmowskis bekannt, ich respektiere sie und werde sie auch öffentlich vertreten. Die MW in Leszno betreibt keine extremistischen Aktivitäten, sie organisiert Kultur- und Sportveranstaltungen."[42] Die linksgerichtete Tagszeitung „Trybuna", die Malepszys Standpunkt kritisierte, wies darauf hin, dass der Zweig der MW in Leszno bisher berüchtigt für die Organisation von Auftritten rassistischer Skinhead-Bands gewesen war.[43]
Eine wichtige Koalition auf kommunaler Ebene stellte der Zusammenschluss der LPR mit der PiS im Warschauer Stadtrat dar. Der konservative Bürgermeister Lech Kaczynski entsprach der Forderung der LPR, ein Denkmal Roman Dmowskis im Stadtzentrum zu errichten (das Denkmal wurde im Jahr 2006 enthüllt). Im Februar 2004 wurde Jan Maria Jackowski, eine Führungsperson der LPR und nationalistischer Autor, zum Vorsitzenden des Stadtrats gewählt. In

41 „Sanction imposed on Maciej Marian Giertych", 14. März 2007, Online, http://www.europarl.europa.eu/eplive/expert/shotlist_page/20070314SHL04177/default_en.htm (abgerufen am 10. Januar 2009).

42 (MR) „Wszechpolski lewicowiec", *Trybuna*, 17. Dezember 2004, Online, http://www.trybuna.com.pl/n_show.php?code=2004121713 (abgerufen am 5. Januar 2009).

43 Vgl. Maciej Roszak, „Nie oswajać faszyzmu", *Trybuna*, 17. Dezember 2004, Online, http://www.trybuna.com.pl/n_show.php?code=2004121713 (abgerufen am 5. Januar 2009).

einem seiner Bücher hatte er Polen davor gewarnt, eine „Landreserve“ für „eine der beiden im Nahostkonflikt beteiligten Parteien“ zu werden und deutete damit an, es gebe eine Verschwörung mit dem Ziel, jüdische Siedlungen in Polen zu errichten.[44]

Wie bereits erwähnt, war die LPR weit davon entfernt, politisch isoliert zu sein und wurde augenscheinlich von allen anderen Parteien, einschließlich der Sozialdemokraten, als rechtmäßige politische Akteurin anerkannt. Bezeichnenderweise wurde die LPR regelmäßig von Präsident Kwaśniewski zu Beratungen mit anderen Parteiführern hinzugezogen, selbst zu dem Zeitpunkt, als er sich weigerte den Agrarpopulisten der Self-Defence eine derartige Einladung auszusprechen, weil er sie für eine antidemokratische Partei erachtete.[45]

Im Sommer 2004 wurde Roman Giertych zum Mitglied eines Sonderausschusses des polnischen Parlaments berufen, der eingerichtet worden war, um angebliche weit reichende Unregelmäßigkeiten bei der staatlichen Aufsicht über die Ölindustrie und den Ölhandel zu untersuchen. Diese Berufung verschaffte ihm fast ein ganzes Jahr lang fast täglich Fernsehauftritte zur Hauptsendezeit im staatlichen Fernsehen. Als Mitglied des Ausschusses spezialisierte er sich darauf, vermeintliche aus dem Ausland gesteuerte Verschwörungen gegen polnische Interessen sowie geheime Absprachen zwischen ehemaligen Mitarbeitern des kommunistischen Geheimdienstes und Mitgliedern der neuen Unternehmerelite aufzudecken. Seine Rolle ermöglichte es ihm, auf den Zug einer wachsenden Anti-Korruptions-Stimmung aufzuspringen, welche, wie sich bei den Wahlen im Jahr 2005 zeigte, auch politisch zunehmend an Bedeutung gewann.
Zum damaligen Zeitpunkt glich die LPR einer gut geölten Politmaschine, die mit einer vage an die faschistischen Bewegungen der Vergangenheit erinnernden Doppelstrategie in Gang gesetzt worden war: Einerseits nutzte sie das Parlament als Plattform, um das System anzuprangern, andererseits schüchterten ihre MW-Schlägertruppen politische Gegner ein und versuchten, öffentliche Räume körperlich zu dominieren.
Die größte Unterstützung erhielt die LPR in Gegenden in Süd- und Ostpolen, d. h. in den konservativen Regionen, die der traditionellen und regionalen Identität am engsten verbunden sind. Die Bewohner dieser Regionen leben zumeist seit vielen Generationen in stabilen Gemeinschaften, während die Bevölkerungsstruktur West- und Zentralpolens wesentlich stärker durch interne Migrationsbewegungen geprägt ist. Das Wahlmuster der LPR lässt sich nicht einfach auf wirtschaftliche Not oder auf ein Gefühl gesellschaftlicher Anomie im Sinne

44 Vgl. Jan Maria Jackowski, *Bitwa o Polskę*, Inicjatywa Wydawnicza Ad Astra: Warschau 1993, S. 180.

45 Vgl. Spotkanie Prezydenta RP z liderami partii politycznych“, 15. September 2003, Online, http://www.kwasniewskialeksander.pl/int.php?mode=view&id=1676 (abgerufen am 3. Januar 2009).

der von den Massengesellschaftstheorien gelieferten Erklärungsansätze totalitärer Bewegungen zurückführen. Wie Roger Eatwell zutreffend erinnert, werden diese unzureichend „angesichts der Tatsache, dass der Faschismus dort am stärksten war, wo der Gemeinschaft weiterhin große Bedeutung zukam, wie in ländlichen Gegenden und Kleinstädten, wo Anführer wie Geistliche oder Ärzte andere Mitglieder der Gemeinschaft faschistischen Bewegungen zuführten (oder sie dagegen aufbrachten)“.[46]

Die LPR-Führer zogen es vor, kein eigenes wirtschaftspolitisches Programm auszuarbeiten. Es ist anzunehmen, dass sie sich einfach stillschweigend neoliberale Wirtschaftstheorien zu Eigen machten: Die Partei stellte sich schließlich in den Jahren 1993 und 2007 gemeinsam mit der radikal marktorientierten Union für Realpolitik zur Wahl. Roman Giertych hatte mehrfach seine Faszination für Margaret Thatchers harte Wirtschaftspolitik öffentlich geäußert.[47] Diese stand im krassen Gegensatz zu der Meinung der überwältigen Mehrheit der Wählerschaft der LPR, dass der Staat verantwortlich für das öffentliche Wohl sei.[48] Es ist fraglich, ob die LPR-Führung diese Ambiguität bezüglich wirtschaftlicher Fragen absichtlich kultivierte; auf jeden Fall folgte sie damit der populistischen Tradition.

Es scheint, dass die Führer der LPR bereit waren, ihr politisches Programm in einigen Fragen (z. B. Wirtschaft) relativ unbekümmert zu verändern, während sie ihrer exklusivistischen Auffassung von nationaler Identität standhaft treu blieben: Im Falle der Letzteren lassen sie sich als echte Überzeugungspolitiker bezeichnen. Während ihrer Zeit am politischen Rand in den 1990er Jahren (von Parteimitgliedern als „mythische Zeit des harten Kampfes“[49] verklärt) wurde deutlich, wie starr die Partei an ihrer Ideologie festhielt, und wie wenig sie bereit war, diesbezüglich Neuerungen vorzunehmen. Genau diese Unflexibilität präsentierte die Partei später als ihre ganz besondere Stärke.

In einem Schreiben aus dem Jahr 2000 wies Roman Giertych auf den breiten kulturellen Rückhalt hin, den die endek-Bewegung erfuhr, und der seinen Ausdruck in weitverbreiteten gesellschaftlichen Einstellungen fand:

> „Ich bin zutiefst davon überzeugt, dass der von der Nationalen Bewegung aufgebrachte Gedanke tief im Unterbewusstsein der Nation fortbesteht. Viele Menschen denken und leben politisches Leben im Einklang mit nationalen Grundsätzen, manchmal sogar

46 Roger Eatwell, „Towards a New Model of Right-Wing Charismatic Leadership“, Manuskript, 2007, S. 5.

47 Vgl. Małgorzata Subotić, „Giertych: Thatcher - tak, Lepper – nie“, *Rzeczpospolita*, 20. Mai 2004.

48 Vgl. Krzysztof Jasiewicz, „The New Populism in Poland. The Usual Suspects?”, *Problems of Post-Communism*, Mai-Juni 2008, S. 18.

49 Michał Karnowski, „Chowany na wodza, czyli historia Romana Giertycha”, *Dziennik*, 6. April 2007, Online, http://www.dziennik.pl/opinie/article27701/Chowany_na_wodza_czyli_historia_Romana_Giertycha.html (abgerufen am 6. Januar 2009).

> ohne sich überhaupt darüber im Klaren zu sein, dass die Wurzeln ihres Denkens in dem Gedanken der Nationalen Bewegung liegen."[50]

Wirtschaftliche Probleme und das Gefühl einer drohenden Krise mögen zum Wiedererstarken des Populismus beigetragen haben, aber die genaue Form des Umschwungs wurde durch kulturelle Faktoren bestimmt. Der Großteil der LPR-Wählerbasis fühlte sich nicht aufgrund wirtschaftlicher Not zu der Partei hingezogen, sondern aufgrund der von der Partei vertretenen nationalistischen Ideologie.
LPR-Wähler widersprachen häufiger als Wähler anderer Parteien der Aussage, dass „Demokratie ihre Schwachpunkte hat, aber dennoch besser als andere Systeme ist". Auf einer Skala von 1-4 (1 – Ich stimme zu, 4 – Ich stimme nicht zu) kamen sie auf den Wert 2,07 (Durchschnittswert: 1,92). Die Demokratiefeindlichkeit unter den Wählern der Partei lag deutlich höher als unter denen, die sie nicht wählten (1,99).[51] Die Untersuchungen zeigten außerdem, dass „die LPR die ethnozentristischste Wählerschaft aller Parteien hat".[52] Kurz gesagt „bietet die Wählerschaft der LPR ein klassisches Beispiel für nationalistischen Populismus".[53]

Der Aufstieg der LPR war jedoch keinesfalls einfach. Abgesehen von dem Verlust der Unterstützung Radio Maryjas und der Abkehr einiger wichtiger Wegbegleiter wie Macierewicz, musste sie sich den Medien stellen, die zahlreiche schädigende Berichte brachten, die den Neonazi-Hintergrund und die Verbindungen einiger führender LPR- und MW-Mitglieder in die Szene nachwiesen.
Am 23. Oktober 2005 erhielt die LPR in den Parlamentswahlen knapp 8 Prozent der Stimmen und 34 Sitze im Sejm sowie 7 Sitze im Senat. Die Gruppe um Giertych konnte sich wieder behaupten, und dieses Mal wurde die Fraktion vor allem von jungen MW-Aktivisten in den Zwanzigern dominiert, die Roman Giertych gegenüber persönlich loyal waren. Dessen ungeachtet traf die LPR zunehmend auf Widerstand aus der Bevölkerung.
Die Beteiligung der LPR an der von Kaczyński geführten Regierungskoalition war nur von kurzer Dauer. Die Partei verlor ihre Sitze im Parlament bei den Wahlen im Jahr 2007. Nichtsdestotrotz ist die von der Partei beförderte rechtsextreme Ideologie auch heute noch in der polnischen Politik und Gesellschaft existent. Eine Rückkehr des organisierten radikalen Nationalismus lässt sich nicht ausschließen.

---

50 Roman Giertych, *Lot Orła*, Fundacja Nasza Przyszłość: Szczecinek, 2000, S. 7-8.

51 Vgl. Krzysztof Jasiewicz, „The New Populism in Poland. The Usual Suspects?", *Problems of Post-Communism*, Mai-Juni 2008, S. 17.

52 Krzysztof Jasiewicz, „The New Populism in Poland. The Usual Suspects?", *Problems of Post-Communism*, Mai-Juni 2008, S. 18.

53 Krzysztof Jasiewicz, „The New Populism in Poland. The Usual Suspects?", *Problems of Post-Communism*, Mai-Juni 2008, S. 20.

Jean-Yves Camus

Der Niedergang des Front National und die Zukunft der extremen Rechten in Frankreich

Im Jahr 2007 ereignete sich eine große Veränderung im politischen Leben Frankreichs: Nach mehr als 20 Jahren fast ungebrochenen Wachstums erlebte die rechtsextreme politische Partei Front National (FN) unter der Führung von Jean-Marie Le Pen bei den Wahlen einen so gewaltigen Stimmeneinbruch, dass ihr Niedergang unbestreitbar ist und die Partei heute um ihr Überleben kämpfen muss. Der FN wurde 1972 gegründet. 1983 konnte er zunächst bei verschiedenen Kommunalwahlen landesweit Bedeutung erringen, und später, im Jahr 1984, auch bei der Europawahl. Von diesem Zeitpunkt an drehte sich die französische Politik mehr oder weniger um Fragen, die im Zusammenhang mit dieser Partei standen. Sollte die bürgerliche konservative Rechte mit der FN paktieren, um die Koalition der Linken zu schlagen? Wie sollte die Rechte mit Zuwanderungsfragen, der multikulturellen Gesellschaft und Themen wie Recht und Ordnung umgehen und gleichzeitig versuchen, die Stimmen der FN-Wähler für sich zurück zu gewinnen und demokratischen Werten treu zu bleiben? Präsident Jacques Chirac, der im Jahr 2002 die Stichwahl im zweiten Wahlgang mit 82 Prozent der Stimmen gegen Le Pen gewann, wurde nicht für sein Programm gewählt: Er wurde gegen die FN gewählt. Es war daher klar, dass die Rechte, wenn sie aufgrund eines innovativen und fundierten Wahlprogramms gewählt werden wollte, den Großteil der 4,825 Millionen Wähler, die für Le Pen gestimmt hatten, wieder auf ihre Seite ziehen musste. Genau dies gelang Nicolas Sarkozy im April 2007. Dieser Artikel wird versuchen zu erklären, wie er dies erreichte, und welches die Gründe für den Niedergang des populistischen, fremdenfeindlichen Front National sind.

Ein neuer politischer Kontext

Bevor das Thema eingehender betrachtet wird, soll im Vorfeld erwähnt werden, dass die Niederlage des Front National keinesfalls als endgültig anzusehen ist. Protestparteien wie der FN profitieren von Wählern, die von der politischen Elite enttäuscht sind und pessimistisch in die Zukunft blicken. Diesbezüglich hat sich durch die Wahlen 2007 nicht viel verändert, im Gegenteil: Eine im August 2008 durchgeführte Studie zeigte, dass nur noch 33 Prozent der Bürger gegenüber 53 Prozent im Jahr 2007 ihrer Zukunft und der ihrer Kinder optimistisch entgegen blicken.[1] Dies vorangestellt, fanden die Wahlen 2007 in einem besonderen Kontext statt, der Le Pen nicht zuträglich war. Zunächst spielten sich die

1 Ouest-France/ IFOP-Studie, 24.08.2008.

Wahlen zum ersten Mal seit 1981 nicht in einem Kontext der „Kohabitation" zwischen der Linken und der Rechten ab, das heißt diesmal galt es nicht, zwischen einem amtierenden Präsidenten und einem amtierenden Premierminister, die jeweils unterschiedlichen politischen Koalitionen angehören, zu wählen – eine Situation, von der Protestgruppen profitieren, die behaupten, „gegen das System" anzugehen. Dann traten zwei Kandidaten an, die wesentlich jünger als Le Pen waren. 2007 war der FN-Anführer 79 Jahre alt, während Sarkozy 52 und seine sozialistische Herausfordererin Ségolène Royal 54 Jahre alt war. Die Alterslücke war wesentlich größer als noch im Jahr 2002, als Le Pen 74 und Chirac nur vier Jahre jünger war. Folglich konnte Le Pen nicht länger behaupten, er würde „frischen Wind" in die französische Politik bringen, da er tatsächlich der einzige noch aktive französische Politiker war, der schon während der Vierten Republik im Parlament gesessen hatte, die zu Ende ging, als Nicolas Sarkozy gerade drei Jahre alt war. Eine weitere Erklärung für das Scheitern des FN lässt sich darin finden, dass das politische Angebot für Protestwähler 2007 viel größer war als fünf Jahre zuvor. Der Zentrumskandidat François Bayrou, der 2002 knapp 7 Prozent der Stimmen erhalten hatte, konnte 2007 ganze 18,6 Prozent der Stimmen für sich verzeichnen; der erzkonservative, antieuropäische Philippe de Villiers, der im Jahr 2002 nicht angetreten war, gewann 2,2 Prozent der Stimmen, von denen ein Teil von früheren FN-Wählern aus dem katholischen Bürgertum stammte. Darüber hinaus war bei den Wahlen 2007 eine deutlichere Entscheidung zwischen links und rechts zu treffen als im Jahr 2002. Dem mitte-rechts orientierten Chirac gelang es weit weniger gut, die rechten Wähler zu mobilisieren, als Sarkozy, der seine konservativen Ansichten viel offener zur Schau trug (19,9 Prozent gegenüber 31,2 Prozent im ersten Wahlgang), und Ségolène Royal verstand es besser als Lionel Jospin, die Linke zu mobilisieren (25,9 Prozent gegenüber 16,2 Prozent). Insgesamt zeigt diese Entwicklung, dass Le Pen als ein Protestkandidat, der für die Führung des Landes in Frage kommt, deutlich an Anziehungskraft verloren hat. Aber war er wirklich jemals glaubwürdig als möglicher Führer des Landes? Dies scheint das Hauptproblem zu sein, welches sein schlechtes Wahlergebnisses im Jahr 2007 erklären kann. Wie wir sehen werden, spielten noch zahlreiche andere Faktoren eine Rolle, die in der Front National selbst begründet liegen, und dazu führten, dass die Partei von einem unerwarteten zweiten Platz im Jahr 2002 bei den Wahlen im Jahr 2007 auf ihr schlechtestes Ergebnis seit 1984 zurückfiel.

Die Misserfolge des Front National

Zum Verständnis der Misserfolge und Schwächen des FN ist es notwendig, zurück in die Vergangenheit zu gehen und die Präsidentschaftswahlen im Jahr 2002 näher zu betrachten. Als Le Pen am 21. April mit 16,9 Prozent der Stimmen unerwartet zum zweitstärksten Kandidaten wurde und sich somit für den zweiten Wahlgang qualifizierte, wurde dies von den Massen, die im ganzen Land demonstrierten, als Beweis dafür interpretiert, dass „der Faschismus da ist“ und „aufgehalten werden muss“. Das Entsetzen war umso größer, als vor der Wahl durchgeführte Meinungsumfragen Le Pen nicht mehr als 14 Prozent der Stimmen eingeräumt hatten. In Wahrheit ist dieses Ergebnis' Le Pens jedoch nicht als Folge einer spektakulären Entwicklung zu werten, vergleicht man es mit seinem Ergebnis bei den Präsidentschaftswahlen 1995, bei denen er bereits 15 Prozent der Stimmen für sich verzeichnen konnte. Der Stimmenzuwachs war nur gering: Die Zahl seiner Wähler stieg von 4,571 Millionen auf 4,804 Millionen an, und darüber hinaus gelang es Bruno Megret, der bis zur Spaltung der FN im Jahr 1998 Le Pens Nummer Zwei gewesen war, 2,3 Prozent der Stimmen für sich zu gewinnen. In Wirklichkeit verdankte Le Pen seinen Sieg den äußerst schwachen Ergebnissen, die sowohl der sozialistische Premierministers Lionel Jospin als auch der amtierende Präsident der Gaullisten, Jacques Chirac, mit jeweils weniger als 20 Prozent der Stimmen verzeichnen mussten. Ein weiterer Grund lag in der großen Zahl der Kandidaten, die zur Wahl antraten: Insgesamt waren 16 Kandidaten aufgestellt. Dies schwächte besonders den sozialistischen Kandidaten, da ihm durch die trotzkistischen Parteien (10 Prozent) und die Anti-EU-Kandidatur Jean-Pierre Chevènements (5,3 Prozent) zahlreiche Wähler abwanderten. Die Schwächen des FN traten besonders deutlich am Abend der Stichwahl zutage, als Le Pen 17,8 Prozent der Stimmen gegenüber 82,2 Prozent für Jacques Chirac erzielte. Anders ausgedrückt zeigte sich hierin, dass keine dynamische Bewegung hinter der Kandidatur von Le Pen stand und dass er unfähig war, Wähler außerhalb der extremen Rechten für sich im zweiten Wahlgang zu gewinnen. Er behielt die schon im ersten Wahlgang erzielten Stimmen und gewann die von Megret und lediglich 84 000 weitere von anderen Kandidaten oder Personen, die im ersten Durchgang nicht gewählt hatten, hinzu. Dies bestätigte, dass sich der Wählerkreis der Front National, obwohl sie eine bedeutende Partei und keine Randbewegung war, doch vor allem auf die „Protestwähler“ beschränkte. Infolgedessen begannen viele FN-Wähler und sogar einige militante Parteiaktivisten zu bezweifeln, dass der Partei die Machtergreifung jemals gelingen würde. Dies wurde dadurch verstärkt, dass sich viele von ihnen des Gefühls nicht erwehren konnten, Le Pen gebe sich mit seiner Rolle als politischer Störenfried und Außenseiter zufrieden und wolle das System lediglich herausfordern, ohne das Amt des Präsidenten jemals wirklich anzustreben. Während die bürgerliche Rechte von Chirac angeführt wurde, der von seiner Ideologie her tatsächlich eher ein Zentrist als ein Konservativer war, bot der FN den stärker rechtsgerichteten Teilen der Wählerschaft anscheinend eine Alternative. Im Jahr 2007 hatte sich die politische Landschaft jedoch vollkommen verändert. Mit Nicolas Sarkozy an der Spitze vollzog die größte konservative Partei, die Union pour un Mouvement Populaire (UMP), eine scharfe ideologische Wende und eignete sich Teile der FN-Agenda an. Sarkozy führte Kampagnen mit Inhalten wie Recht und Ordnung, Populismus,

Nationalstolz sowie Zuwanderungsbeschränkung und beschwor schließlich einen „Wechsel", als versuchte er, sich von seiner eigenen politischen Familie loszusagen. Sarkozy gewann 25 Prozent der Stimmen von Wählern, die 2002 im ersten Durchgang für Le Pen gestimmt hatten, während 13 Prozent von ihnen einen Kandidaten der Linken wählten und weitere 23 Prozent entweder für einen anderen Kandidaten stimmten oder sich enthielten.[2] Sogar noch größer war der Verlust bei den folgenden Parlamentswahlen. Der FN verlor 83 Prozent der Wähler, die 2002 für die Partei gestimmt hatten: 39 Prozent an die UMP, 15 Prozent an die Linke, 5 Prozent an die Zentrumspartei MODEM, eine neue Protestpartei, und 25 Prozent wählten gar nicht.

Fast ein Jahr nachdem Sarkozy Präsident geworden war, zeigte sich ein großer Teil der FN-Wähler, die für ihn gestimmt hatten, enttäuscht von seinen Reformen. Der Einzug von Politikern der sozialistischen Linken ins Kabinett und Sarkozys Beharren darauf, Minister mit einem nicht-französischen ethnischen Hintergrund in Spitzenpositionen zu befördern, hatten dazu geführt, dass sich viele der stärker rechtsgerichteten Wähler von ihm abwandten. Bei den Kommunal- und Kantonalwahlen im März 2008 gingen daher über 50 Prozent derjenigen, die 2002 für den FN gestimmt hatten, nicht zur Wahl, das heißt, sie lehnten sowohl die UMP als auch den FN ab. Le Pen interpretierte dies als Beweis dafür, dass ein großer Teil der konservativen Wähler durch die Präsidentschaft Sarkozys verärgert war, und eine Chance darauf bestand, dass sie sich zukünftig dem FN zuwenden würden. Andererseits musste auch der FN bei den Kommunalwahlen einen Rückschlag verzeichnen. In der Stadt Hénin-Beaumont, die zu Marine Le Pens Wahlkreis gehörte, erzielte sie 28,5 Prozent der Stimmen gegenüber einem Anteil von 45 Prozent bei den Parlamentswahlen 2007. Es ist denkbar, dass der FN in Zukunft davon profitieren könnte, dass sich ein Teil von Sarkozys Anhängern und zwar besonders diejenigen aus der Arbeiterklasse von ihm abkehrt. Dies wird sich entweder bei den Wahlen zum Europäischen Parlament im Juni 2009 oder bei den nächsten Präsidentschaftswahlen 2012 zeigen. Dann wird sich die Frage stellen, ob der Front National überhaupt in der Lage ist, an diesen Wahlen teilzunehmen.

Eine schwache, von internen Querelen geplagte Partei

Seit ihrer Gründung 1972 ist Le Pen allmächtiger Führer der Front National gewesen, der sich bei jeder Parteiversammlung durch Applaus in seinem Amt bestätigen ließ. Dank seiner Erfahrung und seines Charisma konnte er zumindest bis 1998 das altbekannte Problem der extremen Rechten umgehen: Faktionalis-

2 Vgl. Nonna Mayer, „Comment Sarkozy a rétréci l'électorat Le Pen". Revue Française de Science Politique, Band 57, 2007 3-4, S. 429-445.

mus. Le Pen war es gelungen, die Einheit der Partei zu erhalten, obwohl sie viele miteinander konkurrierende und widerstreitende Faktionen vereinte, von eingefleischten Faschisten über ehemalige Widerstandskämpfer, Monarchisten und ehemalige Amtsträger, die schon Karrieren in den bürgerlichen Parteien hinter sich hatten, über katholische Fundamentalisten bis zu Anhängern neoheidnischer Kulte. Solange der Stern des FN am Aufsteigen begriffen war, blieb denjenigen, die sich abspalteten oder die Partei verließen, kaum eigener politischer Gestaltungsraum. Die interne Organisation des FN ist jedoch aus drei Gründen als schwach zu bezeichnen. Jeder einzelne dieser Gründe trug zu dem – im Vergleich zu 2002 – schwachen Wahlergebnis im Jahr 2007 bei. Zunächst versäumte es der FN nach seiner Spaltung 1998 den Parteiapparat neu aufzubauen und verlor so einen Großteil seiner aktiven und gut ausgebildeten Führungsspitze. Dann brachte die mangelnde Aussicht auf Erfolg viele Parteifunktionäre der mittleren und unteren Ebene sowie zahlreiche militante Aktivisten der Basis dazu, die Partei zu verlassen. Zu guter Letzt kümmerte sich der alternde Le Pen, der inzwischen 80 Jahre alt ist, nicht um die Frage seiner Nachfolge, was bedeutet, dass in der Partei Uneinigkeit darüber herrscht, wer die Parteiführung übernimmt, wenn Le Pen zurücktreten oder sterben sollte.

Im Dezember 1998 beschloss der von Bruno Megret, Le Pens Nummer Zwei, geleitete Flügel, sich vom FN abzuspalten und eine neue Partei zu gründen, den Mouvement National Républicain (MNR). Megret war ein hoher Beamter und ehemaliges Mitglied der neo-gaullistischen Partei Rassemblement pour la République (RPR), der über Jahre hinweg versucht hatte, seine eigenen Netzwerke innerhalb des FN aufzubauen und dabei einigen Erfolg aufweisen konnte, so dass die Partei schließlich in zwei Lager gespalten war: Eines war Le Pen treu ergeben und das andere Megret. Die wachsende Feindschaft zwischen den beiden Kontrahenten war einer der Gründe für die Spaltung. Es gab jedoch noch einen Grund, der mehr ideologischer Natur war: Während Le Pen sich weigerte, irgendeine Einigung mit der konservativen Rechten zu erzielen und glaubte, die Wahlen eines Tages nur mit der Unterstützung der FN gewinnen zu können, war Megret einer Allianz mit der Rechten oder Teilen von ihr weder auf regionaler noch auf nationaler Ebene abgeneigt. Das bedeutet keinesfalls, dass er politisch gemäßigt war. Tatsächlich war seine Strategie, taktisch einen weichen Kurs zu fahren, während er gleichzeitig ein ideologischer Hardliner blieb, der einer rassistischen Vision nationaler Identität sogar noch stärker verhaftet war als Le Pen, aber dem ebenso klar war, dass die FN niemals eine bedeutende Machtposition bekleiden würde, wenn sie nicht Bündnisse mit den bürgerlichen Parteien einginge. Viele von Megrets Anhängern stammten aus Denkfabriken der Neuen Rechten, wie der GRECE (Groupement de Recherches et d'Etudes pour la Civilisation Européenne) oder dem Club de l'Horloge. Die radikalen Gruppen der extremen Rechten, wie die völkische Terre et Peuple und die nationalrevolutionäre Unité Radicale, ergriffen für Megret Partei gegen Le Pen, den sie für einen reaktionären Konservativen hielten. Die aktivsten, jüngsten, leistungsstärksten und am besten ausgebildeten militanten Aktivisten wanderten vom FN ab, um sich dem MNR anzuschließen. Bei den Kommunalwahlen im April 1998 gewann der FN 275 Sitze in den Gemeinderäten; nach der Spaltung wechselten jedoch 140 von ihnen, und zwar in vielen Fällen die aktivsten Ratsmitglieder, zum MNR. In den folgenden Jahren ging es sowohl mit dem FN als auch mit dem MNR bergab. Kurz vor den Kommunalwahlen 2003 waren von den 140 Ratsmitgliedern für des MNR nur noch 67 übrig; die anderen hatten sich von der Partei getrennt und ihre eigenen Mikroorganisationen in den Gemeinderäten gebildet. Bei den Wahlen 2003 mussten beide Parteien Rückschläge einstecken. So gewann der FN lediglich 156 Sitze und der MNR verschwand fast vollständig aus den Gemeinderäten. In den darauf folgenden Jahren wurden viele der FN-Ratsmitglieder abtrünnig; einige schlossen sich Philippe de Villiers erzkonservativer aber bürgerlicher Partei Mouvement pour la France (MPF) an, andere übten ihre Ratsmitgliedschaft als Parteilose aus. Um es zusammenzufassen, brachte ihre Lossagung von der FN Megret und seinen Anhängern keinen Erfolg ein, aber die FN erlitt vor den Wahlen im Jahr 2002 schwere Verluste. Zu dem Zeitpunkt, als Le Pen Zweiter bei den Präsidentschaftswahlen wurde, war die Partei bereits geschwächt. Die Mitglieder liefen ihr davon (1998 hatte sie 42 000 Mitglieder, während sie heute kaum mehr als 15 000 Mitglieder zählt), die Jungendorganisation Front National de la Jeunesse war weniger aktiv als zuvor, die Aktivitäten der Regionalgruppen der Partei gingen zurück, und die der Partei freundlich gesinnten Veröffentlichungen hatten einen Großteil ihrer Leserschaft eingebüßt.[3]

Hinzu kommt, dass Le Pen, der im Juni 2009 81 Jahre alt wird, noch keinen Nachfolger bestimmt hat. Wie in allen politischen Parteien, deren Führer ihre Macht auf der Grundlage ihres Charismas aufbauen, stellt sich die Frage, was aus der Partei wird, wenn der Anführer nicht mehr da ist. Noch bis vor kurzem hatte Le Pen seinen Rücktritt niemals offen angesprochen und selbst heute, nachdem er angekündigt hat, den Parteivorsitz im Jahr 2010 abzugeben, spielt er mit dem Gedanken, sich für die Präsidentschaftswahlen im Jahr 2012 erneut aufstellen zu lassen. Infolgedessen brachen sogar schon vor den Wahlen 2002 erbitterte Kämpfe um die zukünftige Führung der Partei zwischen mindestens zwei Kontrahenten, Marine Le Pen (der Tochter Jean-Marie Le Pens) und dem Bruno Gollnisch (MdEP), einem der FN-Vizepräsidenten, aus. Marine Le Pen ist die wahrscheinliche Nachfolgerin ihres Vaters, sie hat ihr eigenes Netzwerk von Unterstützern innerhalb der Partei aufgebaut: Sie hat einen politischen Club ins Leben gerufen (Génération Bleu Marine), eine Publikation (L'Aviso) herausgegeben und viele ihrer engen Berater auf Spitzenpositionen innerhalb des

3 So verlor beispielsweise die Tageszeitung Présent, die sich geweigert hatte, im Konflikt zwischen FN und MNR für eine der beiden Seiten Stellung zu beziehen, einen Großteil ihrer Leser und erscheint heute nur noch alle fünf Tage in vierseitiger Ausgabe.

FN befördert. Im Gegensatz dazu bleibt Gollnisch zwar eher unauffällig, aber er kann auf die Unterstützung der Funktionäre der „alten Garde“ zählen, die befürchten, dass Marine Le Pen plant, die FN zu einer Art französischen Variante der Alleanza Nationale zu machen. Der interne Zwist zwischen „Modernisten“ und „Traditionalisten“ plagt die Partei seit Jahren und hat zu Änderungen der politischen Strategie geführt, die weder die Basis noch die Wähler nachvollziehen konnten. So besuchte Le Pen beispielsweise im April 2007 im Vorfeld der Wahlen Argenteuil, eine Islamisten-Hochburg in einem Vorort von Paris, und rief dort die französischen Muslime dazu auf, ihm ihre Stimme zu geben. Er argumentierte, dass der FN im Gegensatz zu den Konservativen und der Sozialistischen Partei damit aufhören wolle, sie in die heruntergekommenen Vororte umzusiedeln, in denen sie zu einem Leben am Rande der Gesellschaft gezwungen seien. Diese Geste konnten die Anhänger der Anti-Zuwanderungs- und Anti-Islam-Rhethorik des FN nicht nachvollziehen, und so wurde sie in der auf die Wahlen folgenden Zeit Gegenstand heftiger Kritik, weil sie keinen Erfolg zeitigte: Bei den Wahlen 2007 waren weniger als 5 Prozent der französischen Muslime bereit, Le Pen ihre Stimme zu geben.[4]

Ein weiterer Grund für den Stimmenrückgang des FN liegt in Le Pens besonderer Eigenheit, wiederholt Äußerungen mit antisemitischem oder rassistischem Inhalt zu tätigen oder aber die Kriegsverbrechen der Nazis oder ihrer französischen Kollaborateure zu verharmlosen. Ungeachtet zahlreicher gerichtlicher Verurteilungen, von denen die letzte im Januar 2009 erfolgte[5], fährt Le Pen unbeirrt fort, diese Verunglimpfungen gezielt einzusetzen, um die Aufmerksamkeit der Medien auf sich zu ziehen, und nutzt sie auch als (einst wirkungsvolles) Mittel, sich von den bürgerlichen Politikern dadurch abzuheben, dass er seine Ansichten ohne Rücksicht auf politische Korrektheit vertritt. Anders gesagt ist Le Pen jedes Mittel recht, um sich die Ächtung der bürgerlichen Parteien zuzuziehen, während er gleichzeitig behauptet, ein Opfer der Verfolgung „des Systems“ zu sein. Dies hat ihn in die Lage versetzt, die Stimmen derjenigen zu gewinnen, die das Establishment und die antirassistischen Werte, welche die Eckpfeiler des nationalen demokratischen Konsenses sind, abstrafen wollten. Letzten Endes sollte seine Taktik den FN aber teuer zu stehen kommen. Die Rechte war nicht bereit, ihre Macht mit einer Partei zu teilen, deren Werte Erinnerungen an die Vichy-Ära wachriefen, und die Wähler wurden Le Pens wiederholter Schmähungen der jüdischen Gemeinschaft überdrüssig, die in einem

4 Gemäß Vincent Geisser, einem Spezialisten für den Islam am Französischen Zentrum für Wissenschaftliche Forschung CNRS. Vgl. „Vote musulman ou vote maghrébin, des constructions imaginaires" in Le Monde, 28.02.2007.

5 Das Pariser Berufungsgericht verurteilte ihn wegen „Leugnung von Verbrechen gegen die Menschlichkeit", weil er im Januar 2005 in einem Interview gegenüber der neofaschistischen Wochenzeitung Rivarol erklärt hatte, die deutsche Besatzung im Zweiten Weltkrieg sei „nicht besonders unmenschlich“ gewesen.

Land, in dem der Antisemitismus nicht zu den politischen Waffen zählt, besonders kontraproduktiv wirkten. Darüber hinaus haben die zahlreichen Probleme und die schlechte Presse, welche die wiederholten Verwicklungen von Parteimitgliedern und Funktionären in Gewalttaten (sowohl politisch motivierte als auch andere) oder Aktivitäten am fanatischen rechten Rand ihm eintrugen, dem FN geschadet. So wurde beispielsweise Tanguy Deshayes, der im XX. Pariser Bezirk bei den Gemeinderatswahlen antrat, aus der Partei ausgeschlossen, nachdem die Polizei ihn aufgrund von Morddrohungen festgenommen hatte, die er gegenüber einem in Zentralfrankreich lebenden Viehzüchter ausgesprochen hatte. Nur wenige Monate zuvor war es der Tageszeitung Libération gelungen nachzuweisen, dass Robert Ottaviani, heute Präsident von Energie Bleu Marine (der Gruppe, die Marine Le Pens Anspruch auf die Parteiführung stützt) in den 1990er Jahren ein wichtiges Mitglied der neonazistischen Skinheadszene gewesen war.[6] Solche abstrusen Geschichten haben der Partei jeglichen Anschein von Seriosität genommen und wurden von vielen als Beweis gewertet, dass der FN entweder unfähig oder nicht willens war, den traditionellen Ideologien der extremen Rechten den Rücken zu kehren.

Vorbereitung auf die Post-FN-Ära: der Kampf um die Führung der extremen Rechten

Beinahe von dem Zeitpunkt an, in dem der Front National in den 1980er Jahren zu einer Partei bedeutender Größe aufstieg und sogar schon vorher, hatten Faktionalismus und interne Querelen zum Alltag der Partei gehört. Es war in der Geschichte des FN nicht unüblich, dass Einzelne aufgrund von persönlich oder ideologisch begründeten Streitigkeiten mit Le Pen aus der Partei austraten, um ihre eigenen, meist kurzlebigen und erfolglosen Bewegungen zu gründen. Angefangen mit den Neofaschisten und den Neonazis, die sich 1983 innerhalb des Parti Nationaliste Français zusammentaten und später, im Jahr 1985, mit dem Parti Nationaliste Français et Européen, ziehen sich die Spaltungen bis in die Gegenwart hinein: mit den Mitgliedern des Europäischen Parlaments Carl Lang, Fernand Le Rachinel und Jean-Claude Martinez, die ihre Partei Maison de la Vie et de la Liberté (Haus des Lebens und der Freiheit) mit Blick auf die Wahlen zum Europäischen Parlament 2009 gegründet haben. Wollen Parteifunktionäre den Kurs ihrer Partei verändern, ist die nächstliegende Möglichkeit die Übernahme des Parteiapparats und nicht die Abspaltung. Da der FN jedoch keine demokratische Partei ist, in der die Basis etwas zu sagen hat (bis 2007 wurde Le Pen durch Applaus in seinem Amt als Parteiführer bestätigt), hat sich diese Methode im Fall des FN als erfolglos erwiesen. Bruno Megret scheiterte bei diesem Versuch auf ganzer Linie: Bei den allgemeinen Wahlen 2007 stellte

6 Christophe Forcari: „Marine sur un air de nazi rock“, Libération, 3.10.2008.

der MNR weniger als 50 Kandidaten auf, die weniger als 1 Prozent der Stimmen gewannen. Die Partei ging bankrott, so dass Megret der Politik im Mai 2008 vollständig den Rücken kehrte. Was von seiner Partei übrig geblieben ist, hat in der Politik völlig an Bedeutung verloren und zieht nicht einmal mehr diejenigen an, die heute aus dem FN austreten. Andererseits ist der Parteiapparat des FN gegenwärtig von einer heftigen Krise geschüttelt. Wie so häufig, wenn rechtsextreme Parteien keine Wahlerfolge mehr verbuchen können und ihren Mitgliedern so weniger Möglichkeiten bieten, ein politisches Mandat zu bekleiden oder in anderer Weise von ihrer Mitgliedschaft zu profitieren, bleiben denen, die dadurch verstimmt sind, drei Möglichkeiten: Entweder sie treten aus der Partei aus und bilden ihre eigene Splittergruppe; oder sie schließen sich einer bürgerlichen konservativen Partei beziehungsweise einer noch weiter rechts stehenden rechtsextremistischen Partei an. Als vierte Möglichkeit bietet sich der Ausstieg aus der Politik.

In jüngerer Zeit haben sich vermehrt Splittergruppen formiert, die zwar gegenwärtig nur wenige Mitglieder zählen, aber mit dem Ziel gebildet wurden, als Sammelbecken für die FN-Mitglieder zu dienen, welche die Partei scharenweise verlassen werden, wenn Le Pen zurücktritt oder stirbt. Carl Langs Versuch, eine solche Bewegung zu bilden, ist zweifellos seinem Wunsch geschuldet, Anführer eines verjüngten Front National zu werden, der treu zu den nationalistischen und fremdenfeindlichen Werten ihrer Bewegung steht. Andere schlossen mit der Front-National-Ära ab und wandten sich dem Aufbau einer neuen Struktur zu, die in der Lage ist, die Führung der extremen Rechten zu übernehmen. So geschehen im Fall der Nouvelle Droite Populaire, einer antiislamischen, rassistischen Bewegung unter der Führung von Robert Spieler und Roland Hélie, die eng mit der Pro-Köln-Bewegung verbunden ist. Verschiedene FN-Gemeinderatsmitglieder sind aus der Partei ausgetreten und haben ihre eigenen Gruppen innerhalb der Gemeinderäte gebildet, wie z. B. Martial Bild und Martine Lehideux, die heute Anführer der Groupe des Nationaux et Indépendants in der Region Île de France sind. Derartige Initiativen häufen sich zur Zeit, und sie alle verfolgen das Ziel, sich gegen die „orientierungslose Führung“ Marine Le Pens und ihres Vaters zu vereinigen. Beide werden beschuldigt, den FN im Interesse ihrer Familie und auf Kosten der ideologischen Grundsätze der Bewegung zu beherrschen. Solche Versuche der Bildung einer Alternativbewegung zum FN treffen allerdings auf zwei Schwierigkeiten. Zum einen verfügen sie nicht über einen charismatischen Anführer oder eine Anführerin, der oder die in der Lage wäre, es mit Le Pen aufzunehmen. Zum anderen ist das Scheitern des MNR noch frisch im Bewusstsein der Mitglieder, so dass viele in der Abspaltung von der Partei einen unwirksamen und potenziell tödlichen Weg zur Herausforderung der FN-Führung ansehen.

Diejenigen, die sich zu einem Wechsel in das Lager der bürgerlich-konservativen Partei entschlossen, fanden ein neues Zuhause in der rechts von Präsident Sarkozy angesiedelten antieuropäischen und erzkonservativen Partei Mouvement Pour la France. Nach den Wahlen 2002 setzte Villiers Guillaume Peltier, einen ehemaligen Führer der Jugendorganisation des FN und MNR, als Generalsekretär der MPF ein. Über ihn konnte eine Verbindung zu den Lokalfunktionären des FN, die aus der rechtsextremen Partei austreten wollten, hergestellt werden und zwei FN-Bürgermeister liefen anschließend zur MPF über: Jacques Bompard in Orange und Marie-Christine Bignon in Chauffailles. Dutzende von FN-Regionalvorständen folgten ihnen, aber die Anziehungskraft der MPF hat stark nachgelassen, nachdem Villiers nur etwas über 2 Prozent bei den Präsidentschaftswahlen 2007 für sich verzeichnen konnte. Die UMP konnte nur wenige Überläufer anziehen, da Sarkozys Partei ihr Ansehen nicht durch ehemalige FN-Mitglieder beflecken will und auch nicht wirklich auf sie angewiesen ist.[7]

Eine dritte Kategorie von Überläufern aus dem FN schloss sich radikaleren Bewegungen an, mit der Begründung, die parlamentarische Politik „führe nirgendwo hin“, wie das Unvermögen des FN, an die Macht zu kommen, angeblich „bewies“. Es gibt viele Bewegungen am rechten Rand, die radikalisierten FN-Mitgliedern eine neue Heimat bieten (die nationalrevolutionäre Bewegung Les Nôtres, der neu gegründete neonazistische Parti Social Français, die neofaschistische Partei Renouveau Français konservativer-katholischer Façon, die neofaschistische Partei Oeuvre française), aber sie alle haben gemeinsam, dass keine von ihnen anstrebt, eine politische Kraft zu werden und an den Wahlen teilzunehmen. Sie versuchen lediglich, die Flamme des altmodischen Aktivismus am Brennen zu halten. Auf der anderen Seite hat die Partei Bloc Identitaire den Weg in die parlamentarische Politik eingeschlagen und ist dabei, sich als Alternative für den FN in der Post-FN-Ära zu positionieren. Die von Fabrice Robert angeführte Partei Bloc ist eine europäisch-nationalistische, antiislamische und rassistische Gruppe, die besonders in ihrer Hochburg Nizza in zahlreiche Vorfälle politischer Gewalt verwickelt war. Ihre in den Kommunalwahlen 2007 und 2008 für Nizza aufgestellten Kandidaten konnten etwa 2 Prozent der Stimmen erzielen. Zwar kann dieses Ergebnis nicht als vollkommenes Scheitern gewertet werden, aber die Aussichten für den Bloc, auf nationaler Ebene zu einer ernstzunehmenden Alternative zum FN zu werden, sind gering, da er

7 Als das frühere EU-Parlamentsmitglied des FN Yvan Blot sich 2005 der Partei Rassemblement pour la République (der frühere Name der UMP) anschließen wollte, wurde er nur als gewöhnliches Parteimitglied aufgenommen und nicht in eine führende Position wiedereingesetzt, obwohl er während der 1980er Jahre bereits für diese Partei im Abgeordnetenhaus gesessen hatte. Auch der ehemalige Bürgermeister von Marignane für den FN und MNR, Daniel Simonpieri, lief zur UMP über. Bei den Kommunalwahlen 2008 stellte die Partei ein anderes Mitglied als Spitzenkandidat auf, und er wurde geschlagen.

hauptsächlich eine Jugendbewegung ist, die mit Taktiken rechtsextremer Aktivisten und mit gegen Migranten gerichteter Straßengewalt in Verbindung gebracht wird. Dies führt zu der Frage, die sich stets stellt, wenn eine rechtsextreme Partei im Niedergang begriffen ist: Wie hoch ist die Wahrscheinlichkeit, dass sich ein bedeutender Teil ihrer Mitglieder gewalttätigen, extremistischen Bewegungen anschließt, wenn der FN in sich zusammenfällt? Diese Möglichkeit kann nicht ausgeschlossen werden, da der FN beispielsweise mit rassistischen oder Skinhead-Gruppen immer stark verwoben war, obwohl die FN-Statuten offiziell die gleichzeitige Mitgliedschaft in einer anderen Organisation untersagen. Ein mögliches Szenario ist, dass die Partei mit dem Tod oder Rücktritt Le Pens und mit der Übernahme der Führung des offiziellen FN durch Marine Le Pen schließlich zusammenbrechen wird (mit einer Wählerschaft von unter 5 Prozent), sich eine winzige Minderheit in unbedeutenden Positionen der bürgerlichen Rechten anschließt, sich eine weitere, hauptsächlich aus jungen Mitgliedern bestehende Minderheit der außerparlamentarischen extremen Rechten zuwendet, während die Mehrzahl der Wähler der Politik den Rücken kehrt und sich viele alternde Lokalfunktionäre aus der Politik zurückziehen. Tritt dieser Fall ein, wird sich die extreme Rechte in der gleichen Situation wie vor 1984 befinden, als sie eine machtlose Ansammlung von am rechten Rand agierenden Aktivisten war, die einander im Kampf um das Erbe einer einstmals mächtigen politischen Kraft bekriegten, und deren gemeinsame ideologische Herkunft vollständig dem Vergessen anheim fallen wird.

Frauke Büttner

Handeln für Toleranz und gegen Rechtsextremismus in Spanien – Ansätze des "Movimiento contra la Intolerancia" (MCI)

Obwohl rechtsextreme Parteien bei den Wahlen zum spanischen Parlament am 9. März 2008 nur rund 50 000 Stimmen (0,2 Prozent) auf sich vereinigen konnten, sorgen Gewalttaten mit extrem rechtem oder rassistischem Hintergrund immer wieder für Schlagzeilen. Wie beispielsweise der Angriff auf den Kongolesen Miwa Buene in Alcalá de Henares im Februar 2007, der seitdem querschnittsgelähmt ist. Oder die von einer Überwachungskamera aufgezeichnete sexistische und rassistische Attacke auf eine junge Migrantin in Barcelona im Oktober des gleichen Jahres. Und natürlich der Mord an dem 16-jährigen Antifa-Aktivisten Carlos Javier Palomino in Madrid im November 2007. Nach Angaben der spanischen Nichtregierungsorganisation „Bewegung gegen die Intoleranz" („Movimiento contra la Intolerancia" - MCI) wurden seit 1991 mindestens 74 Menschen von Neonazis und rechtsextremen Ultras ermordet. Offizielle Zahlen zu derartigen Angriffen werden von staatlicher Seite nicht erfasst, das MCI schätzt jedoch, dass es jährlich rund 4 000 Fälle von Hasskriminalität („Delitos del Odio") gibt: Bedrohungen, Sachbeschädigungen, Propagandadelikte und Angriffe aufgrund von Vorurteilen und Diskriminierung.

Von staatlicher Seite aus wurde im Jahr 2004 eine offizielle Beobachtungsstelle zu Rassismus und Fremdenfeindlichkeit, „Observatorio Español del Racismo y la Xenofobia"[1], eingerichtet, die bislang jedoch selbst noch keine Daten zu entsprechenden Vorfällen erfasst hat. Die bei der Generaldirektion zur Integration von MigrantInnen am spanischen Arbeits- und Sozialministerium angesiedelte Institution weist in ihrem Jahresbericht 2006 auf eine Meinungsumfrage hin, der zufolge in Spanien zwar die Ablehnung des „offenen" Rassismus zunehme, gleichzeitig jedoch neue Formen eines „kulturellen Rassismus" zu beobachten seien, der sich vor allem gegen MigrantInnen aus weniger entwickelten Ländern richte.[2] In dieser Umfrage aus dem Jahr 2005 finden über 60 Prozent der Befragten, dass zu viele MigrantInnen in Spanien lebten. Etwa ein Drittel ist der Ansicht, Gewalt von MigrantInnen gegenüber SpanierInnen rechtfertige im Umkehrschluss rassistische Reaktionen.[3] Dennoch glaubt über die Hälfte der Befragten nicht, dass eine Partei, die behauptet, Einwanderer anderer ethnischer oder religiöser Herkunft bereiteten soziale Probleme, eine besonders große Ak-

1 www.oberaxe.es
2 Observatorio Español del Racismo y la Xenophobia: Informe anual 2006, Madrid 2007, S. 38 f.
3 Observatorio Español del Racismo y la Xenophobia: Opinión de los españoles en materia de racismo y xenofobia, Madrid 2006, S. 33 und 69

zeptanz hätte. Fast ein Drittel von ihnen jedoch hält eine hohe bis sehr hohe Zustimmung für eine solche Partei für möglich.[4] Aktuellen Studien der spanischen „Allgemeinen Beobachtungsstelle für das Zusammenleben in Schulen" und dem amerikanischen Meinungsforschungsinstitut „Pew Research Center" zufolge stiegen antisemitische Einstellungen in Spanien deutlich an.[5]

Das „Observatorio Español del Racismo y la Xenofobia" entwickelt Konzepte gegen Diskriminierung und stellt auf seiner Internetseite Materialien sowie landesweite Adressen von AnsprechpartnerInnen zur Verfügung. In den verschiedenen Regionen Spaniens, den „Autonomen Gemeinschaften", befassen sich heute eine ganze Reihe von Organisationen und Initiativen mit der Frage, wie rassistischen Vorurteilen und xenophober Ausgrenzung effektiv begegnet werden kann. Sie organisieren im Rahmen ihrer jeweiligen Beratungs-, Bildungs-, und Sozialarbeit Rassismusprävention, arbeiten am Abbau von Stereotypen und entwickeln interkulturelle Konzepte. Nur wenige Organisationen befassen sich jedoch explizit mit der Frage nach Einfluss und Bedeutung von Rechtsextremismus und der Erarbeitung von Handlungsstrategien in diesem spezifischen Bereich.

Auf lokaler Ebene gibt es zahlreiche engagierte antifaschistische Initiativen und Projekte; Organisationen wie „SOS Rassismus" ziehen in ihren Jahresberichten regelmäßig landesweit Bilanz über das aktuelle rechtsextreme Bedrohungspotenzial und bieten mit ihren Büros punktuelle Anlaufstellen für Betroffene. Beratungsorganisationen für MigrantInnen wie „Acoge" und andere bieten nach Angriffen und anderen Fällen rassistischer Diskriminierung eine erste Beratung und vermitteln Rechtsbeistand, arbeiten jedoch nicht systematisch zum Thema extrem rechter Gewalt. „Acoge", „SOS Rassismus" oder Gewerkschaften bieten Bildungsangebote gegen Rassismus und Vorurteile an. Eine flächendeckende Beratung für Betroffene von rechtsextremen und rassistischen Angriffen gibt es in Spanien aber nicht.

Im spezifischen Bereich der Aufklärung und Prävention gegen Erscheinungsformen des Rechtsextremismus ist das „Movimiento contra la Intolerancia" in Spanien die einzige Organisation, die professionell im überregionalen Rahmen Handlungskonzepte und pädagogische Ansätze zum Thema rechtsextremer Gewalt entwickelt, Angriffe systematisch dokumentiert, öffentlich macht und auch in zahlreichen Fällen Betroffene vor Gericht unterstützt. Ein genauerer Blick auf Arbeitsansatz und Konzept des MCI bietet deshalb die Möglichkeit, einen in Spanien entwickelten und in die Praxis umgesetzten Ansatz zur Prävention und Intervention gegen rechtsextreme Einstellungsmuster und Aktivitäten

4 Observatorio Español del Racismo y la Xenophobia 2006, a.a.O., S. 71
5 http://www.hagalil.com/archiv/2008/11/spanien.htm; Esteban Ibarra: „Crisis económica y xenofobia". Veröffentlicht auf www.publico.es (http://blogs.publico.es/) am 14.01.2009

kennen zu lernen. Daher werden im Folgenden zunächst Struktur und Aufbau der Organisation vorgestellt und ihre konzeptionelle Idee erläutert. Ein anschließender Blick auf den Umgang mit der Franco-Diktatur und auf die derzeit existierenden Strukturen der extremen Rechten beleuchtet den gesellschaftspolitischen Kontext, in dem das MCI agiert. In einem weiteren Teil werden dann die einzelnen Arbeitsfelder und Projekte detailliert vorgestellt.

Ziel ist es, über die bessere Kenntnis der Arbeit des MCI weitere Möglichkeiten zur Entwicklung internationaler Handlungsansätze gegen rechtsextreme, rassistische Ausgrenzung und Diskriminierung zu schaffen. Das Wissen und der Austausch über vorhandene Konzepte in verschiedenen Ländern bildet die Grundlage für einen Reflexionsprozess und den Ausbau der Maßnahmen im Bereich der Rechtsextremismus- und Rassismusprävention. Demokratiegefährdende Potenziale machen in Europa nicht vor den Landesgrenzen halt. Die Weiterentwicklung effektiver Handlungsansätze erfordert eine Intensivierung des länderübergreifenden fachlichen Austauschs. Dazu will dieser Text einen Beitrag liefern.

Ein Konzept gegen Intoleranz und Gewalt: „Movimiento contra la Intolerancia" (MCI)

Die Nichtregierungsorganisation „Movimiento contra la Intolerancia"[6] ist 1992 im Zentrum von Madrid aus dem Radio „Onda Verde" hervorgegangen. Das MCI hat mittlerweile acht Büros in verschiedenen Städten: Álava, Cadiz, Madrid, Málaga, Sevilla, Valencia, Valladolid und Zaragoza.[7] Die Arbeit der 30 hauptamtlichen MitarbeiterInnen, von denen viele PädagogInnen und JournalistInnen sind, wird von Ehrenamtlichen unterstützt. Mehrere Auszeichnungen, wie zum Beispiel das im Jahr 1999 für „die Verteidigung der Menschenrechte" vom Außenministerium überreichte Verdienstkreuz „Cruz del Orden Isabel la Católica", stehen für die institutionelle Anerkennung des MCI. Die MitarbeiterInnen in den acht Büros koordinieren ihre Aktivitäten und arbeiten alle auf der Grundlage des gleichen Konzepts. Finanziert werden sie durch Mittel der spanischen Zentralregierung, der Regionalparlamente und der Kommunen.

Das MCI versteht sich als unabhängig, laizistisch, offen und partizipativ und richtet seine Arbeit gegen alle Erscheinungsformen von Intoleranz, Hass und Gewalt, wie zum Beispiel Homophobie, Terrorismus, Rassismus, Antisemitismus oder Sexismus. Das Konzept zur Intervention umfasst die Sensibilisierung in Schulen, die Arbeit mit Betroffenen von Hasskriminalität und die Information der Öffentlichkeit. Das spezifische Engagement gegen rechtsextreme Erschei-

6 www.movimientocontralaintolerancia.com
7 Gespräch mit Esteban Ibarra, Leiter des „Movimiento contra la Intolerancia", am 30. Juli 2007 in Madrid

nungsformen ist innerhalb des Konzepts nur ein Teilbereich, stellt jedoch in der Praxis einen Schwerpunkt dar. Im Mittelpunkt der Arbeit steht die Verteidigung der Menschen- und Grundrechte und die Förderung einer Demokratie, die auf Toleranz und Solidarität basiert.[8]

Die Ziele des MCI sind:
- Abbau aller Formen der Intoleranz in der Gesellschaft wie Sexismus, Terrorismus Rassismus, Xenophobie, Antisemitismus, Islamophobie und Homophobie
- der Gewalt die Legitimation entziehen und die Gesellschaft dazu befähigen, friedliche Lösungen zu suchen
- das schrittweise Einbringen von Werten wie Respekt und Toleranz auf der Grundlage der Menschenrechte
- Erreichen einer gesellschaftlichen Zurückweisung aller Formen von Intoleranz[9]

Zielgruppe des MCI sind BürgerInnen und Zivilgesellschaft im Allgemeinen und Jugendliche im Speziellen, hier vor allem Schülerinnen und Schüler sowie StudentInnen. Die Angebote richten sich auch an Eltern, LehrerInnen und SozialarbeiterInnen. In vereinzelten Fällen arbeitet das MCI darüber hinaus mit jungen AussteigerInnen aus der rechtsextremen Szene. Eine weitere Zielgruppe sind die Betroffenen und potenziellen Opfer von Hasskriminalität wie MigrantInnen, Homosexuelle und Gitanos, die spanischen Roma, die als Gruppe die größte soziale Ausgrenzung und Diskriminierung erfahren. So schreibt „SOS Racismo" im Jahresbericht 2007, dass sich Umfragen zufolge 40 Prozent der Befragten gestört fühlen würden, wenn sie mit Gitanos Tür an Tür wohnen müssten.[10]

Schwerpunkt des MCI ist die Arbeit mit Schülerinnen und Schülern, vor allem in der spanischen Sekundarstufe mit den 12- bis 16-Jährigen und den daran anschließenden Abiturjahrgängen, dem Bachillerato (16-18 Jahre). Insgesamt 100 000 SchülerInnen in mehr als 1 400 Einrichtungen wurden durch Workshops, Vorträge und Projekttage bisher erreicht. Die pädagogischen Methoden und Arbeitsmaterialien entwickeln die MitarbeiterInnen selbst und bieten diese den Schulen und Instituten an.

---

8 Movimiento contra la Intolerancia: „Razones para un Movimiento contra la Intolerancia". Madrid, o.J., S. 11

9 Diese sowie die folgenden Informationen in diesem Unterkapitel basieren auf eigenen Beobachtungen der Autorin zur Arbeit des MCI sowie auf dem Gespräch mit Esteban Ibarra am 30. Juli 2007 in Madrid, sofern nicht andere Quellen angegeben sind.

10 SOS Racismo (Hg.): „Informe anual 2007. Sobre el racismo en el estado español", Barcelona 2007, S. 101

Ein Weg, die Jugendlichen zu erreichen, führt über das generelle Ansprechen von Gewalt und Intoleranz, vorzugsweise in Kontexten, zu denen die Zielgruppe einen direkten Bezug hat. Dies sind meist aktuelle Themen, beispielsweise Aggressivität im Fußballstadion, Gewalterfahrungen in der Freizeit oder im Schulalltag. Je nach Situation wird dann das Problem vertieft, das vor Ort für die SchülerInnen relevant ist. Wie nehmen die SchülerInnen die Stimmung an ihrer Schule wahr? Gibt es dort oder in der näheren Umgebung gewaltbereite Cliquen? Das Auftreten linker Gruppen kann in Folge dessen ebenso zum Thema werden wie die Präsenz rechtsextremer Organisationen oder das Verhalten von Jugendcliquen mit Migrationshintergrund. Unterschiede zwischen den Gruppen sollen zwar nicht verwischt werden, doch steht als primäres Ziel zunächst der Abbau von Gewalt im Allgemeinen im Vordergrund, die Diskussion um politische Ideologien ist dem nachgeordnet.
Ein anderer Zugang findet über Fallbeispiele statt, die in direktem Zusammenhang mit Rechtsextremismus, Rassismus, Antisemitismus oder auch Terrorismus stehen. Hier wird ebenfalls versucht, wenn möglich vorhandene lokale Bezüge aufzugreifen: Was denken SchülerInnen einer Klasse über den Angriff gegen eine Migrantin vor der Diskothek, die sich eine Straße weiter befindet? Was über das an das jüdische Gemeindezentrum im Nachbarviertel gesprühte Keltenkreuz? Kennen sie das Symbol?

Diskussionen über Rassismus, Vorurteile und Menschenrechte bieten häufig den allgemeinen Einstieg in das Thema Migration. Wenn es keinen lokalen Bezugspunkt gibt, werden andere Impulse gesetzt, wie zum Beispiel durch eine Geschichte, die im Mai 2007 mit einer Schulklasse in einer kleinen andalusischen Stadt nahe Málaga gelesen wurde. Sie handelt von einem kleinen Boot mit 105 MigrantInnen, die sich an Bord drängeln und mit Hunger, Durst, Krankheiten und Gestank kämpfen. Die meisten SchülerInnen vermuten, dass die Bootsflüchtlinge aus Afrika kommen. Nur eine Gruppe tippt richtig: Es handelt sich um SpanierInnen, die Ende der 1940er Jahre vor der Franco-Diktatur fliehen mussten und versuchten, nach Argentinien zu kommen. Die anschließende Diskussion in der Schulklasse dreht sich um mögliche Ursachen von Migration und um das Menschenrecht, in jedem Land der Welt respektvoll und offen aufgenommen zu werden. Ein Recht, das rechtsextreme Gruppen wie Neonazis und Nationalsozialisten sowohl in der Vergangenheit als auch heute – oft gewaltsam – missachtet und verletzt haben, erklärt die MCI-Mitarbeiterin. In der nächsten Sitzung wird der Film „Das kurze Leben der Anne Frank“ gezeigt. Für viele der 15- bis 16-Jährigen wird dies das erste Mal sein, dass sie sich im Unterricht mit dem Nationalsozialismus auseinander setzen.

Der aktuelle Diskurs um die Auseinandersetzung mit der Vergangenheit

Der Holocaust steht nicht auf den Lehrplänen der spanischen Schulen. Ein fatales politisches Signal setzte das spanische Verfassungsgericht mit seinem am 9. November 2007 verkündeten Urteil, wonach die Leugnung des Holocaust in Spanien künftig nicht mehr unter Strafe steht, sondern unter die Meinungsfreiheit fällt.[11]

Eine kritische Auseinandersetzung mit der Zeit des Franco-Regimes findet an den Schulen nur sehr zögerlich statt, und auch die öffentliche Auseinandersetzung mit der Politik und den Folgen war nach dem Tod des Diktators im Jahr 1975 lange Zeit sehr verhalten. Erst zur Jahrtausendwende entwickelte sich eine neue Qualität innerhalb des spanischen Vergangenheitsdiskurses: Im Oktober 2000 hatte der Journalist Emilio Silva Barrera gemeinsam mit ArchäologInnen begonnen, ein Massengrab auszuheben, in dem namenlose Opfer der Franco-Truppen verscharrt worden waren. Barrera wollte Gewissheit über das Schicksal seines Großvaters haben und diesem ein würdiges Begräbnis ermöglichen. Der noch im gleichen Jahr von ihm gegründete „Verein für die Wiedererlangung des historischen Gedächtnisses" brachte mit dieser Aktion die Verbrechen des Diktators ans Licht der Öffentlichkeit – gegen den wütenden Protest von Kirche, PolitikerInnen der konservativen Volkspartei Partido Popular (PP) und anderen, die den knapp 25 Jahre währenden „Pakt des Schweigens" nicht antasten wollten. Aus Sicht der Justiz waren die Verbrechen des Franco-Regimes ebenso wie möglicherweise strafrechtlich relevante Taten von Oppositionellen durch die 1977 erlassene Amnestie hinfällig. Schätzungen zufolge waren 30 000 Menschen in über 500 Massengräbern anonym verscharrt worden[12], die Überreste von über 4 000 Opfern wurden von den Mitgliedern des Vereins und seinen immer zahlreicher werdenden regionalen Ablegern bislang geborgen.[13]

Die seit April 2004 amtierende sozialistische Partei PSOE unter Ministerpräsident José Luis Rodriguez Zapatero brachte schließlich das „Gesetz zur historischen Erinnerung" („Ley de la Recuperación de la Memoria Historica") auf den Weg[14], das im Herbst 2007 nach zahlreichen Debatten und gegen eine massive Blockadepolitik der PP verabschiedet wurde. Dieses sieht unter anderem die staatliche Unterstützung bei der Ausgrabung weiterer Opfer sowie die Entfernung der zu diesem Zeitpunkt noch zahlreich vorhandenen franquistischen Symbole aus dem öffentlichen Raum vor. Die Demontage der vorletzten Franco-Statue wurde im Dezember 2008 vorgenommen.[15] An anderen Punkten blieb das

11 Spiegel Online, 09.11.2007

12 Die Presse, 08.07.2006

13 Spiegel Online, 14.10.2008

14 Andreas Baumer: „Spanischer Kulturkampf". In: Blätter für deutsche und internationale Politik 3/2008, S. 22

15 taz, 18.12.2008

Gesetz jedoch hinter den Erwartungen der Opferverbände zurück, wie beispielsweise bei der von ihnen geforderten offiziellen Annullierung aller durch die Franco-Justiz gefällten Urteile.

Eine Unterstützung von Seiten staatlicher Institutionen zur Exhumierung der Opfer blieb nach Inkrafttreten des Gesetzes im Januar 2008 zunächst aus. Ende des Jahres verkündete die Zapatero-Regierung dann die Gründung eines Büros zur Unterstützung der „Opfer von Bürgerkrieg und Diktatur".[16] Vier Monate zuvor, im September 2008, hatte der spanische Untersuchungsrichter Balthasar Garzón erstmals mit einer Zählung der vermuteten 130 000[17] - 180 000[18] Opfer des franquistischen Regimes begonnen. Wenige Wochen später waren über 143 000 Namen bekannt. Garzón prüfte die Einleitung eines Ermittlungsverfahrens wegen „Verbrechens gegen die Menschlichkeit" gegen den verstorbenen Diktator und 44 seiner Untergebenen.[19] Im November erklärte sich Garzón jedoch für nicht zuständig und übergab die Untersuchung der Einzelschicksale an 62 Regionalgerichte mit der Weisung, das Schicksal der Hingerichteten aufzuklären und ihnen eine würdige Bestattung zu ermöglichen.[20]

Altfranquisten und neonazistische Gruppen im heutigen Spanien

Das Gesetz zur historischen Erinnerung verbietet nun Aktivitäten mit politischem Charakter am Grab des ehemaligen Diktators, das sich im „Valle de los Caidos" („Tal der Gefallenen") bei Madrid befindet. Dies bedeutete für die alten und neuen Faschisten, die dort Jahr für Jahr rund um den 20. November an den alljährlichen Gedenkfeierlichkeiten für Francisco Franco und den Gründer der faschistischen Partei „Falange Española" José Antonio Primo de Rivera teilnehmen, im Jahr 2008 erstmals den Verzicht auf das Mitführen von Symbolen des franquistischen Regimes. An den Gedenkveranstaltungen nahmen in der Vergangenheit auch immer wieder deutsche NPD-Funktionäre teil, die mit der 1999 gegründeten neofaschistischen „FE/La Falange" in Kontakt stehen.

Die Partei Primo de Riveras wurde 1933 gegründet und fusionierte ein Jahr später mit den Nationalsyndikalisten der „Juntas de Ofensiva Nacional-Sindicalista" (J.O.N.S.) zur „Falange Española y de las J.O.N.S.". Nach seinem Sieg machte General Francisco Franco sie unter dem Namen „Falange Española Tradicionalista y de las J.O.N.S." zum Sammelbecken nationaler Kräfte und zur einzig zugelassenen Partei, wobei der parteipolitische Kurs des Diktators auch

16 El Pais, 20.12.2008
17 El País vom 10.09.2008
18 Berliner Zeitung, 18./19.10.2008
19 Spiegel Online, 14.10.2008 und 16.10.2008
20 Süddeutsche Zeitung, 21.11.2008

die Gegnerschaft einiger Altfalangisten nach sich zog. Die später in „Movimiento Nacional" umbenannte Staatspartei wurde 1977 im Zuge des Übergangs zur Demokratie aufgelöst.
Nach zahlreichen Neugründungen und Spaltungen existieren heute neben „Falange Española de las J.O.N.S.", „La Falange/FE", „Falange Auténtica" und „Movimiento Falangista" acht weitere falangistische Gruppen; insgesamt zwölf sind im spanischen Parteienregister aufgeführt.[21] Insgesamt gibt es im rechtsextremen Spektrum rund 70 Gruppen, darunter 21 politische Parteien. Ihre Mitgliederzahlen liegen zwischen 10 000[22] und 15 000, von denen MCI-Leiter Esteban Ibarra die höhere Zahl für realistisch hält. Nach seiner Schätzung liegt der Anteil von Frauen und Mädchen innerhalb des extrem rechten Spektrums bei ungefähr 20 Prozent.

Neun Parteien aus diesem Spektrum traten am 9. März 2008 zu den Wahlen zum spanischen Abgeordnetenhaus an, konnten insgesamt jedoch nur 0,2 Prozent der Stimmen auf sich vereinen und waren damit nicht im Parlament vertreten.[23] Bei den Kommunalwahlen im Vorjahr hatte ein ähnlicher Stimmenanteil jedoch zum Einzug verschiedener rechtsextremer und rechtspopulistischer Parteien in rund 50 Rathäuser ausgereicht.
Im Jahr 1979 hatten die spanischen Rechtsextremisten bei den ersten demokratischen Wahlen nach dem Tod Francos mit der Partei „Fuerza Nueva" (FN) noch rund 380 000 Stimmen erhalten[24], sackten jedoch bereits bei den nächsten Wahlen deutlich ab und verschwanden auf Landesebene immer mehr in der parlamentarischen Bedeutungslosigkeit. Neben der „Fuerza Nueva", verschiedenen falangistischen Strömungen sowie internationalen Neonaziorganisationen wie der 1993 offiziell aufgelösten „CEDADE"[25] entstanden in den 1990er Jahren neue Parteien. Zu ihnen zählen die 1995 gegründete „Democracia Nacional" und „España 2000", die vor allem in der Region rund um Valencia aktiv ist. Ebenfalls dort, schwerpunktmäßig aber in der Region um Málaga, agiert die neonazistische „Alianza Nacional" (AN), die sich im Jahr 2005 gründete und deren Motto „Nation, Rasse, Sozialismus" lautet. Die AN-Vorläuferorganisation „Alianza para la Unidad Popular" war im Jahr 1996 neben zwei Falange-Parteien zu den Parlamentswahlen angetreten, wo die drei das desaströseste Wahlergebnis für die extreme Rechte seit Beginn der spanischen Demokratie verzeichnen mussten. Die Gründe für die Wahlverluste der extremen Rechten sind vielfältig,

21 http://servicio.mir.es/registro-partidos/index.htm (abgerufen am 20.12.2008)

22 Movimiento contra la Intolerancia: Informe Raxen Especial 2008, S. 7, sowie Zahlen der Polizei lt. El Pais vom 10.10.2006

23 Frauke Büttner: „Wahlschlappe in Spanien". In: Der Rechte Rand 112, Mai/Juni 2008

24 Esteban Ibarra, Frauke Büttner: „Zwischen Ultras, Alt-Franquisten und Neonazis. Die extreme Rechte in Spanien. Der Rechte Rand 104, Januar/Februar 2007

25 „Circulo Español de Amigos de Europa". Der „Spanische Zirkel der Freunde Europas" CEDADE löste sich 1993 offiziell selbst auf.

dennoch müssen die bis heute geringen Wahlerfolge auch vor dem Hintergrund betrachtet werden, dass die Partido Popular (PP) auch Stimmen aus diesem Spektrum an sich bindet.[26] Die Wurzeln der PP reichen mit ihrem Gründungspräsidenten, dem früheren Franco-Minister Manuel Fraga Iribarne, bis in den Franquismus zurück. Spitzenpolitiker wie der ehemalige Innenminister und PP-Europaabgeordnete Jaime Mayor Oreja tun sich bis heute schwer mit einer Verurteilung der Diktatur, „da diese einen sehr breiten Sektor der spanischen Bevölkerung repräsentiert habe“[27].

Am rechten Rand setzen sich katholisch-fundamentalistische Parteien wie das „Movimiento Católico Español“ und „Alternativa Española“ für politische Ziele wie die Einheit Spaniens, gegen Abtreibung, Laizismus und Separatismus ein. Hier verläuft die Schnittstelle zu anderen Parteien der alten Rechten, deren Hauptthemen die Einheit Spaniens, die Glorifizierung der Franco-Zeit und der Kampf gegen den Terrorismus sind. Zu diesem Spektrum gehören unter anderen „Falange Española de las J.O.N.S.“, „Movimiento Falangista“, „Fuerza Nueva“ und Verbände ehemaliger Kämpfer der franquistischen Truppen. Hingegen steht im Zentrum von Parteien der neuen Rechten wie „Frente Nacional“, „FE/La Falange“, „España 2000“, „Democracia Nacional“, oder der neonazistischen „Alianza Nacional“ stark die rassistische Hetze gegen „illegale“ Migration und MigrantInnen. Dieser oftmals sichtbare Unterschied zwischen der alten und der neuen Rechten verschwand nach Einschätzung von AntifaschistInnen in den letzten Jahren immer mehr zugunsten gemeinsamer Kampagnen und Slogans, die mehrheitlich gegen MigrantInnen gerichtet sind.[28]
Am 12. Oktober, dem spanischen Nationalfeiertag „Dia de la Hispanidad“, rufen Parteien wie „Alianza Nacional“ jährlich zum „Tag der Rasse“ auf.[29] In Valencia brachte „España 2000“ am Nationalfeiertag im Jahr 2007 unter dem Motto „In Spanien die Spanier zuerst. Gegen illegale Einwanderung und in Verteidigung unserer Rechte“ 1 000 Aktivisten auf die Straße.[30] Die hauptsächlich in der Mittelmeerregion um Valencia aktive Partei bekam 2008 bei den Wahlen 7 000 Stimmen und lag damit in der Rangfolge der extrem rechten Parteien an dritter Stelle hinter der „Falange Española de las J.O.N.S.“ und „Democracia Nacional“ mit rund 12 500 Stimmen.[31]
Immer häufiger führen die Rechtsextremisten Demonstrationen in Vierteln durch, in denen viele Menschen mit Migrationshintergrund leben. So hatte die Jugendorganisation von „Democracia Nacional“ am 11. November 2007 in

26 Al Enemigo ni Aigua: „El repunte de los grupos fascistas“, Diagonal Nr. 66, 29.11.-12.12.2007
27 El Pais, 16.10.2007
28 Al Enemigo ni Aigua 2007, a.a.O.
29 Sören Maier: „Messe, Kette, Baseballschläger“. Jungle World 42/2008
30 El Pais, 12.10.2007
31 Frauke Büttner 2008: „Wahlschlappe in Spanien“, in: Der Rechte Rand Nr. 112, a.a.O.

Usera, einem ArbeiterInnenviertel Madrids, zu einer Demonstration gegen Einwanderung aufgerufen. Auf dem Weg zur Gegendemonstration wurde der 16-jährige Antifaschist Carlos Palomino in der U-Bahn von einem Neonazi erstochen.

Nicht nur bei Aufmärschen sind die Grenzen zwischen den extrem rechten Parteien und der spanischen Neonazi- und Skinheadszene fließend. Jährlich finden Dutzende von Konzerten mit rassistischer und antisemitischer Musik statt, wo sich AnhängerInnen von „Democracia Nacional“, „Alianza Nacional“ und andere mit dem nicht organisationsgebundenen subkulturellen Umfeld treffen. Schon in den 1990er Jahren manifestierte sich die Präsenz rechtsextremer Organisationen weniger in den Parlamenten als vielmehr auf der Straße durch neonazistische Organisationen wie die „Bases Autónomas“ (BB.AA.) und rechtsextreme Skinheadcliquen.[32] AnhängerInnen der spanischen Ableger internationaler neonazistischer Netzwerke wie den „Hammerskins“, „Blood & Honour“ und „Volksfront“ sind heute nach einer Reihe von Razzien in klandestiner Form[33] oder in Neonaziorganisationen mit anderen Labels aktiv. Im Oktober 2008 schlossen sich die Organisationen „Nación y Revolución“ und „Combat España“ zu einer neuen Partei zusammen, der „Movimiento Patriota Socialista“ (MPS), die sich als „nationalrevolutionär“ definiert und BeobachterInnen zufolge zum wichtigen Schmelztiegel für die militante Neonazi- und Skinheadszene wird.

Hier gibt es viele Schnittstellen zu rechtsextremen Ultras. Fußballstadien gehören schon seit Jahren zu den beliebten Treffpunkten der Szene.[34] In Stadien wurde das öffentliche Zeigen rechtsextremer Symbole in der Vergangenheit häufig nicht geahndet bzw. von Veranstaltern und Sicherheitskräften ignoriert. Im Sommer 2007 wurde nun ein neues Gesetz erlassen, das sich speziell „gegen Rassismus, Xenophobie und Intoleranz im Sport“ richtet und die bisherigen Bestimmungen für den Aufenthalt in Stadien verschärft.

Viele der vom MCI registrierten rassistischen, homophoben, antisemitischen und rechtsextremen Angriffe kommen aus den Reihen gewaltbereiter Fußballfans. Seit dem Jahr 1999 dokumentiert die Nichtregierungsorganisation die Fälle von Hasskriminalität in einem „Raxen“-Bericht[35], der von der Generaldirektion für Integration des Ministeriums für Arbeit und Soziales, wo auch das Eingangs genannte „Observatorio Español del Racismo y la Xenofobia“ angesiedelt ist, finanziell unterstützt wird. Der Bericht erscheint mittlerweile einmal im Quartal. Im Jahr 2008 warnte das „Movimiento contra la Intolerancia“ darin vor einem deutlichen Anstieg rechtsextremer Aktivitäten und Propaganda und wies darauf

32 Esteban Ibarra, Frauke Büttner 2007, a.a.O.

33 Movimiento contra la Intolerancia: Informe Raxen Especial 2008, S. 16

34 Vgl. z. B. Carles Viñas: El Mundo Ultra. Los radicales del fútbol español. Madrid 2005

35 Raxen: RAcismo y XENofobia. Die bisher veröffentlichten Raxen-Berichte sind auf der Internetseite des MCI veröffentlicht: http://www.movimientocontralaintolerancia.com/html/raxen/raxen.asp

hin, dass in diesem Zusammenhang häufig auch mediale Diskurse und Aussagen von PolitikerInnen zum Thema Migration aufgegriffen werden.[36]

Die Arbeit des „Movimiento contra la Intolerancia“

Die Herausgabe des Raxen-Berichts sowie die damit verbundene Öffentlichkeitsarbeit stellen ebenso wie die Unterstützung von Opfern rechter Gewalt Tätigkeitsfelder des MCI dar. Insgesamt umfasst die Arbeit der NGO folgende Bereiche:[37]

1. Prävention
2. Solidarität mit den Opfern
3. Strafrechtliche Intervention und Verfolgung
4. Analyse, Entwicklung von Strategien und Information der Öffentlichkeit

Prävention

Zum Bereich der Prävention gehören in erster Linie verschiedene Maßnahmen zur politischen Bildung. Das MCI führt Workshops, Seminare und Diskussionsveranstaltungen an Schulen, Universitäten und manchmal auch bei zivilgesellschaftlichen Vereinen durch. Auch werden regelmäßig Kampagnen und Aktionen zur Sensibilisierung der Öffentlichkeit organisiert.

Die meisten Aktivitäten finden an Schulen statt. Mit Texten und Filmen sollen die SchülerInnen über die Verbrechen des Nationalsozialismus informiert oder zum Nachdenken über sexistische oder homophobe Diskriminierung angeregt werden. Methodisch werden Fragebögen, Text- und Bildarbeiten oder auch Spiele eingesetzt, um eigene Vorurteile reflektieren und gewaltfreie Wege zur Konfliktlösung entwickeln zu können. In einem Projekt bildet das MCI freiwillige SchülerInnen der höheren Klassen zu MediatorInnen im Umgang mit Gewalt aus. Ein anderes Projekt aus Andalusien, „La Ciudad de la Infancia“, richtet sich speziell an Kinder zwischen 8 und 12 Jahren. Es will Partizipation und Verantwortungsgefühl fördern und den Kindern Werte wie Toleranz, Zusammenleben, zivilgesellschaftliches Engagement und Solidarität nahe bringen.[38] Den Kindern werden auf spielerische Art und Weise die Menschenrechte vermittelt; in Kinderparlamenten werden demokratische Instrumente wie Wahlen erprobt und politische Fragen diskutiert. Daten wie der Internationale Tag gegen

36 Movimiento contra la Intolerancia: „Informe Raxen Especial 2008. El peligro de la Xenofobia y de la Violencia Ultra“. Madrid 2008, S. 3

37 Gespräch mit Esteban Ibarra am 30. Juli 2007 in Madrid

38 Movimiento contra la Intolerancia: Programa la Ciudad de la Infancia. Dossier de Actividades 2005-2006

Gewalt gegen Frauen oder der Internationale Tag gegen Rassismus bieten oft den Anlass für das MCI, thematische Workshops und Diskussionen anzubieten.

Zur allgemeinen Sensibilisierung führt das MCI Kampagnen durch, beispielsweise unter dem Motto „Rote Karte gegen Rassismus und Gewalt im Fußball" oder die „Kampagne für Freiheit und Menschenrechte – Nein zum Terrorismus". Anknüpfungspunkte sind häufig Gesprächsrunden über Gewalt. Diese bieten oft erst den Einstieg in Diskussionen über konkretere Formen von Diskriminierung wie Rassismus oder Antisemitismus, können aber auch in die Entwicklung von Konzepten zur allgemeinen Gewaltprävention münden. Es gibt kein explizites Beratungskonzept und -angebot für den Umgang mit rechtsextremer Klientel, doch wenn die MitarbeiterInnen des MCI von einem Fall erfahren, werden wenn möglich Gespräche mit LehrerInnen, Eltern und anderen Beteiligten sowie Betroffenen geführt. LehrerInnen und SchulleiterInnen werden bei der Auswahl pädagogischer Methoden unterstützt, zum Thema rechtsextremer Erscheinungsformen bietet das MCI ihnen auf Anfrage Informationsveranstaltungen zu rechtsextremer Symbolik an. An Universitäten werden mit den Studierenden in eigenen Seminaren Handlungskonzepte gegen Rechtsextremismus entwickelt. Im Hinblick auf extrem rechte Organisationen arbeitet das MCI mit seinem eigenen Konzept zur „sozialen Intervention".[39] Dieses besteht aus vier Schritten:

1. der rechtsextremen Ideologie die gesellschaftliche Legitimität entziehen,
2. über den strafrechtlich sanktionierten Charakter vieler Aktivitäten infomieren,
3. rechtsextreme Aktivitäten zur Anzeige und strafrechtlichen Verfolgung bringen,
4. parallel die Betroffenen von rechter Gewalt unterstützen.

Solidarität mit den Opfern

In den vom MCI herausgegebenen Raxen-Berichten sind politisch rechts, antisemitisch und rassistisch motivierte Gewalttaten aus den verschiedenen Regionen Spaniens zusammengefasst. Damit sollen die Vorfälle öffentlich gemacht, die Bevölkerung sensibilisiert und den Betroffenen signalisiert werden, dass die Taten nicht vergessen sind. Die Informationen werden von den Regionalbüros des MCI und KooperationspartnerInnen in den verschiedenen Städten gesammelt. Brennpunkte von Hasskriminalität sind die großen Städte wie Madrid, Valencia, Barcelona und deren Vororte. Aber auch in zahlreichen Städten innerhalb der Autonomen Gemeinschaften Aragón, Andalusien oder Castilla-La Mancha und Castilla-Leon werden jährlich viele Angriffe und bedrohliche Situationen bekannt. Über ein Notruftelefon können Betroffene mit dem MCI

39 Gespräch mit Esteban Ibarra am 30. Juli 2007 in Madrid

Kontakt aufnehmen. Auf Flyern, Aufklebern, Publikationen und der Internetseite des MCI werden Opfer und ZeugInnen dazu ermutigt, sich zu melden und wenn möglich Anzeige zu erstatten.[40] Das Beratungsangebot ist offen, in den meisten Fällen melden sich jedoch Betroffene von rassistischer und rechtsextremer Gewalt. Das MCI bietet ihnen eine erste Rechtsberatung und die Vermittlung von juristischem Beistand an. Etwa 20-30 neue Beratungsfälle gibt es im Jahr, eine langfristige Begleitung ist aufgrund mangelnder personeller Kapazitäten nicht immer möglich.

Über 74 Menschen wurden seit 1991 durch so genannte „Hate Crimes" getötet, viele der Angriffe gingen von Tätern aus der extremen Rechten aus. Die Opfer sind mehrheitlich MigrantInnen, Menschen mit dunkler Hautfarbe, Obdachlose, Gitanos, Punks, Linke, Homosexuelle und viele andere, die nicht ins rechtsextreme Weltbild passen. Unzählige Menschen wurden verletzt. In mehr als 20 Fällen, in denen es zur Anklage gegen die Täter oder zu Prozessen gegen extrem rechte Organisationen kam, hat das MCI die Rolle des Klägers im Rahmen der Volksanklage („Acusación Popular") eingenommen. Die Volksanklage ist im Artikel 125 der spanischen Verfassung festgeschrieben und ermöglicht es Organisationen oder Privatpersonen, sich neben der Staatsanwaltschaft zusätzlich als KlägerIn in ein Verfahren einzubringen.

Dieser Schritt kann auch mit Gefahren für die MitarbeiterInnen verbunden sein. Im Oktober 2006 kam es im Anschluss an einen Prozess gegen 11 Mitglieder der Ultras „Bastión" in Madrid zu einem Angriff gegen den MCI-Vorsitzenden Esteban Ibarra und den mit dem Fall befassten Rechtsanwalt. Beide wurden von einem heranfahrenden Auto bedroht und konnten sich nur durch einen Sprung an den Straßenrand retten.

Hintergrund des Verfahrens war eine Auseinandersetzung zwischen Fans des baskischen Fußballclubs „Real Sociedad" und 50-60 neonazistischen Ultras der Gruppe „Bastión" des Vereins „Atlético Madrid" im Dezember 1998. Nach dem Spiel wurde „Real Sociedad"-Anhänger Aitor Zabaleta durch einen Messerstich ermordet. Der Täter Ricardo Guerra, Mitglied der Ultras „Bastión", wurde festgenommen und wegen Mordes angeklagt. Das MCI übernahm die Volksanklage und stellte im Strafantrag die Forderung, über die Anklage gegen Guerra hinaus gegen die Organisation „Bastión" ein Ermittlungsverfahren als „illegale Vereinigung" („Asociación ilicita") zu erheben. Zur Begründung verwies das MCI auf ideologische Verbindungen zwischen einem Zweig der rechtextremen Fußballfans und der damals aktiven Neonaziorganisation „Bases Autónomas", auf ihren rassistischen Charakter sowie die Gewaltbereitschaft und Radikalität ihrer Mitglieder.

40 Movimiento contra la Intolerancia: Razones para un Movimiento contra la Intolerancia. Madrid o.J., S. 25 f.

Gegen 10 „Bastión"-Mitglieder und Ricardo Guerra wurde aufgrund dieses Antrags ein zweites, zusätzliches Verfahren eröffnet. Damit wurde zum ersten Mal in Spanien gegen eine neonazistische Organisation als „illegale Vereinigung" ermittelt. Im ersten Verfahren wurde Ricardo Guerra wegen Mordes zu 17 Jahren Haft verurteilt. Im zweiten Verfahren wurde die vom MCI erhobene Anklage auf Verurteilung wegen „verbotener Vereinigung" von der Staatsanwaltschaft verworfen, da diese in „Bastión" keine organisierte Gruppe mit neonazistischem Hintergrund sah. Es kam lediglich zu Verurteilungen wegen Störung der öffentlichen Ordnung. In zwei bislang[41] noch offenen Verfahren gegen die spanischen Sektionen der internationalen Neonazinetzwerke „Hammerskins" und „Blood & Honour" ist das MCI ebenfalls als Klägerin vertreten und fordert unter anderem die Strafverfolgung wegen illegalen Waffenbesitzes, Aufstachelung zum Hass und „illegaler Vereinigung".

Mit der Rolle als „Volksanklägerin" verfolgt das „Movimiento contra la Intolerancia" drei Ziele:

- die Betroffenen rechter, rassistischer und antisemitischer Gewalt zu unterstützen und sich mit ihnen zu solidarisieren
- durch die mit den Prozessen verbundene Öffentlichkeitsarbeit in den Medien Einfluss auf die gesellschaftspolitischen Diskurse und die soziale Realität zu nehmen
- weitere Gewalttaten durch juristische Sanktionen und damit verbundene Abschreckungseffekte zu verhindern

Strafrechtliche Intervention und Verfolgung

Gemeinsam mit mehreren Opferverbänden fordert das MCI ein Gesetz, das Opfern von Hasskriminalität psychologische, soziale und juristische Unterstützung zusichert und Entschädigungsansprüche garantiert. Diese an den Staat gerichteten Forderungen orientieren sich an entsprechenden von der UN aufgestellten Mindeststandards.[42] Weitere politische Forderungen des MCI sind die Angleichung des spanischen Strafrechts an das anderer Länder, die Anwendung des von der Europäischen Union Ende 2008 verabschiedeten Gesetzes gegen Rassismus und Xenophobie sowie die Sanktionierung der Holocaustleugnung.

Die Nichtregierungsorganisation setzt sich für eine konsequentere strafrechtliche Verfolgung von durch Hass und Intoleranz verursachten Delikten ein. Durch schärfere Sanktionen und Strafen für die häufig sehr jungen Täter und Täterin-

---

41 Stand vom Dezember 2008

42 Esteban Ibarra: „Victimas, violencia y Derechos Humanos", in: Movimiento contra la Intolerancia. Cuaderno de Análisis Nr. 8, S. 6

nen sollen Signale gesetzt und Abschreckungseffekte erzielt werden. Den Umstand, dass viele jugendliche Gewalttäter häufig mit einem sehr geringen Strafmaß davonkommen[43], sieht MCI-Leiter Esteban Ibarra als katastrophales Signal gegenüber den Opfern und ihren Angehörigen. Er fordert deswegen die Einrichtung von speziellen Jugendstrafanstalten mit erzieherischem Konzept, die sich von den bestehenden Gefängnissen unterscheiden sollen.[44] Eine vom MCI mitgetragene Initiative zur Reformierung des Strafrechts für Minderjährige („Ley Penal del Menor") brachte Kritik von SozialarbeiterInnen mit sich, die befürchteten, dass geforderte Gesetzesverschärfungen wie die Herabsetzung des Alters zur Strafmündigkeit auf 12 Jahre auch andere jugendliche Tätergruppen betreffen könnten.

Die spanische Rechtslage beinhaltet explizit die Möglichkeit der Strafschärfung im Fall der rassistischen oder rechtsextremen Motivation einer Straftat, doch in der Praxis wird dies häufig nicht umgesetzt. Fälle von Ignoranz und Verharmlosung rechtsextremer und rassistischer Hintergründe durch Justiz und Medien wurden und werden von verschiedenen Organisationen immer wieder beklagt. So kritisierte der Verband der schwarzen Community „Federación Panafricanista de España" nach dem Tod von Carlos Palomino die häufig zögerliche Anwendung des entsprechenden Gesetzes und wies darauf hin, dass manche rassistischen Mörder nach kurzer Zeit wieder auf der Straße seien, während MigrantInnen schnell mal wegen des „Diebstahls einer Orange" verurteilt würden.[45]

Analyse, Entwicklung von Strategien und Information der Öffentlichkeit

Analysen und Strategien für die Praxis und den öffentlichen Diskurs zu erarbeiten, gehört zu den Aufgaben aller Arbeitsbereiche des MCI. Einzelne Raxen-Berichte sind inhaltlichen Schwerpunktthemen gewidmet, beispielsweise „Rassismus und Gewalt im Fußball" oder „Ultrarechte Gruppierungen in Spanien". Regelmäßig werden Analysehefte zu verschiedenen Schwerpunkten veröffentlicht.[46] In bisher über 30 Ausgaben wurden Dokumente und Informationen aus nationalen und internationalen Debatten über Rassismus, Antisemitismus, europäisches Recht, Neofaschismus und andere Themen zusammengestellt und mit eigenen Analysen sowie mit Artikeln fremder AutorInnen ergänzt. In Heft Nr. 21 mit dem Titel „Erziehung zur Toleranz" finden sich beispielsweise Dokumente der Unesco zum Internationalen Tag der Toleranz, Heft Nr. 20 bietet Hintergrundinformationen über den Holocaust an Sinti und Roma sowie Emp-

43 Esteban Ibarra: „Violencia y Ley Penal del Menor", in: Movimiento contra la Intolerancia: Cuaderno de Análisis Nr. 8, S. 12 f.

44 Gespräch mit Esteban Ibarra am 30. Juli 2007 in Madrid

45 El Mundo, 15.11.2007

46 http://www.movimientocontralaintolerancia.com/html/cuadernosAnalisis/cuadernos_analisis.asp

fehlungen europäischer und internationaler Organisationen für Maßnahmen gegen Rassismus, Antisemitismus und Intoleranz. Auch werden aktuelle Fachdiskussionen dokumentiert, so erschien zum Beispiel nach einer im Herbst 2007 durch das „International Institute for Education and Research on Antisemitism" und das MCI durchgeführten Konferenz gegen Antisemitismus ein Schwerpunktheft zu diesem Thema.[47] Darüber hinaus betreibt das MCI zur Sensibilisierung und Information der Öffentlichkeit und des Fachpublikums aktive Medienarbeit und bietet auf seiner Internetseite zahlreiche Materialien an. Im Eigenverlag bringt die Organisation in unregelmäßigen Abständen Bücher heraus.

Fazit und Perspektiven

Der Blick auf rechtsextreme Strukturen in Spanien zeigt, dass die Dimensionen des organisierten Rechtsextremismus ebenso wie neonazistische Präsenz im Straßenbild zwar geringer sind als in Deutschland, wo die Sicherheitsbehörden bei einer doppelt so hohen Bevölkerungszahl 38 000 Mitglieder rechtsextremer Organisationen zählen.[48] Doch sind in Spanien extrem rechte Organisationen ebenso wie ein einschlägiges Wählerpotential vorhanden. Es gibt eine aktive und dynamische rechtsextreme Subkultur, die unter anderem bei Konzerten, Demonstrationen, Gedenkveranstaltungen und in Fußballstadien sichtbar wird. Besonders sichtbar ist die erschreckende Alltäglichkeit von Gewalttaten mit rechtsextremem, rassistischem und antisemitischem Hintergrund. Die in den Raxen-Berichten dokumentierten Pöbeleien, Angriffe und Morde sind ebenso eine gesellschaftliche Realität wie zahllose Diskriminierungen und Bedrohungen gegen Obdachlose, linke Jugendliche, Punks, Schwule, Lesben und andere, welche nie an die Öffentlichkeit gelangen.

Trotz der geringen Wahlerfolge der rechtsextremen Parteien besteht also kein Grund zur Entwarnung. Im Zentrum der Propaganda extrem rechter und rechtspopulistischer Parteien steht häufig die Stimmungsmache gegen MigrantInnen und Migranten sowie der Versuch, rassistische, antiislamische und antisemitische Einstellungsmuster aufzugreifen und zu kanalisieren. Dies kann in einem Land wie Spanien, dessen Bevölkerungszusammensetzung sich durch die Zuwanderung außereuropäischer MigrantInnen in den letzten zehn Jahren deutlich verändert hat, zu einer großen Herausforderung für die demokratischen, fortschrittlichen Kräfte werden.

---

47 Movimiento contra la Intolerancia: „El Antisemitismo Actual. Análisis y Estrategias". Cuadernos de Análisis Nr. 30, o.J.

48 Laut Bundesamt für Verfassungsschutz belief sich das Rechtsextremismuspotenzial in 2006 auf 38 600, in 2007 wurde es nur noch auf 31 000 beziffert, da die Partei „Die Republikaner" (REP) nicht mehr im Bericht geführt wird. Vgl. Bundesministerium des Inneren (Hg.): Verfassungsschutzbericht 2007, S. 52

Die Notwendigkeit einer spezifisch auf rechtsextreme und rassistische Erscheinungsformen (re)agierenden Arbeit ist in Spanien zweifellos ebenso gegeben wie in anderen europäischen Ländern. Das „Movimiento contra la Intolerancia" bietet hier vor allem in den Bereichen Schule und politischer Bildung zahlreiche Maßnahmen zur Sensibilisierung und Prävention. Diese werden ergänzt durch die Aktivitäten im Bereich der Strafverfolgung sowie der Beratung und juristischen Unterstützung von Betroffenen. Ein Ansatz, der bislang nicht oder kaum verfolgt wird, ist die Stärkung zivilgesellschaftlicher Strukturen.
Das Bildungskonzept und Beratungsangebot des MCI ergänzen sich teilweise mit bestehenden Ansätzen anderer Organisationen aus der interkulturellen und antirassistischen Arbeit, hier wären Kooperationen sicherlich noch ausbaufähig. Als einzige landesweit agierende Organisation setzt das MCI einen deutlichen Schwerpunkt auf die Prävention und Intervention gegen Rechtsextremismus. Der hierbei verfolgte Ansatz, gegen die verschiedensten Formen von Intoleranz und Diskriminierung zu agieren, dient der effektiven Eindämmung von Gewalt und Hasskriminalität in seiner ganzen Breite. Er birgt jedoch auch die Gefahr der Vermischung unterschiedlicher Motive und Ursachen, und bringt daher die Frage mit sich, ob im Bereich der Rechtsextremismusprävention nicht öfter auch spezifischer zugeschnittene Handlungsansätze notwendig sind.

Das Konzept des MCI zielt darauf ab, menschenrechts- und demokratiegefährdenden Potenzialen sowie den Ideologien von Intoleranz und Ungleichheit die Grundlage zu entziehen – ein Ziel, das auch in anderen europäischen Ländern von NGOs verfolgt wird, von denen einige mit dem MCI über das Netzwerk „United against Racism and Intolerance"[49] im kooperativen Austausch stehen.

Auch in Deutschland wird dieses Ziel seit vielen Jahren von Beratungsprojekten und verschiedenen Initiativen forciert und über verschiedene Bundes- und Länderprogramme gefördert. Die Bedrohung demokratischer und menschenrechtlicher Standards durch Rassismus und Rechtsextremismus sind europaweite, internationale Phänomene. Die konkrete Situation jedes Landes ist anders; die Situation in Spanien unterscheidet sich historisch und politisch von der in Deutschland und von der anderer europäischer Länder. Die jeweiligen Entwicklungen, Erfahrungen und Perspektiven bringen unterschiedliche gesellschaftliche Diskurse und auch Konflikte mit sich. Diese brauchen eigene Antworten und eigens zugeschnittene Konzepte, bieten jedoch auch Schnittstellen zwischen den Diskursen und politisch-gesellschaftlichen Entwicklungen in den verschiedenen Ländern. So ist die Hetze gegen bestimmte soziale und religiöse Gruppen vielerorts ebenso zu beobachten wie rassistische Ausgrenzung, Antisemitismus und das Aufkommen von Autoritarismus und rechtsextremen Erscheinungsformen.

49 www.unitedagainstracism.org

Zahlreiche Initiativen und Organisationen sind mit der Entwicklung von Handlungsansätzen und Gegenstrategien befasst. Die vorhandenen Schnittstellen sollten dazu genutzt werden, die Konzepte in den verschiedenen Ländern auszubauen und miteinander zu verzahnen. Im Zeitalter von Mobilität und Migrationsgesellschaften stehen wir vor der Herausforderung, grenzübergreifende und vielfältige Konzepte des Zusammenlebens zu entwickeln. Hier können der Austausch und die gemeinsame Diskussion von Konzepten zentrale Impulse für deren Weiterentwicklung geben und den Weg für neue, effektive Handlungsstrategien öffnen; ein internationaler Prozess, in den auch die Perspektive außereuropäischer Länder und ihrer Organisationen unbedingt mit einbezogen werden sollte.

Michael Minkenberg

Das neue Europa? Rechtsradikale Profile im Regimewandel Mittel- und Osteuropas[1]

Definitionen des Rechtsradikalismus variieren enorm, von abstrakt räumlichen Positionierungen über unterschiedliche ideologische Umschreibungen bis hin zu soziostrukturellen Charakterisierungen.[2] In der deutschen wie internationalen Diskussion haben sich die oft synonym verwendeten Bezeichnungen Rechtsradikalismus und Rechtsextremismus für eine Vielzahl nationaler und ideologischer Phänomene in industriellen Gesellschaften durchgesetzt. Ganz allgemein werden damit jene politischen Ideen und Bestrebungen bezeichnet, welche im politischen Spektrum am äußersten rechten Rand anzutreffen sind und die Bereiche von Staat und Gesellschaft nach autoritären, ultranationalistischen und antidemokratischen Prinzipien ordnen wollen. Für den vorliegenden länderübergreifenden Beitrag wird folgende modernisierungstheoretisch fundierte Definition zu zugrunde gelegt:[3] Rechtsradikalismus bezeichnet im allgemeinen eine politische Ideologie oder Strömung, die auf ultranationalistischen Vorstellungen basiert und sich tendenziell – nicht notwendigerweise direkt und explizit – gegen die liberale Demokratie und deren zugrunde liegende Werte von Freiheit und Gleichheit sowie die Kategorien von Individualismus und Universalismus richtet. Der ultranationalistische Kern im rechtsradikalen Denken besteht darin, dass in der Konstruktion nationaler Zugehörigkeit spezifische ethnische, kulturelle oder religiöse Ausgrenzungskriterien verschärft, zu kollektiven Homogenitätsvorstellungen verdichtet und mit autoritären Politikmodellen verknüpft werden.

Im Zuge der dritten Welle des europäischen Rechtsradikalismus[4] wurden in den 1980er und 1990er Jahren verschiedene innovative Erklärungsansätze entwickelt, welche überwiegend der Parteienforschung, der Jugendsoziologie und der Bewegungsforschung entstammen. Bei fast allen Ansätzen findet sich der Gedanke eines Übergangs westlicher Gesellschaften in eine Phase des postindustriellen Kapitalismus oder der Postmoderne und der Auflösung traditioneller sozialer und politischer Bindungen.[5] Neuere, von der Erforschung sozialer Bewegungen inspirierte Ansätze, beziehen neben den institutionellen auch die politisch-kulturellen Gelegenheitsstrukturen sowie die Interaktion zwischen dem bewegungsförmigen und parteiförmigen Rechtsradikalismus und dessen gesellschaftlichen Kontext historisch-vergleichend in die Analyse mit ein.. Diese

1 Diesem Artikel liegt eine überarbeitete und stark gekürzte Fassung meines Beitrags zum Rechtsradikalismus in West- und Osteuropa zugrunde. (vgl. Minkenberg 2006).

2 Vgl. Mudde 2000a

3 Vgl. Minkenberg 1998: 29-35; ders. 2003

4 Vgl. Minkenberg 2000

5 Vgl. Betz/Immerfall 1998; Heitmeyer 1993; Kitschelt 1995

Kontextualisierung sowie modernisierungstheoretische Argumente können auch mit Blick auf die Entstehung einer osteuropäischen radikalen Rechten im Zuge von Systemwechsel und politisch-ökonomischer Modernisierung fruchtbar gemacht werden.[6]
Der Übergang von autoritären zu liberaldemokratischen Systemen wird häufig von Misstönen neuer rechtsradikaler Parteien und Bewegungen begleitet. Im westeuropäischen Falle von überwundenen rechten Diktaturen mobilisieren sie ihre Unterstützer oft aus Nostalgie für das verschwundene Regime, wie z. B. die SRP (Sozialistische Reichspartei Deutschlands) in der frühen Bundesrepublik, der MSI (Movimento Sociale Italiano) im Nachkriegsitalien und neofaschistische und militaristische Gruppen wie die 23-F (Putsch vom 23. Februar 1981) in Spanien nach Franco. Im Falle der staatssozialistischen Länder Osteuropas setzen sie der jungen Demokratie eine tiefer in die Vergangenheit zurückgreifende radikale Systemalternative entgegen, die sich sowohl gegen die aktuelle Ordnung als auch gegen das Vorgängerregime richtet. Interessant daran ist weniger die Existenz dieser Erscheinungen. Vielmehr sollte man den Blick auf die regionalen Besonderheiten dieses Phänomens sowie die Gründe dafür und für dessen qualitative und quantitative Varianz in der Ära des Systemwechsels und der Konsolidierung von jungen Demokratien richten.[7]
So schwankt z. B. die Bandbreite durchschnittlicher rechtsradikaler Wahlerfolge in Osteuropa in den 1990er Jahren und kurz danach erheblich: In den baltischen Ländern sowie Bulgarien (bis zum Auftreten von „Ataka“ bei den Wahlen vom Juni 2005) war bzw. ist keine nennenswerte rechtsradikale Partei zu finden, obwohl die Bedingungen dafür recht günstig waren;[8] in Tschechien ließ ab Ende der 90er Jahre der Zulauf der „Republikaner“ fast völlig nach. Auf der anderen Seite haben in Russland und Rumänien (und abgestuft dazu auch in Polen) derartige Parteien mit zusammen genommen oft zweistelligen Ergebnissen für die Region überdurchschnittliche Wahlerfolge erzielt.[9] Die polnische Situation ist dabei durch einen besonders hohen Grad an Fluidität gekennzeichnet, die Umstrukturierung des Parteiensystems sowie die Reorganisation und Umbenennung einzelner Parteien stehen auf der Tagesordnung. Die wichtigsten rechtsradikalen Parteien waren zunächst die Nationale Front ‚Vaterland’,[10] die eine explizit antisemitische und antideutsche Position vertritt und sich an den nationalistischen Ideen von Roman Dmowski in der Zwischenkriegszeit orientierte, und die Konföderation für ein unabhängiges Polen (Konfederacja Polski Niepodleglej, KPN), die ideologisch nach den Ideen von Pilsudski ausgestaltet ist.[11] Als polnische Besonderheit ist das Vorhandensein klerikal-nationalistischer Parteien

6 Vgl. Beichelt/Minkenberg 2002; Minkenberg 2002a, b; Mudde 2004
7 Vgl. von Beyme 1996; Ramet 1997
8 Vgl. Kasekamp 1999, 2003; Minkenberg 2002a; Mudde 2000b
9 Vgl. Shenfield 2000
10 Stronnictwo Narodowe 'Ojczyzna', SN
11 Vgl. Grün/Stankiewicz 2006

hervorzuheben. Dazu gehört die Christlich-Nationale Union (Zjednoczenie Chrześcijańsko-Narodowe, ZChN), die katholische Dogmata zur Grundlage polnischer Politik erklärt und von sich behauptet, die Interessen aller ethnischen Polen in Osteuropa zu vertreten. Seit der polnischen Parlamentswahl im Jahre 2001 ist die neu gegründete religiös-fundamentalistische Liga der Polnischen Familien (LPR) im Parlament vertreten. Diese Partei orientiert sich ebenfalls an Dmowski, ist mit dem ultrakatholischen Sender Radio Maryja verbündet und greift auf die Netzwerke älterer rechtsradikaler Parteien wie ZChN, ROP (Bewegung für den Wiederaufbau Polens) und SN zurück. Mit Ausnahme von Polen haben in allen neuen EU-Mitgliedstaaten Osteuropas rechtsradikale Parteien bei der Wahl zum Europaparlament im Juni 2004 deutlich weniger Unterstützung erhalten als bei der jeweiligen nationalen Parlamentswahl davor (Tabelle 1). Nimmt man allerdings weniger systemfeindliche, aber ebenfalls ausgesprochen nationalistische Parteien dazu (z. B. in Polen Samoobrona (Verteidigung) und PiS, in der Slowakei die Liste LZ-HZFS-Hnutie Za, in Lettland die Liste TB-LNNK), so ändert sich das Bild schlagartig. Mit wenigen Ausnahmen (Estland, Slowenien, Ungarn) liegt das Wählerreservoir für solche Parteien bei etwa 20 Prozent pro Land.[12]

Tabelle 1: Wahlergebnisse rechtsradikaler Parteien in ausgewählten Ländern Osteuropas (in Prozent): nationale Parlamentswahlen 1990-2004 (Durchschnittswerte) und Wahl zum Europaparlament 2004

	1990-1994	1995-1999	2000-2004	EP 2004
Polen (PL)	14,1	8,0*	7,9	15,8
Rumänien (RO)	5,8	9,2	20,9	--
Russland (RUS)	22,9	9,0	11,5	--
Slowakei (SK)	k.A.	k.A.	7,0	2,2
Slowenien (SLO)	k.A.	k.A.	4,4	5,0
Tschechische Republik (CZ)	6,8**	6,0	1,1	0,8
Ungarn (H)	0,8	5,5	4,5	3,0

Quellen: Minkenberg/Perrineau 2007.

Folgende Parteien wurden in die Berechnung einbezogen: Polen: KPN, ZChN, LPR, NOP (EP 2004); Rumänien: PUNR, PRM; Russland: LDPR; Slowakei: SNS; Slowenien: SNS; Tschechische Republik: SPR-RSC sowie RMS und NS/CSNS (EP 2004); Ungarn: MIÉP, MNS (EP 2004).

Bei der Beurteilung der Wahlerfolge muss man ferner unterscheiden, mit welchen Parteitypen innerhalb des rechtsradikalen Spektrums man es zu tun hat. Eine autokratisch-faschistische Rechte, die sich ideologisch an faschistischen

12 Vgl. Minkenberg/Perrineau 2007

* geschätzter Anteil der ZChN und KPN, die 1997 als Partner im Wahlbündnis Solidarnosc AWS antraten (Gesamtergebnis 33,8 Prozent)

** Tschechischer Nationalrat

und rechtsautoritären Regimen der Zwischenkriegszeit orientiert, ist in Russland und Rumänien stark. Hier finden sich auch Übergänge zu den ebenfalls starken nationalkommunistischen Strömungen der kommunistischen Nachfolgeparteien.[13] Weniger faschistisch oder nationalkommunistisch und eher ethnozentristisch/rassistisch sind die rechten Parteien in Ungarn und Tschechien. In Polen existiert darüber hinaus eine religiös-fundamentalistische Strömung.[14] Daneben muss eine wichtige organisatorische Unterscheidung getroffen werden: die zwischen einer eher parteiförmigen, an Wahlen teilnehmende Variante von Rechtsradikalen, und den rechtsradikalen Bewegungen und Subkulturen, einschließlich eines Gewaltmilieus.[15] Bei den einzelnen Ausprägungen gibt es zweifellos Überlappungen und fließende Übergänge, vor allem was die Überschneidung historischer Orientierungen (faschistisch/ nationalkommunistische) und aktueller Orientierungen angeht.[16] Ein Versuch der Einordnung entsprechender Gruppierungen in ausgewählten Ländern Osteuropas findet sich in Tabelle 2.

Tabelle 2: Dominante Akteure der rechtsradikalen Familie in Osteuropa (nach 1989): Russland (RUS), Rumänien (RO), Polen (PL), Tschechische Republik (CZ), Ungarn (H)

Ausrichtung der radikalen Rechten	Parteien/ Wahlkampforganisationen	Bewegungsorganisationen	Subkulturelle Milieus
Faschistisch-autokratische Rechte	RUS: LDPR RO: PRM CZ: SPR-RSC H: MIÉP	RUS: Pamjat, RNE RU: MPR, PDN PL: PWN-PSN, PNR	RUS: Werwölfe Skinheads
Ethnozentristische/ rassistische Rechte	RO: PSM, PUNR PL: KPN, SN, SO CZ: SPR-RSC H: MIÉP	RO: Vatra Romaneasca PL: PWN-PSN, Radio Maryja	Skinheads
Religiös-fundamentalisti-sche Rechte	PL: ZChN, LPR	PL: Radio Maryja	

Abkürzungen:
KPN: Konfederacja Polski Niepodleglej (Konföderation für ein unabhängiges Polen)
LDPR: Liberaldemokratische Partei Russlands
LPR: Liga Polskich Rodzin (Liga der Polnischen Familien)
MIÉP: Magyar Igazság és Élet Pártja (Ungarische Gerechtigkeits- und Lebenspartei)

13 Vgl. Ishyama 1998
14 Vgl. Grün/Stankiewicz 2006
15 Vgl. Minkenberg 2002b
16 Beichelt/Minkenberg 2002: 252

MPR: Miscarea pentru Romania (Bewegung für Rumänien)
PDN: Partidul Dreapta Nationala (Partei der nationalen Rechten)
PNR: Polnische Nationale Wiedergeburt
PRM: Partidul Romania Mare (Partei für ein Großrumänien)
PSM: Partidul Socialist al Muncii (Sozialistische Arbeiterpartei)
PUNR: Partidul Unitatii Romane (Partei der Rumänischen Einheit)
PWN-PSN: Polska Wspólnota Narodowa – Polskie Stronnictwo Narodowe (Polnische Nationale Union)
RNE: Russkoe Nacional'noe Edinstvo (Russischen Nationale Einheit)
SPR-RSC: Sdruzení pro republiku – Republikánská strana Ceskoslovenska (Republikaner)
SN: Stronnictwo Narodowe ,Ojzyzna' (Nationale Front ,Vaterland')
SO: Samoobrona
Vatra Romaneasca: Rumänische Wiege
ZChN: Zjednoczenie Chrześcijańsko Narodowe (Christlich-Nationale Union)

Der Sektor der rechtsradikalen Bewegungen und Kleingruppen in Osteuropa ist im Gegensatz zum Parteienspektrum weitgehend unerforscht, daher liegen nur wenig gesicherte Kenntnisse vor. Allerdings vermitteln diese das Bild eines in den meisten Ländern der Region existierenden lebhaften und zum Teil sehr gewalttätigen Bewegungssektors, der von einigen zentralen Organisationen wie der RNE in Russland, der Vatra Romaneasca in Rumänien oder der PWN-PSN und der PNR in Polen stark geprägt wird. Diese Gruppen sind ideologisch überwiegend als faschistisch-autokratisch einzustufen.[17] Daneben sind „Ideenlieferanten" zu nennen, wie die Gruppe Pamjat (Erinnerung), die in den letzen Tagen der Sowjetunion eine wichtige Rolle spielte, oder der ultrakatholische Sender Radio Maryja in Polen. Dieser sendet seit Mitte der 90er Jahre neben seinen klassisch katholischen Botschaften auch solche religiös-fundamentalistischen, antimodernen, nationalistischen, fremdenfeindlichen und manchmal auch antisemitischen Inhalts und erreicht mehrere Millionen Zuhörer. Über diese Organisationen hinaus gibt es eine wachsende Szene gewalttätiger rechter Gruppen und Skinheads. In vielen polnischen Städten finden regelmäßige Treffen einiger hundert militanter Anhänger statt, genauso wie antisemitische oder faschistische Graffiti an Gebäuden nicht außergewöhnlich sind. Auch in der Tschechischen Republik existiert eine sichtbare Szene gewaltbereiter rechter Extremisten, die oft Roma als ihre Opfer aussuchen und auf ein gewisses Maß an Sympathie ihrer Mitbürger zählen können. Schätzungen über die ungarische Skinhead-Szene weisen für die 90er Jahre ca. 4 000 Anhänger aus. Am größten dürfte aber das Potenzial in Russland sein, wo Medien über eine gegenwärtige Anzahl von 50 000 Skinheads und eine steigende Zahl rassistisch motivierter Morde berichten, Dazu kommen stark ideologisierte und militante Gruppen wie diejenigen um Alexander Dugin oder die neue „Bewegung gegen illegale Einwanderung".[18]

17 Vgl. Shenfield 2000; Tismaneanu 1998
18 Vgl. Berliner Zeitung 28.07.2005; Moscow Helsinki Group 2002; Tarasov 2003

Die dominanten Kräfte der radikalen Rechten in den osteuropäischen Ländern unterscheiden sich von den meisten westlichen Varianten in organisatorischer und ideologischer Hinsicht. Zum einen ist die osteuropäische radikale Rechte organisatorisch weniger entwickelt als ihr westliches Pendant; ein Schicksal, das sie mit den meisten politischen Parteien in der Region teilt. Deswegen darf sich der Blick auf dieses Phänomen nicht auf die rechten Parteien beschränken, sondern muss auch deren Beziehungen zu den Bewegungen und Milieus berücksichtigen. Ein solcher Blick verdeutlicht, dass der Parteiensektor – sowohl in der Stärke der Wahlerfolge als auch der Organisation gemessen – in den konsolidierten Ländern Osteuropas (Baltikum, Polen, Ungarn, Tschechische Republik u. a.) schwächer ist als in den meisten westlichen Demokratien, vor allem in Österreich, Belgien oder Frankreich. Demgegenüber lassen sich die Militanz und die Gewaltbereitschaft im Sektor der Bewegungen und Kleingruppen nur schwer schätzen. Sie scheinen allerdings im Umfang mit demjenigen westlicher Länder, wo sie besonders ausgeprägt sind (Deutschland, Schweden, USA), mindestens ebenbürtig. Internationaler Spitzenreiter dürfte hier Russland sein, dessen Demokratiequalität allerdings fragwürdig ist. Zum anderen orientiert sich die radikale Rechte in Osteuropa ideologisch mehr an der Vergangenheit als ihr westliches Pendant, d. h. sie ist antidemokratischer und militanter. In den meisten Ländern, in denen die Demokratie noch nicht „the only game in town" (Juan Linz) ist, eröffnen sich dadurch der radikalen Rechten Möglichkeiten, die sie im Westen nicht hat.

Zugleich jedoch ist der politische Raum, zumindest für rechtsradikale Parteien, relativ beschränkt, da Nationalismus nicht nur die Ideologie rechter Parteien, sondern die der meisten Hauptakteure durchdringt. Dies ist vor allem auf die Prozesse der Nationsbildung in Osteuropa, das vorherrschende Nationsverständnis und die Besonderheiten des Regimewechsels nach 1989 zurückzuführen. In weiten Teilen der Region vollzog sich die Herausbildung von Nationalbewusstsein ohne Staat, so bildete sich der ethnische Nationsgedanke als vorherrschender Typ heraus. Staatliche Kontinuitäten sind daher weniger dauerhaft als bei den meisten westeuropäischen Nationen und zudem höchst unterschiedlich entwickelt (z. B. mit Rumänien und Ungarn auf der einen, die baltischen Staaten oder die Ukraine auf der anderen Seite). Als weiteres Merkmal des postsozialistischen Europa kann man die komplexe Konfiguration der Nationen zwischen Nationsbildungsprozessen, nationalen Minderheiten auf eigenem Territorium und Gruppen der eigenen Nation in „externen" Gebieten hervorheben. In einigen Staaten wie Ungarn und Rumänien spielen sie eine nicht nur für rechtsradikale Parteien wichtige Rolle.[19]

Daneben wirken spezifische kulturelle Faktoren auf die qualitative Ausprägung der radikalen Rechten. In Polen kommt aufgrund der Bedeutung des Katholizismus die Variante der religiös-fundamentalistischen Organisationen hinzu. Die

19 Vgl. Mudde 2004

ambivalente Rolle der katholischen Kirche gegenüber dem Antisemitismus vermag auch zu erklären, warum in Polen trotz eines eher schwach ausgeprägten begünstigenden Kontextes die Wahlergebnisse recht hoch sind. Sie liegen noch bedeutend höher, wenn man die rechtspopulistische Bewegung Samoobrona des Bauernführers Andrzej Lepper dazu zählt.[20] Schließlich dominieren dort, wo der Regimekonflikt noch nicht überwunden ist, eher faschistisch-autokratische Parteien die Szene (Russland und Rumänien bis zum Beginn des 21. Jahrhunderts). Allerdings konnte in Russland das Aufschaukeln des Zusammenspiels von rechten und linken Kräften im Sinne einer „Weimarisierung" durch die Politik Putins zunächst gebremst werden.

Literatur

Beichelt, Timm/Minkenberg, Michael, 2002: Rechtsradikalismus in Transformationsgesellschaften. Entstehungsbedingungen und Erklärungsmodell. In: Osteuropa 52, Nr. 3, S. 247-263.

Betz, Hans-Georg/Immerfall, Stefan (Hrsg.), 1998: The New Politics of the Right. Neo-Populist Parties and Movements in Established Democracies. New York: St. Martin's Press.

Beyme, Klaus von, 1996: Rechtsextremismus in Osteuropa. In: Falter, Jürgen/Jaschke, Hans-Gerd/Winkler, Jürgen (Hrsg.), Rechtsextremismus. Ergebnisse und Perspektiven der Forschung. Sonderheft 27/1996 der Politischen Vierteljahresschrift. Opladen: Westdeutscher Verlag, S. 423-442.

Grün, Michaela, 2004: Phänomen Samoobrona – vom Bauernbund zur etablierten Partei? Unveröffentl. Diplomarbeit. Frankfurt/Oder: Europa-Universität Viadrina.

Grün, Michaela/Stankiewicz, Katharina, 2006: Spielarten des polnischen Rechtsradikalismus – die Liga der polnischen Familien und die Selbstverteidigung in ihrem politischen Umfeld. In: Minkenberg, Michael/Sucker, Dagmar/Wenninger, Agnieszka (Hrsg.), Radikale Rechte und Fremdenfeindlichkeit in Deutschland und Polen. Nationale und europäische Perspektiven. Bonn: GESIS, S. 170-199.

Heitmeyer, Wilhelm u. a., 1993: Die Bielefelder Rechtsextremismus-Studie. Erste Langzeituntersuchung zur politischen Sozialisation männlicher Jugendlicher. 2. Auflage Weinheim/München: Juventa.

Ishyama, John T., 1998: Strange bedfellows – explaining political cooperation between communist successor parties and nationalists in Eastern Europe. In: Nations and Nationalism Bd. 4 (1998), Nr. 1, S. 61-85.

Jaschke, Hans-Gerd, 1994: Rechtsextremismus und Fremdenfeindlichkeit. Begriffe, Positionen, Praxisfelder. Opladen: Westdeutscher Verlag.

Kasekamp, Andres, 1999: Radical Right-Wing Movements in the North-East Baltic. In: Journal of Contemporary History 34, 4, S. 587-600.

Kasekamp, Andres, 2003: Extreme-right Parties in contemporary Estoina. In: Patterns of Prejudice 37, 4.

Kitschelt, Herbert, 1995: The Radical Right in Western Europe. A Comparative Analysis. In Zusammenarbeit mit Anthony J. McGann. Ann Arbor, Michigan: University of Michigan Press.

20 Vgl. Grün 2004

Linz, Juan J., 1975: Totalitarian and Authoritarian Regimes. In: Greenstein, Fred I./Polsby, Nelson W. (Hrsg.), Handbook of Political Science. Band 3: Macropolitical Theory. Reading, Mass.: Addison-Wesley, S. 175-411.

Minkenberg, Michael, 1998: Die neue radikale Rechte im Vergleich. USA, Frankreich, Deutschland. Opladen/Wiesbaden: Westdeutscher Verlag.

Minkenberg, Michael, 2000: The Renewal of the Radical Right: Between Modernity and Anti-Modernity". In: Government and Opposition, Bd. 35, Nr. 2 (Spring 2000), S. 170-188.

Minkenberg, Michael, 2002a: The Radical Right in Post-socialist Central and Eastern Europe. Comparative Oberservations and Interpretations. In: East European Politics and Society 16, Nr. 2 (Spring), S. 335-362.

Minkenberg, Michael, 2002b: Die radikale Rechte in den Transformationsgesellschaften Mittel- und Osteuropas: Konzept, Konturen und Kontext. In: Zeitschrift für Parlamentsfragen 33, Nr. 2 (Juni), S. 305-323.

Minkenberg, Michael, 2003: The West European Radical Right as a Collective Actor: Modeling the Impact of Cultural and Structural Variables on Party Formation and Movement Mobilization. In: Comparative European Politics 1, Nr. 2, S. 149-170.

Minkenberg, Michael, 2006: Der europäische Rechtsradikalismus heute. Profile in West und Ost und der Vergleich des Unvergleichbaren. In: Minkenberg, Michael/Sucker, Dagmar/Wenninger, Agnieszka (Hrsg.), Radikale Rechte und Fremdenfeindlichkeit in Deutschland und Polen. Nationale und europäische Perspektiven. Bonn: GESIS, S. 14-36.

Minkenberg, Michael/Perrineau, Pascal, 2007: The Radical Right in the European Elections 2004. In: International Political Science Review 28, Nr. 1 (Januar 2007), S. 29-55.

Moscow Helsinki Group (Hrsg.), 2002: Nationalism, Xenophobia, and Intolerance. Contemporary Russia. Moscow.

Mudde, Cas, 2000a: The ideology of the extreme right. Manchester: Manchester University Press.

Mudde, Cas, 2000b: Extreme-right parties in Eastern Europe. In: Patterns of Prejudice 34, 1, S. 5-27.

Mudde, Cas (Hrsg.), 2004: Racist Extremism in Central and Eastern Europe. London: Routledge.

Ramet, Sabrina (Hrgs.), 1997: The Radical Right in Central and Eastern Europe since 1989. University Park: The Pennsylvania State University Press.

Shenfield, Stephen, 2000: Russian Fascism: Traditions, Tendencies and Movements. New York.

Tarasov, Aleksandr, 2003: Die Skinhead-Bewegung in Russland. Hintergründe ihres Aufschwungs. In: Berliner Debatte – Initial. 14. Jg., S. 93-100.

Tismaneanu, Vladimir, 1998: Fantasies of Salvation. Princeton: Princeton University Press.

Autorinnen und Autoren

Dr. Heribert Prantl, Ressortchef für Innenpolitik bei der *Süddeutschen Zeitung*.
Heribert Prantl war von 1981 bis 1987 Richter an verschiedenen bayerischen Amts- und Landgerichten sowie Staatsanwalt. Seit 1988 arbeitet er als politischer Redakteur bei der Süddeutschen Zeitung und leitet dort seit 1995 das Ressort Innenpolitik.

Prof. Dr. Wolfgang Gessenharter, Helmut-Schmidt-Universität der Bundeswehr Hamburg.
Wolfgang Gessenharter promovierte 1972 in Philosophie und erhielt ein Jahr später einen Ruf an die neugegründete Universität der Bundeswehr in Hamburg für Politikwissenschaft. Seine Forschungsschwerpunkte liegen in den Bereichen Politische Kultur (insbesondere Rechtsextremismus) und Demokratieforschung (insbesondere Bürgerbeteiligung). Darüber hinaus engagiert sich Gessenharter seit 1989 in mehreren Beteiligungsprojekten bzw. Mediationen bei politisch umstrittenen Großprojekten in Hamburg und Bremen.

Prof. Dr. Armin Pfahl-Traughber, Fachhochschule des Bundes, Brühl; Lehrbeauftragter Universität Bonn.
Armin Pfahl-Traughber war nach seiner Promotion ab 1994 wissenschaftlicher Mitarbeiter im Bundesamt für Verfassungsschutz. Seit 2004 ist er Professor an der Fachhochschule des Bundes für öffentliche Verwaltung (FH Bund), seit 2007 außerdem Lehrbeauftragter an der Universität Bonn. Zu seinen Arbeitsschwerpunkten zählen Antisemitismus, Politischer Extremismus, Politische Ideengeschichte, Ideologiekritik, Totalitarismus und Zeitgeschichte.

Prof. Dr. Hajo Funke, Otto-Suhr-Institut, Freie Universität Berlin.
Hajo Funke erlangte 1976 seinen Ph.D. Nach verschiedenen Stationen an Lehrstühlen u. a. in Harvard und an der University of California kehrte er 1993 nach Deutschland zurück. Seitdem ist er Inhaber des Lehrstuhls für Politik und Kultur am Otto-Suhr-Institut für Politikwissenschaften der Freien Universität Berlin. Seine Arbeitsschwerpunkte liegen insbesondere in den Bereichen Autoritarismus und Rechtsextremismus, Migration, Fremdenfeindlichkeit und Antisemitismus sowie in der vergleichenden Politischen Kulturforschung.

Britta Schellenberg, M.A., Centrum für angewandte Politikforschung (C A P), Ludwig-Maximilians-Universität, München.
Britta Schellenberg ist Projektkoordinatorin des gemeinsamen Forschungsprojektes *Strategien gegen Rechtsextremismus in Europa* der Bertelsmann Stiftung und des Centrums für angewandte Politikforschung (C A P) der Ludwig-Maximilians-Universität in München. Ihre Forschungsschwerpunkte sind

Rechtsextremismus, Antisemitismus, Fremdenfeindlichkeit, Demokratie-, Toleranz- und Menschenrechtserziehung sowie Holocaust-Forschung.

Angelika Beer, Mitglied des Europäischen Parlamentes a. D.
Angelika Beer ist Expertin für Sicherheits- und Verteidigungspolitik. Sie war Bundestagsabgeordnete und später Bundesvorsitzende der Partei Bündnis 90/Die Grünen. Von 2004 bis 2009 war sie als Abgeordnete der Grünen Mitglied des Europäischen Parlamentes. Neben ihrem Schwerpunkt der Europäischen Außen- und Sicherheitspolitik engagiert sie sich gegen Rechtsextremismus und Rassismus auf der lokalen bis zur europäischen Ebene. Sie ist Mitbegründerin des Vereins für Toleranz und Zivilcourage e.V. in Neumünster und hat mehrfach zum Thema Rechtsextremismus publiziert.

Prof. Dr. Roger Eatwell, University of Bath, England.
Roger Eatwell promovierte 1976 am Balliol College der Universität Oxford im Fach Politikwissenschaften. Roger Eatwell ist Professor für Vergleichende Europäische Politik an der Universität Bath (England) und Dekan der Fakultät für Geistes- und Sozialwissenschaften. Er publizierte verschiedene Beiträge zum historischen Faschismus und zu gegenwärtigem Rechtsextremismus in verschiedenen europäischen Ländern, dabei insbesondere zu den rechtsextremen Entwicklungen in Großbritannien.

Julia Verse, M.A., Doktorandin, Humboldt-Universität, Berlin.
Julia Verse studierte Kulturwissenschaften, Neuere und Neueste Geschichte und Europäische Ethnologie. Sie ist derzeit Doktorandin am Institut für Europäische Ethnologie an der Humboldt-Universität zu Berlin und promoviert über (Anti-) Rassismus in der Republik Irland. Ihre Forschungsschwerpunkte sind (Anti-) Rassismus, Nationalismus, Migrations- und Europäisierungsprozesse.

Dr. Rafał Pankowski, Sozialwissenschaftler am Collegium Civitas, stellvertretender Chefredakteur der Zeitschrift *Nigdy Wiecej* („Nie Wieder“) der unabhängigen NGO „Never Again“, Polen.
Rafał Pankowski publizierte mehrere Bücher zu den Themen Rechtsextremismus und Neofaschismus und veröffentlichte darüber hinaus Beiträge zum Thema Rassismus und Nationalismus in verschiedenen Zeitschriften wie *The Economist* oder *Index on Censorship and Searchlight.* Pankowski lebt in Warschau und arbeitet als stellvertretender Chefredakteur der Zeitschrift „Nigdy Wiecej“ ("Nie Wieder") der gleichnamigen Organisation und als wissenschaftlicher Programmleiter am Collegium Civitas in Warschau.

Dr. Jean-Yves Camus, Historiker und Politologe, Institut de Relations Internationales et Stratégiques (IRIS).

Jean-Yves Camus ist Experte im Bereich Rechtsextremismus in Frankreich. Er ist Wissenschaftler am französischen Institut IRIS und lehrt am Institut Universitaire d'Études Juives (IUEJ) in Paris. Außerdem ist er Autor einer Vielzahl von Artikeln und Büchern zum Thema Rechtsextremismus.

Frauke Büttner, Diplom Politologin.
Frauke Büttner arbeitet seit Jahren in der Beratungs- und Bildungsarbeit zur Rechtsextremismus und Rassismusprävention und ist Mitautorin des „Bausteins zur nicht-rassistischen Bildungsarbeit". Ihre Schwerpunkte liegen in den Bereichen Rechtsextremismus in Deutschland und Spanien.

Prof. Dr. Michael Minkenberg, Europa-Universität Viadrina, Frankfurt (Oder), derzeit New York University.
Michael Minkenberg ist Politikwissenschaftler und Vizepräsident der Europa-Universität Viadrina Frankfurt (Oder). Er ist derzeit als Max-Weber-Chair for German and European Studies an das Center for European and Mediterranean Studies der New York University (NYU) berufen.

HerausgeberInnen:

Holger Spöhr, M.A., Konzeption, Organisation und Leitung der Konferenz *Rechtsextremismus in Deutschland und Europa* der Schwarzkopf-Stiftung sowie Konzeption und Redaktion des gleichnamigen Sammelbandes.

Sarah Kolls, M.A., Dipl. Mus. (FH), Organisation der Konferenz *Rechtsextremismus in Deutschland und Europa* sowie Mitarbeit beim vorliegenden Sammelband.

Lektorat:
Henrike Ortmann, M.A.

Übersetzung:
Beiträge Camus, Eatwell und Pankowski: Katrin Hennicke und Vincent Lechat

Johanna Engelbrecht

Rechtsextremismus bei ostdeutschen Jugendlichen vor und nach der Wende

Frankfurt am Main, Berlin, Bern, Bruxelles, New York, Oxford, Wien, 2008. 187 S.
Res Humanae. Arbeiten für die Pädagogik.
Herausgegeben von Hans-Joachim Plewig, Helmut Richter und Horst Scarbath.
Bd. 10
ISBN 978-3-631-56976-4 · br. € 41.10*

Rechtsextremistische Ereignisse unter Jugendlichen in Ostdeutschland erregen bis heute immer wieder große Aufmerksamkeit in der Öffentlichkeit. Weniger bekannt ist, dass es bereits in der DDR Rechtsextremismus unter Jugendlichen gab. Obwohl der Faschismus laut Staatsideologie „mit Stumpf und Stil ausgerottet" worden war, erstarkte der Rechtsextremismus und fand seinen Höhepunkt in den Jahren um die Wende. Was könnten systembedingte Ursachen sein, die eine solche Entwicklung unterstützten? Inwieweit hat insbesondere die Erziehung in der DDR die Entstehung von Rechtsextremismus beeinflusst? Anhand von Studien wird untersucht, ob die rechtsextremistischen Jugendlichen in der DDR und den neuen Bundesländern nicht vielmehr als Verlierer der Modernisierung gesehen werden müssen. Schließlich stellt sich für den Zeitraum nach der Wende die Frage nach pädagogischen Präventions- und Interventionskonzepten.

Aus dem Inhalt: Erziehung in der DDR · Rechtsextremismus unter Jugendlichen in der DDR · Umgang der staatlichen Organe mit dem jugendlichen Rechtsextremismus · Ursachen für den Rechtsextremismus in der DDR · Rechtsextremismus unter Jugendlichen in Ostdeutschland nach der Wiedervereinigung: rechtsextremistische Einstellungen, Gruppierungen, Ereignisse · Rechtsextremismus in Ostdeutschland als Produkt der autoritären Erziehung in der DDR oder als Folge von Modernisierungsprozessen · Individualisierungstheorem von W. Heitmeyer, Theorie vom autoritären Charakter · Übertragung des Individualisierungstheorems und der Theorie vom autoritären Charakter auf Rechtsextremismus in Ostdeutschland · Akzeptierende Jugendarbeit